産業・組織心理学講座

第 1 巻

ESSENTIALS OF INDUSTRIAL/ORGANIZATIONAL
PSYCHOLOGY

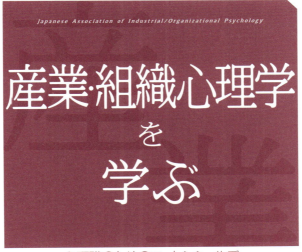

産業・組織心理学を学ぶ

心理職のためのエッセンシャルズ

産業・組織心理学会
[企画]

金井 篤子
[編]

北大路書房

産業・組織心理学会設立35周年記念講座
刊行の言葉

　本学会は2019（令和元）年に設立35周年を迎えた。1986（昭和61）年11月15日の設立大会以来これまで，節目ごとに学会のあり方を明確化し，学会の役割として学会の知見を集約し，世に広く還元することを試みてきた。すなわち，設立10周年には『産業・組織心理学研究の動向　産業・組織心理学会10年の歩み』（1994年　学文社）として学会のあり方行く末を模索し，設立25周年には『産業・組織心理学ハンドブック』（2009年　丸善）として本学会の知見を集約し，世に広く還元する試みを行った。

　今ここに設立35周年を迎え，産業・組織心理学を取り巻く心理学界の情勢をみるに，さかのぼること2015（平成27）年9月，心理学領域における初の国家資格として公認心理師が法制化されたことをあげることができよう。大学における公認心理師養成カリキュラムにおいて，産業・組織心理学は必須科目（実践心理学科目）と位置づけられたのである。これを受けて，本学会は産業・組織心理学を標榜するわが国における唯一の学会として，日本心理学会の求めに応じ，公認心理師大学カリキュラム標準シラバス（2018年8月22日版）を提案した（日本心理学会ホームページを参照）。

　このように産業・組織心理学の位置づけが注目される昨今の情勢にかんがみ，設立35周年においては，産業・組織心理学のこれまでの知見を集約し，初学者（公認心理師資格取得希望者含む）から若手研究者，実務家のよりどころとなることを目的として，基礎（第1巻）から応用（第2巻〜第5巻）までを網羅した本講座を刊行した。本講座が産業・組織心理学会の現時点における到達点を示し，今後を展望することができれば望外の喜びである。

2019（令和元）年9月

　　　　　　　　　　　　　　　　　　　編者を代表して　　金井篤子

―― 産業・組織心理学会設立 35 周年記念講座 ――
編集委員一覧

■ 企画

産業・組織心理学会

■ 編集委員長

金井篤子　名古屋大学大学院教育発達科学研究科教授

■ 編集委員

細田　聡　　関東学院大学社会学部現代社会学科教授
岡田昌毅　　筑波大学大学院人間総合科学研究科教授
申　紅仙　　常磐大学人間科学部心理学科教授
小野公一　　亜細亜大学経営学部経営学科教授
角山　剛　　東京未来大学学長・モチベーション行動科学部教授
芳賀　繁　　株式会社社会安全研究所技術顧問，立教大学名誉教授
永野光朗　　京都橘大学健康科学部心理学科教授

■ 各巻編集担当

第 1 巻：金井篤子
第 2 巻：小野公一
第 3 巻：角山　剛
第 4 巻：芳賀　繁
第 5 巻：永野光朗

はじめに

　本書は産業・組織心理学会設立35周年を記念して編まれた講座（全5巻）の第1巻である。

　本書は，講座の基礎編にあたり，産業・組織心理学の初学者を対象として，産業・組織心理学の基礎的知見をまとめた教科書となっている。産業・組織心理学が公認心理師養成カリキュラムの必須科目となったことを受けて，日本心理学会の求めに応じて産業・組織心理学会が提案した，公認心理師大学カリキュラム標準シラバス（2018年8月22日版）（日本心理学会ホームページならびに，本書 Appendix 1 を参照）に対応し，公認心理師が最低習得すべき産業・組織心理学の知見を網羅している。また，さらに深く学びたい人のために，第2巻以降の応用編で詳細な知見を得られるように工夫している。

　本書の構成は4部15章からなり，大学における半年間の講義内容としても活用できるようになっている。第1章では「産業・組織心理学とは」として，その目的，歴史，社会的意義，研究方法などを述べた。以降は産業・組織心理学の扱う領域ごとに，第1部では人事部門の基礎的知見を紹介し，第2部では組織行動部門，第3部では作業部門，第4部では消費者行動部門の基礎的知見を紹介した。用語集は公認心理師の上記標準シラバスに対応し，辞書引きできるように五十音順に並べ，巻末にまとめた。もちろん標準シラバス以外の用語も重要なものは収録している。また，コラムは読者が導入として興味を持てる内容を取り上げた。

　本書が産業・組織心理学に関する初学者（公認心理師資格取得希望者含む），若手研究者，実務家のよりどころとなることを期待するものである。

第1巻編者　金井篤子

目 次

産業・組織心理学会設立35周年記念講座　刊行の言葉　*i*
編集委員一覧　*ii*
はじめに　*iii*

第1章　産業・組織心理学とは ………………………………………… 1

第1節　産業・組織心理学の目的と対象　*1*
第2節　産業・組織心理学が扱う領域とテーマ　*2*
   1. 人事部門
   2. 組織行動部門
   3. 作業部門
   4. 消費者行動部門
第3節　産業・組織心理学の歴史　*4*
   1. 産業・組織心理学の創始
   2. 科学的管理法
   3. ホーソン研究
   4. 組織観の変遷
   5. 自己実現的人間観の登場
第4節　産業・組織心理学の社会的意義　*9*
第5節　産業・組織心理学の方法　*10*

COLUMN ①　産業・組織心理学と公認心理師　*13*

目　次

第 1 部　人を活かす──人事部門

第 2 章　募集・採用と評価・処遇 ……………………………………………… 18

第 1 節　募集・採用と職務分析　*18*
 1.　募集と職務分析
 2.　採用に用いられる検査
 3.　職業適性と配置
 4.　雇用の多様化

第 2 節　人事評価・処遇　*25*
 1.　評価はなぜ必要か
 2.　評価内容とその基準としての目標管理
 3.　評価の方法と陥りやすい心理的エラー（評価バイアス）
 4.　評価の受容を促進するために

COLUMN ②　労働条件：労働基準法とブラック企業　*30*

第 3 章　キャリア発達と能力開発 ………………………………………………… 31

第 1 節　キャリア　*31*
 1.　キャリアがなぜ問題にされるのか
 2.　キャリアの定義
 3.　キャリア発達
 4.　キャリア発達を促すもの

第 2 節　企業の視点から見た能力開発　*36*
 1.　能力開発の目的
 2.　能力開発の方法・考え方：企業によるキャリア発達支援
 3.　成果主義と能力開発

第 3 節　個人の視点から見たキャリアやキャリア発達　*39*
 1.　働く人々にとってキャリア発達は人生の問題
 2.　私的な人間関係に基盤を置くキャリア発達支援

目　次

第 4 章　人間関係管理と職場の人間関係 …………………………………… 42

第 1 節　職場の人間関係の位置づけ　*42*
第 2 節　人間関係管理：人と企業の関係の管理　*43*
　　　　1.　人間関係管理の成立と展開
　　　　2.　人間関係管理の内容
第 3 節　私的な支持的関係：人間関係の肯定的側面　*46*
　　　　1.　ソーシャル・キャピタル
　　　　2.　ソーシャル・サポート
第 4 節　ハラスメント：地位や力の差がもたらす負の人間関係　*50*
　　　　1.　ハラスメントの定義と種類
　　　　2.　ハラスメントの実態とその影響

COLUMN ③　働き方改革：ワーク・ライフ・バランスと過労死・メンタルヘルス　*54*

第 5 章　働くことの意味と働かせ方 …………………………………………… 55

第 1 節　働くことの意味　*55*
　　　　1.　仕事をする目的
　　　　2.　働く人々のニーズの変化と価値観の変化：人間観の変遷
　　　　3.　多様なニーズと人事管理
第 2 節　働かせ方：労働条件管理と職務設計　*58*
　　　　1.　労働条件管理と労働基準法
　　　　2.　職務設計
　　　　3.　不公正な働かせ方とブラック企業
第 3 節　人らしい働き方と well-being　*62*
　　　　1.　職務再設計：仕事における"ひと"らしさの復権
　　　　2.　働く人々の well-being と生きがい

COLUMN ④　調査結果の見方：働く人々のニーズ調査を例にして　*65*

vii

目　次

第 2 部　組織行動を科学する──組織行動部門

第 6 章　組織行動の心理学的視点 ･･･････････････････････････････ 70

第 1 節　集団のダイナミックス　*70*
　　1.　集団とは
　　2.　公式集団と非公式集団
　　3.　集団の規範
第 2 節　集団の中の個人　*73*
　　1.　集団意思決定
　　2.　集団思考過程で見られる負の効果
　　3.　社会的手抜き
　　4.　集団浅慮
第 3 節　集団内コミュニケーション　*77*
　　1.　コミュニケーション戦略
　　2.　説得の技法
　　3.　他者判断時の思い込み要因
第 4 節　組織文化　*79*
　　1.　組織風土と組織文化
　　2.　組織文化の要素

COLUMN ⑤　企業不祥事の心理学　*82*

第 7 章　リーダーシップ ･････････････････････････････････････ 83

第 1 節　リーダーシップの諸相　*83*
　　1.　特性的アプローチ：リーダーシップ特性論
　　2.　行動的アプローチ：リーダーシップ行動記述論
　　3.　状況適合的アプローチ：リーダーシップ状況適合論
第 2 節　リーダーとメンバーの交流　*88*
　　1.　特異性クレジット
　　2.　変革型リーダーシップ
　　3.　サーバント・リーダーシップ
第 3 節　信頼とリーダーシップ　*91*
　　1.　リーダーの持つパワー

　　　　2．リーダーへの信頼感と勤続意思

第8章　仕事へのモチベーション　……………………………………… 94

第1節　モチベーションの諸相　*94*
　　　　1．モチベーションとは
　　　　2．モチベーションを探る視点
　　　　3．内容理論と過程理論
第2節　目標とモチベーション　*102*
　　　　1．目標とモチベーション
　　　　2．目標設定理論
　　　　3．目標設定理論からみた目標設定の留意点
第3節　内発的モチベーション　*105*
　　　　1．内発的モチベーションの意味
　　　　2．内発的モチベーションのプロセス
　　　　3．フロー体験

COLUMN ⑥　楽観的思考と業績の関係　*108*

第9章　組織開発　……………………………………………………… 109

第1節　組織変革と組織開発　*109*
　　　　1．組織変革と組織開発
　　　　2．変革のエージェント
第2節　組織と個人の適合　*111*
　　　　1．適合の諸相
　　　　2．個人の価値観と組織の価値観の適合
第3節　ダイバーシティ　*114*
　　　　1．ダイバーシティが意味するもの
　　　　2．異文化間コミュニケーション
　　　　3．セクシュアル・ハラスメント

COLUMN ⑦　セクシュアル・ハラスメントの説明モデル　*122*

目　次

第3部　働く人の安全と健康──作業部門

第10章　仕事の安全 …………………………………………… 126

第1節　労働災害　*126*
　　1.　労働災害の基礎
　　2.　労災保険制度と過労死
第2節　安全と品質に関わる人的要因　*128*
　　1.　事故と人的要因
　　2.　ヒューマンエラーの定義
　　3.　ヒューマンエラーの分類とモデル
　　4.　違反とリスクテイキング行動
第3節　安全対策　*134*
　　1.　ハインリッヒの法則
　　2.　ヒヤリハット分析
　　3.　適性検査
　　4.　リスクアセスメント
　　5.　安全マネジメント
第4節　安全文化　*138*

COLUMN ⑧　指差呼称　*140*

第11章　仕事の疲労・ストレスと心身の健康 ……………… 141

第1節　産業疲労　*141*
　　1.　疲労と休息
　　2.　労働者の疲労蓄積度自己診断チェックリスト
　　3.　自覚症状しらべと自覚症しらべ
　　4.　疲労管理
第2節　過労による病気と自殺　*146*
第3節　ストレス　*148*
　　1.　ストレスとは何か
　　2.　職務ストレス
　　3.　メンタルヘルスケア
　　4.　ストレスチェック

COLUMN ⑨　ストレッサーとしてのライフイベント　*153*

第12章　作業と職場をデザインする　　　　　　　　　　154

第1節　作業設計と作業研究　*154*
第2節　作業負担　*155*
　　1. 負荷と負担
　　2. メンタルワークロード
第3節　ヒューマンファクターズ　*158*
　　1. ヒューマンファクターズとは何か
　　2. SHEL モデル
　　3. HMI と HCI
　　4. エラーを防ぐデザイン原則
　　5. ユーザビリティ
第4節　快適な職場環境　*165*

COLUMN ⑩　ユーザ・エクスペリエンス　*167*

第4部　豊かな消費生活──消費者行動部門

第13章　消費者行動への心理学的アプローチとその意義　　　172

第1節　消費者行動研究の目的　*172*
第2節　消費者行動を理解する枠組み　*174*
第3節　消費者行動の研究法　*175*
　　1. 質問紙調査法
　　2. 面接法
　　3. プロセス分析法
　　4. 観察法
　　5. POS データ
　　6. 心理生理学的方法
第4節　消費者行動における研究成果の応用　*179*
　　1. 消費者行動の規定要因（個人差要因）の分析と応用

2．消費者行動の規定要因（状況要因）の分析と応用
　　　3．近年の動向

COLUMN ⑪　店舗内の消費者行動　　*185*

第 14 章　消費者の購買意思決定　……………………………………　186

第 1 節　消費者の購買意思決定過程とその影響要因　　*186*
第 2 節　消費者のブランド選択過程　　*189*
第 3 節　選択ヒューリスティックス　　*191*
第 4 節　購買後の評価　　*192*
　　　1．期待不一致モデル
　　　2．衡平モデル
　　　3．認知的不協和理論
第 5 節　購買意思決定と関与　　*195*
　　　1．複雑な購買行動
　　　2．不協和低減型購買行動
　　　3．バラエティ・シーキング型購買行動
　　　4．習慣的購買行動

COLUMN ⑫　心理的財布理論　　*198*

第 15 章　企業活動と消費者行動　……………………………………　199

第 1 節　消費者行動とマーケティング　　*199*
第 2 節　消費者行動の規定要因（マスメディアの影響）による効果　　*201*
第 3 節　消費者の説得過程　　*204*
　　　1．販売場面における消費者の説得過程
　　　2．説得を規定する心理的要因
第 4 節　消費者問題と消費者保護　　*208*
　　　1．悪徳商法の実例
　　　2．「限定表示」における問題
　　　3．消費者保護のための消費者研究へ

COLUMN ⑬　マーケティングの4P　*213*

Appendix

Appendix 1　シラバス案　*216*
Appendix 2　用語集　*219*

文　献　*237*
索　引　*251*

第1章
産業・組織心理学とは

■第1節■
産業・組織心理学の目的と対象

　産業・組織心理学は，産業や組織における人の心理学的メカニズムを研究対象とし，このメカニズムを解き明かし，組織や産業社会をより良くするために活用しようとする学問である。人の生理や認知などを扱う基礎心理学に対して，より現実的な事象を扱う応用心理学に分類される。応用心理学は基礎心理学における知識や理論を援用して，実際の生活における人の心理的なメカニズムを明らかにし，現実場面に活用しようとする心理学の総称である。応用というと，産業・組織心理学独自の知識や理論はないのかと思われるかもしれないが，実際の生活はさまざま複雑に要因が積み重なり，基礎心理学の知識や理論だけでは説明しきれないことも多く，産業・組織心理学独自の知識や理論が展開している。

　産業・組織心理学を学ぶ上で特に留意しなければならないことは，実際の産業や組織が社会や経済の変化の影響を直接受けているということである。近年はグローバル化の影響を受け，政治・経済が大きく変動しており，産業・組織心理学は他の心理学領域にもまして，そういった社会や経済の動向に敏感であることが求められる。刻々と変化する産業・組織において，その影響を受けざるを得ない人の心理的な問題を明確化し，その解決のた

めの知識や理論を提供することこそが産業・組織心理学の目的と言える。

■第2節■
産業・組織心理学が扱う領域とテーマ

　産業・組織心理学が扱う領域は人事部門（第1部），組織行動部門（第2部），作業部門（第3部），消費者行動部門（第4部）の大きく4つに分かれる。本講座は，本巻（第1巻）で各領域の基礎的な事項を扱い，第2巻以降で各部門に対応し，さらに詳しい知見が得られるように構成されているので，第2巻以降もぜひ参照されたい。

1. 人事部門

　人事部門では，採用・面接，人事評価，昇進・昇格，キャリア発達，職場内訓練，セカンドキャリア，ダイバーシティ・マネジメント，ワーク・ライフ・バランスなど，組織における人の処遇についてのテーマが扱われている。

　こういった組織の中で働く人の管理は，以前は労務管理（personnel management）と呼ばれていたが，現在は人的資源管理（Human Resource Management: HRM）と呼ばれている。組織における必須の資源として「ヒト，モノ，カネ，情報」の4つがあげられており，人は組織における重要な「資源」の1つである。その資源をどのように管理するかは，組織の存続に関わる重要な事柄である。産業・組織心理学では，その人がその人たるゆえん（ダイバーシティ）を明らかにし，組織の中でより人間らしく働くこと（ディーセント・ワーク）の実現を目標としている。

2. 組織行動部門

　組織行動部門では，ワーク・モチベーション，集団と組織の構造，リーダーシップ，職場の人間関係，コミュニケーション，集団意思決定など，組織における人の行動についてのテーマが扱われている。やる気や人間関係といったテーマは最も心理学的であり，産業・組織心理学の中核のテーマでもある。

3. 作業部門

　作業部門では，作業負荷，ヒューマン・エラーなど，人が仕事に取り組む際の心理についてのテーマが扱われている。人の失敗には心理的な要因が大きく絡んでいる。事故防止のためには，こういった人間の行動についてよく研究する必要がある。

　また，職場のストレスとメンタルヘルスは人事部門，組織行動部門，作業部門をまたぐ領域である。近年のストレスの増加により，産業・組織心理学でも大きく取り扱っている。働く上でのストレスは，メンタルヘルスに不調を起こし，抑うつや燃え尽き症候群（バーンアウト；burn out），過労死（自殺）などに結びつくことがある。特に，過労死は日本にのみ存在するといわれており，世界でも類を見ない長時間労働が原因であると考えられている。産業・組織心理学では，長時間労働が過労死に結びつくということを知っているにもかかわらず，それでもなお働きすぎてしまうという日本人の心理的な問題の解明に取り組んでいる。

4. 消費者行動部門

　消費者行動部門では，消費者の購買行動，マーケティング，広告，悪質商法，オレオレ詐欺など，購買や消費についてのテーマが扱われている。近年では「オレオレ詐欺に気をつけましょう」という広報がたくさん行わ

れているが，被害件数は減少するどころか，年々増え続けている（警察庁，2016）。被害事例の報道などを見ると，人の心理を巧妙に利用していることがわかる。これらの被害をなくすためには，こういった心理についても研究していく必要がある。

■ 第3節 ■
産業・組織心理学の歴史

1. 産業・組織心理学の創始

　現代の科学的心理学の歴史はフェヒナー（Fechner, G. T.）の『精神物理学原論』の完成（1860年），あるいはヴント（Wundt, W.）のプロイセンのライプツィヒ大学における心理学実験室の開設（1879年）の1860年〜70年代をもって始まったとされるが，これに対し，産業・組織心理学は，ミュンスターベルク（Münsterberg, H.）の『心理学と産業効率』（ドイツ語版1912年，英語版1913年），スコット（Scott, W. D.）の『広告の理論』（1903年），『広告心理学』（1908年）をもって創始されたと考えられている。

　ミュンスターベルクは，①最適な人材の選抜，②最良の仕事方法，③最高の効果の発揮，という3つの観点から，心理学を経済に応用することを考えた。①はたとえば，職業と適性，人事などが含まれ，②には，疲労，作業工程，人間工学，③には，販売や広告，購買や消費などが含まれる。一方，スコットは，広告に心理学の原理を導入し，広告効果の心理学的研究や販売員の選抜検査などを開発した。こうしたことから，ミュンスターベルクは産業心理学の創始者，スコットは広告心理学の創始者と呼ばれている。

2. 科学的管理法

製鋼会社の一技師であったテイラー（Taylor, F. W.）が出版した『科学的管理法の原理』（1911年）は産業・組織心理学に大きな影響を与えた。当時，産業界では深刻な不況を背景に労使が対立しており，使用者側の処遇に不満を抱えた労働者による大規模なストライキや，労働者が共同して生産量を抑えるといった組織的怠業が当たり前の状況だった。テイラーは，労使は共同して利益を得る存在であることを互いに理解し（精神革命），生産量を上げる方法と働いた分の正当な報酬を受け取るための基準があれば，こういった労使の対立はなくなるのではないかと考えた。そこで，一つひとつの作業時間を測定し，最もやりやすい作業の方法を見出すこと（時間研究），作業を標準化して標準作業量を決定すること（課業管理），作業のための必要な訓練を行い，標準よりもたくさんできればインセンティブを付けること（差別出来高制度）などを開発した。ほかにも，作業員ができるだけ作業に集中できるように，計画や設計は管理者が行うこと（機能別職長制度）などを提唱した。この考えは自動車メーカーのフォードの組み立てラインに採用され，自動車の大量生産を実現した。科学的管理法は，現在でもさまざまな作業工程に応用されている。しかし一方では，人間は機械のように働くような存在ではない，あるいはインセンティブだけで動く経済的存在ではないといったことから批判を受けることになった。

3. ホーソン研究

1927年から1932年にかけて行われたホーソン研究は，組織における人間の心理的な問題について理論や問題解決手法を提供し，産業・組織心理学における人間関係論の基礎となった一連の研究である。アメリカ合衆国のウエスタン・エレクトリック社のホーソン工場で研究が行われたことから，この名で呼ばれている。ホーソン研究の中心研究者であるメーヨー（Mayo, 1933）やレスリスバーガーとディクソン（Roethlisberger &

Dickson, 1939）は，当初は科学的管理法をより発展させるためにこの研究を企画し，最適な作業の手順や室内の温度，湿度などの環境，休憩の間隔，食事のタイミングなどを見出すために，女性工員の中から5人を選び，工場内に実験室を作って，実験を行った。しかし，たとえ悪条件にしても，生産量は落ちないという結果を得る。そこで，メーヨーたちは女性工員の心理的な側面に着目し，いくつかの要因を明らかにした。まず，自分たちは多くの女性工員の中から選ばれたということから，集団としての一体感や目的意識が非常に高くなったこと，また，常に実験者が横にいて，本人たちに意見や感想を求め，彼女たちの提案を実際に実行したりしたことから，自分たちの意見が取り入れられたという参画感が高くなったことなどである。すなわち，女性工員たちの「やる気」が不適切な環境を乗り越えたと考えられた。

また，別の実験では，組織が決めた公式のグループの中にいくつか非公式のグループが存在し，公式のルールとは異なる非公式のルールを持っており，さらに公式のルールよりも非公式のルールのほうが拘束力が強いということが見出された。これをインフォーマルグループと呼ぶ。

ホーソン研究は，組織内の労働者の行動は，物理的環境要因に直接影響されるのではなく，それぞれの労働者の態度や感情に規定されており，その態度や感情は，職場の同僚や上司との人間関係から生じているということを示した点で，高く評価されている。しかし，一方で，人間関係が組織の生産性を上げるための手段として使われるという問題を引き起こし，本来の人間関係ではなく使用者側のリップサービスに過ぎないという批判にもつながった。

4. 組織観の変遷

組織のあり方（組織観）は，組織がそこで働く人間のあり方をどのように捉えるか，すなわち人間観によって大きく変わってくる。すでに見てきたように，この人間観は変遷しており，科学的管理法は人間を合理的存在

であり，かつ賃金に動機づけられるものと考えていることから，これを合理的人間観あるいは経済的人間観と呼ぶ。組織観としては，組織は工場のようなもので，ヒトは機械の歯車と捉えられていたと考えられる。ホーソン研究から生まれた人間関係論では，人間は人間関係という社会的関係に動機づけられると考えており，これを社会的人間観と呼ぶ。人のより人間的な側面が明らかにされたことで，人間性に着目する組織観が登場した。この組織観はさらにオープン・システム・アプローチ（Katz & Kahn, 1966）へと展開する。

5. 自己実現的人間観の登場

　1940年代に自己実現論を提唱したマズロー（Maslow, A. H.）やクライエント中心療法を唱えたロジャース（Rogers, C.）らの人間性心理学派の登場により，産業界にもこの立場からの理論が展開した。自己実現的人間観の登場である。以下には，自己実現的人間観を展開したマズロー，マクレガー（McGregor, D.），アージリス（Argyris, C.）の理論を紹介する。

(1) マズローの欲求階層説

　マズロー（Maslow, 1954）は，フロイト（Freud, S.）が神経症者の研究から人間のネガティブな側面を明らかにしたのに対し，より健康で成熟した人を研究対象者として選び，面接調査によって，可能性や抱負や希望といった人間のポジティブな側面を明らかにしようとした。その結果，人間には生理的な欲求，安全と安定の欲求，愛と所属の欲求，自尊の欲求が，低次の欲求から高次の欲求まで階層的に積みあがっていること，これらはいったん満たされてしまうと，二度と人を動機づけることはできないこと，これらの欲求を満たしてしまった後に，決して動機づけの低下しない自己実現欲求（self-actualization）が存在することを見出した。これがマズローの欲求階層説である。自己実現とはマズローによれば「自分の持つ能力や可能性を最大限発揮して，自分がなりうる最高のものになる」ことである。

働く場面で考えると，人間は賃金や人間関係のために働くということもあるが，究極的には自分自身になるために働いており，そのため，人間は自分自身になる機会に最も動機づけられ，自分の力を発揮すると考えたのである。マズローの理論は，組織における自己実現的人間観の基礎となり，マクレガーやアージリスらに引き継がれ，組織において労働者の自己実現を目指した組織経営のための理論的根拠となった。

(2) マクレガーの X-Y 理論

マクレガー（McGregor, 1960）はそれまでの企業におけるネガティブな人間観を X 理論と名付け，それに対して人間の積極的な側面に着目した新しい人間観を Y 理論と名付けた。X 理論は，人間はもともと働くことが好きではなく，怠け者で，命令されたり，強制されたりしなければ働かない，また，責任を回避したがり，新しいことに挑戦したりしないという人間観なので，組織作りの中心原理は「権力行使による命令と統制」となり，人は厳しく管理されなければならないことになる。一方，Y 理論は X 理論とは全く正反対の人間観であり，人間にとって働くことは満足感の源になり，自ら設定した目標に向かって働き，自ら進んで責任を取ろうとし，また，創造的に働こうとする存在とする。Y 理論に基づけば，組織作りの中心原理は「統合」で，労働者が組織のために努力すれば，それによって労働者が自分自身の目標を最高に成し遂げられるように，組織のシステムを作り出し，労働者と企業がともに満足できることを目指す。具体的には，分権（権限を一か所に集中しないで，分割すること）や権限移譲（権限を労働者一人ひとりに持たせること），ジョブ・エンラージメント（単一の職務だけに従事するのではなく，担当できる職務の範囲を広げること），参加と協議（企業や職場の決定に参加できたり，相談できたりすること）などを取り入れた経営である。

(3) アージリスの未成熟－成熟理論

アージリス（Argyris, 1957, 1964）は組織と労働者の関係について，ま

ず労働者は子どものように何もできない存在から大人のように自ら考え，行動するといったように，成熟していく存在であるとし，組織は労働者が成熟する存在であることを認め，労働者が成長する機会を保障するために，労働者に対して「挑戦と自己責任の機会」を提供するべきだと主張した。

　以上見てきたように，産業・組織心理学の発展過程の中では，「人が働くとはどういうことなのか」というテーマが扱われてきたことがわかる。そのベースには人とはどのような存在なのかという人間観の変遷があり，人が働く組織とは何かという組織観の変遷も伴うこととなる。産業・組織心理学は，これらの知見を基にして，「これからどのように働くことが人にとって意味のあることなのか」ということを提案しているとも言える。

■ 第4節 ■

産業・組織心理学の社会的意義

　産業・組織心理学は，産業や組織における心理学的メカニズムを研究対象とした学問である。科学技術の発展を背景に，社会の構造はますます複雑になっているが，人間の心は科学技術の発展ほどには変化していない。そのために，産業・組織の領域では，新たな心理的課題が次々と生まれている。これは人間の心がどんどん変化すればいいということではなく，そういった科学技術の変化の中で，いかに人間的に，働いたり消費生活を送ったりすることができるかということが重要だと思われる。一方，科学技術の発展とは別に，人間の心もまた変化しており，その変化を知ることは人間的な生活のために不可欠である。このため，産業・組織における人間の心を研究対象としている産業・組織心理学の役割はますます高まっていくことと考えられる。

　産業・組織心理学の学術的成果の発表，交流の場として，産業・組織心理学会が設立されており，2019年には設立35周年を迎えた。本学会は

研究者と実務家の「有機的連帯」(1985 年の学会設立趣旨より)により，多様な会員同士の積極的な意見交換を通じた知見の創造を目指している。2019 年現在，研究者のほかに，企業の人事担当者や安全管理担当者，マーケティング担当者など約 1,200 名の会員が活動しており，学会活動として，年に一度の研究大会，機関誌『産業・組織心理学研究』(年 2 回発行)，部門別研究会（年 4 回開催）等を行っている。本学会では，産業・組織心理学の新しい研究成果が次々と発表されている。関心のある方は学会ホームページ (http://www.jaiop.jp/) を参照されたい。

■ 第 5 節 ■

産業・組織心理学の方法

　産業・組織心理学では，実験法，観察法，面接法，質問紙法といった，心理学の方法論が用いられている。以下に説明するように，それぞれにメリットとデメリットがあるので，どのようなことを研究したいのかによって，方法を選ぶ必要がある。また，場合によってはいくつかの方法を組み合わせて実施することが重要である。産業・組織心理学の特徴として，より現実的な問題をテーマとしているため，一つの現象について多くの要因が関わっている。現時点では，これらの複雑で多様な要因を総合的に扱う研究法は十分ではないが，常に原因が複雑で多様な事象を扱っているという認識が必要である。

(1) 実験法
　実験法は複雑で多様な要因の中から，いくつかの限定した要因を選び出し，実験的にその状況を作り出す。その実験的状況において，人間の行動がどのようになるのかを測定して，その要因が状況に対してどのような役割を果たしているかを検討する。実験室の中の状況なので，そのほかの複

雑な要因の影響をコントロールすることができる。ただし，複雑で多様な要因のうち，ごく限られた要因しか測定できないこと，測定された要因も現実の場面ではほかの要因の影響を受けて，変動する可能性があることなどの問題がある。

(2) 観察法

　観察法は実際の企業や職場での観察から，人間の行動の心理的メカニズムを明らかにしようとする方法である。観察法には，そのグループの活動に観察者も参加しつつ観察する，参加観察法と，そのグループの活動には参加しないで観察する，非参加観察法がある。観察法の利点としては，より現実的な場面についての検討が可能になるが，自然の流れが重要なので，調べたい事象が必ずしも観察中に生じない場合があることや，より自然といっても，やはり観察者がいることによって，全く普段の様子とは異なる可能性などが問題点としてあげられる。

(3) 面接法

　面接法は研究協力者に面接を行い，そのときどうするか，とか，なぜそうしたのかということを直接聞いていく方法である。インタビュー調査とも言う。面接法には，事前に質問が準備され，その質問について聞いていく構造化面接と，質問したいことはあるものの，そのときの話の流れで，自由に話を聞いていく非構造化面接があり，その中間の方法として，あらかじめ質問は決めておくものの，話の展開で質問を変更したり，追加したりする半構造化面接がある。面接法は本人が自分の考えていることを表現するので，より深い心理を明らかにすることができる。また，面接中の会話の中で，複雑で多様な要因について，聞いていくことができる。しかし，面接者と研究協力者とのコミュニケーションをベースにしているので，面接者が研究協力者から十分に信頼を得られないと，提供される情報に限界がある可能性があるし，面接者の話を聴くスキルや研究協力者の言語化のスキルに左右される場合がある。実施上の注意点としては，たとえいろい

ろ聞きたいことがあっても，面接時間には一定の制限を設けたほうがよく，通常は1時間程度である。また，面接によって，研究協力者のあまり思い出したくない事柄や考えたくない事柄に触れてしまうこともあるので，もしそのような事態になったときに，信頼できるカウンセラーを紹介できる体制を整えておくなどの配慮が必要である。

(4) 質問紙法

質問紙法はこちらであらかじめ質問といくつかの回答の選択肢を用意し，選択肢のうち，最も自分の気持ちに近いものを選んでもらう方法である。現在の産業・組織心理学において，最も多く実施されている研究法である。以前は質問を紙に印刷した質問紙に回答を求めていたが，近年はコンピュータ上で回答するWeb調査も増えている。質問紙法は就業時間や場所などに縛られず，本人の都合のいいときに実施してもらうことができる点や，実験法よりも一度に多くの要因を測定できる点などにメリットがある。デメリットとしては，質問項目や回答の選択肢が決まっているので，それ以外の回答を拾えないこと，また，本人が認知しているレベルの内容しか測定できないことなどがある。

(5) 研究倫理（個人情報と守秘義務）

以上の研究の際には，個人情報を扱うことから，守秘義務に留意する必要があり，個人情報が漏洩しないように，得られたデータの管理方法をあらかじめ定めておくことが必要である。研究計画については，所属する機関の倫理委員会の許可を得る。研究への参加を依頼する際には，研究協力者の人権を守るため，調査に関して生じる可能性のあるリスクや途中でやめてもいい権利，個人情報の管理方法などについて，十分に説明し，研究参加への同意を得てから，進める必要がある。また，研究した結果は適切に社会に公表し，産業・組織心理学の役割を積極的に果たしていくことが必要である。

COLUMN ①

産業・組織心理学と公認心理師

　公認心理師は2015（平成27）年9月に法制化された国家資格で，2018（平成30）年9月9日に第1回公認心理師試験が実施され，11月末には27,876人の公認心理師が誕生した。産業・組織心理学会は日本心理学諸学会連合（https://jupa.jp/）の一員として，当初より学会として国家資格化を支持してきた。まだできたばかりのこの資格を，これまでの心理学の知見を踏まえて，国家資格として実質化させていく必要性がある。心理学界にとって，この実質化は非常に重要である。公認心理師は心理学領域初の国家資格であり，心理学の存在意義とも関連するからである。本学会には産業・組織心理学を標榜するわが国における唯一の学会として，この実質化の一端を担うことが期待されていると考える。

　公認心理師の主な活動分野としては，①保健医療分野，②福祉分野，③教育分野，④司法・犯罪分野，⑤産業・労働分野，の5つがあげられており，その公認心理師養成カリキュラムにおいて，大学カリキュラムでは「産業・組織心理学」が，また，大学院カリキュラムの必須科目では「産業・労働分野に関する理論と支援の展開」が，それぞれ必須科目（実践心理学科目）と位置づけられた。これを受けて，本学会は日本心理学会の求めに応じ，公認心理師大学カリキュラム標準シラバス（2018年8月22日版）を提案した（本書appendix1ならびにhttps://psych.or.jp/qualification/shinrishi_info/shinrishi_syllabus/を参照のこと）。

　なお，この分野には従来から，「産業心理臨床」（産業精神保健，産業保健，労働保健など）の独自の体系があり，これについての習得はもちろん必要である。しかし，「産業・組織心理学」と「産業心理臨床」は，研究対象に重なるところはあるものの全く別の体系であり，「産業・組織心理学」と「産業心理臨床」を混同することはできない。公認心理師を実質化し，産業・労働分野における意義ある活動のためには，この2つは車の両輪であり，両方を習得することが不可欠である。さらに，公認心理師の活動は産業・労働以外の，保健医療，福祉，教育，司法・犯罪のいずれの分野においても，組織における活動や連携による活動が多くを占める。この意味からもすべての公認心理師が「産業・組織心理学」を学ぶことを推奨したい。

第1部

人を活かす
―人事部門―

人事部門の研究は，企業経営における人事・労務管理や人的資源管理（HRM）といわれる職能と密接に関わり合っており，それらの諸施策の発展に大きな貢献をし，逆に，現実の企業経営の実践の中から，多くの示唆を受けてきたとして過言ではない。経営学では人事・労務管理は，人事管理，人間関係管理，労働条件管理，そして労使関係管理という4つの領域に分けて論じられることが多いが，心理学との関連が深い部分としては，人の採用から退職までに関わるものとしての人事管理と，働く人々の職務態度との関連が深い人間関係管理がある。また，過労死などメンタルヘルスに影響の大きい労働時間や働く女性の働きやすい環境づくりと関係が深い労働条件管理も見過ごせないが，労使関係管理は，経営参加などを除いては，あまり接点を持たない。ここでは，それらを前提として人事・労務管理という言葉で述べていくことにする。

　企業の人事・労務管理は，人を募集・採用し，その人が退職するまでの全過程を扱う機能である。その目的は，働く人々の福利と意欲の充足，および，企業目的遂行のための労働力の確保・維持（保全）とその効率的な利用にあり，より広い視野に立てば労使の協調関係の構築もそこに含まれる（本多，1979）。

　労働力の確保・維持，そして，労働力の有効利用に関わる領域に関しては，具体的には，どんな仕事（職種や具体的な作業，責任や権限の範囲や程度）にどんな人（適性，能力や資格，経験など）がふさわしいかを決め，そのような人を募集するということから始まり，応募者の中から最適な人を選抜し，採用した後にその新入者向けの研修を施し，所定の職位に配置し，仕事をしながら現場での指導（OJT）や仕事を離れての研修（Off-JT）などの能力開発を行うとともに，実際の業務遂行について評価し，それらをもとに，昇進・昇格や出向・転籍も含む異動を繰り返しながら，退職に至る一連の管理があげられる。

　また，それらを円滑に進めるための制度や日常的な上司の指導と管理，仕事の場における社会的な環境すなわち職場の人間関係を良好に保つための試みもこの領域の問題として考えられている。それだけではなく，職場の中の人間関係を悪化させ，全体の効率を低下させるパワー・ハラスメントやセクシャル・ハラスメントなどのモラル・ハザードを防止する取り組みなども重要な機能である。

それらとあわせて，賃金や労働時間，そして，福利厚生などの労働条件の管理が，働く人々の物心両面の well-being を維持・向上させるために重要な役割を担っている。それらは，労働福祉の面だけでなく労働力の確保・維持（保全）の面からも重要な管理課題になっている。

　人事・労務管理のもう一つの重要な目的は，"ひと"としての働く人々の管理に関する領域であり，働く人々の社会的環境も含めた心身の健康を維持し，働く人々の意欲の充足を目指した快適な職場づくりや職務づくり（職務設計），働く人々を支える非仕事生活にも配慮した福利厚生などの機能もそこには含まれる。特に，今日では，"働きがいのある人間らしい仕事＝ディーセント・ワーク"が追及され，単なる働く人々の職務満足感の向上を超えた心理的 well-being の充足が求められている。また，働く女性の活躍を促進するという視点を超えた働く人々全体の問題としてのワーク・ライフ・バランスの論議もここに入るものと考えられる。

　なお，メンタルヘルスも含めた心身の健康の維持に関しては，本講座では安全衛生の問題として論じられている。

　また，人事・労務管理は，法律とも関係が深い。男女平等をうたった憲法をはじめ，労働条件の根幹を定めた労働基準法や，働く女性の問題から働く人々全体の公平処遇を目指すものへと進化した雇用機会均等法などが代表的なものであり，それらは，ワーク・ライフ・バランスとも関わりが深い。さらには，物理的・生理的な側面だけではなく心理的な側面での安全で快適な仕事環境と関連の深い労働安全衛生法，労働組合員の権利に関係する労働組合法から，安全配慮義務に代表されるような労働契約法に至るまで，さまざまな法律が存在する。また，ハラスメントに関しては，男女雇用機会均等法だけでなく民法や刑法などが関係することもある。これらは，働く人々の心身ともに健康で快適な仕事生活を守り，それを管理する企業・組織の管理行動に大きな影響を与えている。

　この第1部では，これらの人事・労務管理の諸側面やそれに関連するさまざまな事項について，産業・組織心理学との関わりのアウトラインを見ていくことにする。

第2章
募集・採用と評価・処遇

　本章では，企業組織（以下，企業という）が行う人の評価という視点を軸に，どのようにして人々を企業のメンバーとして受け入れるのか，そして，受け入れた人の仕事結果をどのように評価して，賃金や地位などの処遇に結びつけるのか，という点についてみていく。

■ 第1節 ■

募集・採用と職務分析

1. 募集と職務分析

(1) 募集・採用

　企業が人を採用するのは，企業の理念や目標の達成を円滑に進めるためであり，ただ人の数を揃えるということだけではない。最初に，要員計画に沿ってどの職位に人が必要かを明確にし，その職位の仕事の内容（使用する機器・機材，取り扱う原材料，作業環境など）を明らかにすることを通して，それを遂行する人が持っていなければならない能力や知識，資格，経験，技能などの資格要件，仕事の手順，責任の範囲や権限などを明らかにすることから，募集は始まる。まさにミュンスターベルグ（Münsterberg, 1913）が言う"最適の人"をいかに確保するかという課題への対応である。

その際，厳密に個々の職位について分析するのでは多くの時間と人手がかかるので，同じような職位のかたまりを職務として，その最大公約数的な部分を明らかにする。それを職務分析という。この職務分析によって明らかにされたことを明示して募集が行われ，そこにあげられた資格要件が，採用するか否かの判定基準になる。

　ただし，わが国の多くの企業で見られる，新規の学卒者を，専攻や学部・学科などとは無関係に配属先もあやふやなまま採用することを主流とする採用の仕方では，勢い，一般的な知識・教養や面接をもとにしたその企業に"なじめる"かどうか（適応力）が主要な判断基準になり，職務分析をもとにした採用とはほど遠い採用活動が行われることが多い。また，職位を特定しない採用は，その後の非自発的な異動とも相まって，職位に与えられた課業とその達成（成果・業績）の評価と結びついた賃金や賞与という処遇を困難にし，成果主義の推進に対する心理的な抵抗を助長している（成果主義が好ましいとしているわけではない）。

(2) 職務分析

　職務分析は前述のように特定の職務（厳密には個々の職位）の仕事の内容，担当者の資格要件や適性，仕事の手順，責任の範囲や権限などを，明らかにすることである。それは，19世紀末から20世紀初頭にかけての一連のテイラー（Taylor, 1911）の科学的管理法に関わる実践の中から始まるもので，仕事を客観的・科学的に把握し，ムダ・ムラ・ムリを廃し，作業を合理的に並べ替えその手順を標準化することで仕事の効率化に大きな役割を果たした。そのためには，担当者や組織の上司からの聞き取り，質問紙による調査，時間研究を含む観察，実験，現実の作業への参加などの手法が用いられる。

　これは，職務設計や組織設計の基礎になる考え方であり，今日においても製造業以外の産業場面においても，職務や組織の編成時に，同種の職務の重複の整理などに効果を発揮し，産業の発展に大きな役割を果たし続けている。

2. 採用に用いられる検査

　採用に際しては，新卒者の一括採用のために，職務分析の結果などはあまり役に立たないというような状況にはあるものの，さまざまな心理テストやその成果を援用したものが使われることが多い。具体的には，一般能力検査，性格検査，職業適性検査，職業興味検査などが心理学の貢献の大きいもので，妥当性や信頼性が十分に検証されているものが少なくない。それら以外に一般の学力試験や体力測定・健康診断，面接試験，書類選考などが行われる。

　前述のようにわが国では面接が，採用に際して重要な役割を果たしているが，そこでは，標準化面接，半構成的面接，非構成的（自由）面接や圧迫面接などのほか，集団面接やグループ面接などの面接法が用いられている。しかし，面接では最初の3秒で合否が決まるとか，第1印象が勝負，といわれるように，現状では面接の中身以前の問題が少なくない。それら以外にも，面接者間の質問内容や基準のすり合わせなども不可欠である。

3. 職業適性と配置

　採用に際しては「適性」が重視されることが少なくない。室山（2008）によれば，適性検査は，「職業」に対する潜在的な個人の能力を測定する道具として開発され，その後，適性検査は狭義の能力だけでなく，パーソナリティとして捉えられるさまざまな個人の特性についても測定する検査という形で発展するようになった，とされている。また，能力的適性，性格的適性，態度的適性という区分（大沢，1989；舛田，2007）や職務適性と社員適性がある（岡村，2017）とする考え方もある。大沢（1989）は，適性を職務や職場に「適応または順応している」状態として捉えるとき，職務適応，職場適応に加えて自己適応があるとしている。

　二村（2000）は，「適性は，現在では人材把握の重要な概念として定着しているが，具体的な方法論としての適性検査開発と表裏一体で深められ

ていった。人物特性と職務要件との関係性，適合性を主な内容とし，さらに人材の有能性を含意に加えられるようにもなった」としており，正田（1979）も，技能面に偏重した適性観を脱して，潜在的可能性，情緒的安定，協調性，背景条件などのさまざまな要因を総合して，職務との対応を考えるべきとしている。

　なお，適性とパーソナリティの関係に関しては，5大因子（ビッグファイブ）理論の登場は，産業場面でのパーソナリティ検査の活用を一段と進展させる可能性がある（高橋, 2006）という指摘にみるように，ビッグファイブと採用選抜だけでなく業務遂行の関係に関する研究も盛んで，両者の関係を検証する研究は少なくない（Hough & Oswald, 2000）。

　このように適性は，選抜の基準としても機能するが，それ以外にも，採用後の配置やその後の実際の業務遂行に関しても重要な役割を演じ，配置・異動の根拠にもなり，能力開発の必要点，そして第2節でみる人事考課の評価基準として用いられることも少なくない。同時に，異動や配置に関しては，個人の適性もさることながら，企業の人事配置上のバランスや将来の事業展開の予測への対応，キャリア発達を想定したジョブローテーションをもとにした（企業にとっての）適正配置が優先することも少なくないことを理解しておくべきである。

　なお，適性に類似した概念として人事考課の評価基準として近年注目を浴びたものに，"業績に直結しうる能力"とされるコンピテンシー（定森, 2018）がある。「コンピテンシーは能力基準でありながら，年功要素の強い漠然とした能力ではなく，どのように行動しているかというプロセスを考課するものであり」（加藤, 2005），という記述にみるように，行動基準の適性とも見えるが，「コンピテンシーは高度な成果を上げる能力に焦点を当てている点を除けば，職務遂行能力や職務適合性，または単に適性と基本的な違いはない」（二村, 2000）という評価もある。

4. 雇用の多様化

　現代の企業の採用活動の中では，前項のようにどのような人材をどのような尺度・判断基準や方法を用いて選抜するのかということのほかに，どのような身分（働き方や処遇の違い）の人をどのような割合で，どのような期間採用するのかということが大きな課題になっている。

(1) 雇用の多様化の端緒

　1995年の日本経営者団体連盟の『新時代の「日本的経営」』は，雇用のポートフォリオという考え方を提唱した。そこでは，人事・労務管理の対象を，それまでの終身雇用を前提にした男性正社員にするという考え方から，働く人々を長期蓄積能力活用型，高度専門能力活用型，そして雇用柔軟型の3タイプに分けて考え，最初のものを基本的には従来型の正社員として雇用し，それ以外の2つは，短期雇用，もしくは事業の必要に応じて雇用するという考え方に変化している。

　このような発想の転換に迫られたのは，バブル崩壊後の長期的な不況の中で，終身雇用の慣行を維持しようとする企業は大きな余剰人員を抱え込んだことと，技術革新のテンポが速まり，長期勤続と業務遂行能力の向上が結びつかず，終身雇用と連動する年功序列的な賃金体系は，コストの側面からは，不適切になったためといえよう。このような考え方に立てば，正社員の数を抑制し，必要な人材は，必要なときに非正社員という労働市場から調達しようという動きが活発化するのは不可避であり，企業の労働力に占める非正社員のウエイトが高まることになった。

(2) 非正社員の増加

　バブル崩壊後，人件費の抑制のために行われた雇用調整は，とりわけ大手企業の中高年ホワイトカラーのリストラと相まって，雇用の流動化に拍車をかけただけでなく，雇用形態の多様化にも拍車をかけた。総務省の「労働力調査」によれば，非正社員の割合は，1990年代初頭は20％前後だっ

第2章 募集・採用と評価・処遇

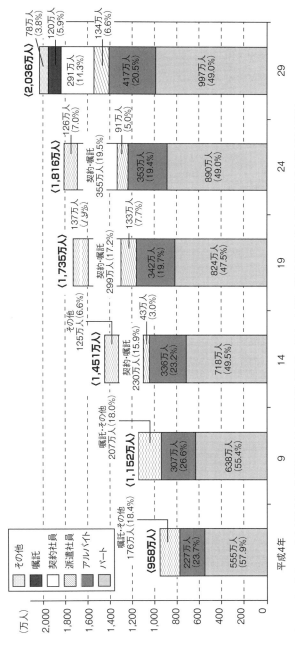

図 2-1 非正規雇用労働者の推移（雇用形態別）（厚生労働省資料：「非正規雇用」の現状と課題）

(資料出所）平成19年までは総務省「労働力調査（特別調査）」(2月調査）長期時系列表9、平成14年以降は総務省「労働力調査（詳細集計）」(年平均）長期時系列表10
(注) 1) 平成19年の数値は平成22年国勢調査の確定人口に基づく推計人口に基づき推計した数値。
2) 平成24年の数値は、平成27年国勢調査の確定人口に基づく推計人口（新基準）の切替による遡及又は補正した数値。
3) 非正規雇用労働者は、勤め先での呼称が「パート」「アルバイト」「労働者派遣事業所の派遣社員」「契約社員」「嘱託」「その他」である者。雇用形態の区分は、勤め先での「呼称」によるもの。
4) 平成9年以前では、非正規雇用労働者の内訳は、「パート」「アルバイト」「派遣社員」「契約社員」「嘱託・その他」。
5) 平成14年から24年では、非正規雇用労働者の内訳は、「パート」「アルバイト」「派遣社員」「契約・嘱託」「その他」。
6) 平成29年では、非正規雇用労働者の内訳は、「パート」「アルバイト」「派遣社員」「契約」「嘱託」「その他」。
7) 割合は、非正規雇用者全体に占める雇用形態別の割合。

23

たものが，2014年には37.4％となり2倍近い拡大を見せている。2017年の「労働力調査」では，雇用者として働く人々5,460万人の37.3％，同じく女性2,503万人の55.5％が非正社員である。また，2014年の「労働力調査」では，男性の非正社員630万人のうち309万人49.0％が世帯主で，主たる家計の担い手である世帯主でも非正社員が少なくないことを示している。

　非正社員についてみると，派遣社員や契約社員が増加し，さらに今日では高齢者雇用安定法の改正により，中高年の男性の嘱託やパートタイマーが増えてきている（図2-1）。同時に，人手不足の中で外国人労働者や社内請負のような人々も増え，多様な働き方の人々が，同じ職場で異なった労働条件で働く機会がますます大きくなっている。このことは，あとで見るような非正社員の劣悪な雇用状況と相まって，社会的に深刻な雇用不安を掻き立てることになった。

（3）雇用の多様化のもたらしたもの

　わが国では，非正社員の処遇に関して，賃金だけでなく，社会保険の適用や法律で守るべき労働者の権利行使が無視されたり，キャリア発達の機会から疎外されたりするなどの正社員の処遇との格差が大きく，公平性や公正さという面での問題は大きい。非正社員に関しては経済的側面だけでなく，働きがいや，承認欲求・成長欲求の充足なども含めさまざまな側面のwell-beingは著しく阻害されていると言えよう。また，リストラにみるような，終身雇用を信じてきた働く人々の解雇は，企業と働く人々の心理的契約の白紙化を強力に推し進めただけでなく，働く人々のキャリア意識を高め，キャリアの自立への模索を強めた。

　同時に，正社員になれないことの恐怖を煽ることで，正社員に過度のノルマを課したり，長時間労働やサービス残業を常態化させたり，パワー・ハラスメントが頻発したりするなど，ブラック企業の横行を招いた。そこでは，正社員の非正社員化（大内ら，2018）という言葉が用いられるような状況が展開している。

　また，多様な身分で働く人々が同じ職場に混在することは，単に上司と

部下の間だけでなく,正社員と非正社員,長時間勤務をいとわない非正社員と一定時間以上の勤務を望まない非正社員などの間で,さまざまな力・パワーの差異を顕在化させ,ハラスメントの温床になっている。さらに管理する側から見れば,多様な労働観・働き方をする人々を前にして,その多様性(ダイバーシティ)の管理は大きな課題になり,その困難さは,管理者にとって仕事ストレスの原因になるものと考えられる。そして,それらを克服するために,組織を円滑に運営するための新しいルール作りや仕事の仕方の変更を組織は迫られることになるものと思われる。

■ 第2節 ■

人事評価・処遇

　前述のように,企業が人を雇用する際は,その仕事の内容やその仕事をするための資格要件を明確にし,さまざまなテストや面接試験などを通して,採否を決める。しかしながら,それらをパスして採用された人が,長期にわたり仕事を担っていくうちには,やる気が低下したり,期待した能力の伸長が得られず成果が上がらないこともある。能力を十分発揮して期待した水準の仕事をしているか,本当にその仕事に向いているのか,仕事への姿勢は適切か,期待以下だとすれば何が足りないのか,という点についての確認を行うことは,不可欠である。そのような点についての定期的な評価を人事考課という。

1. 評価はなぜ必要か

　多くの企業は,年に一度か二度,人事考課を行っている。それに関連して,評価する側も評価される側も人事考課を好まないという指摘を聞くことは少なくない。しかし,大学での講義などで,受講者に「あなたはどん

なときに評価をされたいですか」，また，「どんなときは評価されたくないですか」という質問をすると，自分が褒められたいとき，すなわち，得意なことや良い結果を出した（成功した）ときは，評価されたいという答えが返ってくることが多く，逆に，自分が苦手なことや，失敗したときなどは評価されたくないとする答えがほとんどである。つまり，人は他者から評価をされたいと思うことも少なくないのである。

　それでは現実に企業の人事考課は何のために行っているのであろうか。

　人事考課の目的について幸田（2013）は，「第一義的には従業員の能力の把握にある。つまり企業への貢献度を測定し，その結果を昇給・賞与などの賃金，昇進・昇格などの配置，そして教育訓練・能力開発などの人材育成に役立てるための情報を入手することにある」とし，その結果が，主として，昇給，賞与，昇進などの処遇に関する重要な決定要因であることを示している。

　2つ目の目的は，能力開発のニーズの明確化である。近年は，職務遂行に不足している能力などを明らかにし，それを教育訓練（能力開発）を通して埋めていくという点を強調する論者も多い。1990年代中後半以後の成果主義の時代には，処遇と評価の結びつきがより強固なものとなり，成果の判定を行う人事考課は，極めて重い役割を担うことになった。とりわけ，低い評価を受け低い処遇しか受けない人が，やる気を失ってしまわないようにするためには，仕事能力を高め成果をあげさせ，それをもって賃金や賞与，昇進などの処遇の向上に結びつける必要がある。そのためには何が足りないのか，すなわち教育訓練ニーズを明確にするためにも人事考課は不可欠になる。

　3つ目の目的としては，組織の一員として期待される役割や職務遂行のレベルなどを企業が上司を通して示し，被評価者がどの程度，それに沿って行動し達成しているかということをフィードバックすることをあげることができる。

2. 評価内容とその基準としての目標管理

　人事考課に対する不信感の原因の一つに，何を評価されているかわからないというものがある。成果主義が推進され，処遇と評価の連動が強くなれば強くなるほど，評価される側（被評価者）の公平性や公正性の知覚，納得感などが問題になり，その判断材料となる人事考課の内容（評価項目）やそれが何に反映されるのか，さらには，評価の基準の明確さが強く求められことになる。

　評価の内容に関しては，日本では一般的に，情意・勤怠，能力・適性，業績・成績（成果）という3つの側面をあげる文献が多い。情意・勤怠とは仕事への姿勢（積極性，まじめさ，熱意，周囲との協調性など）や勤務の状態（無断欠勤や遅刻・早退など），能力・適性は，仕事への向き不向きや能力の有無，そして業績・成績は，仕事の結果である。

　成果主義のものとでは，業績・成績が重視されることが多い反面，成果や業績が客観的に把握できない仕事も多い。そのような場合，判断基準が不明確なままでは，被評価者の自己評価と上司による他者評価に大きなずれが生じ，評価や評価者への不信感を高め，動機づけを損なったり，職場の雰囲気を悪くしたりする可能性が高いといえよう。

　そのようなことを防ぐために，評価基準を明確に共有する方法として，各期の最初に上司と部下の話合い（面談）でその期の目標を定め，定められた目標を達成できるように上司がサポートしながら仕事を進め，その期の終わりに目標の達成率について上司と部下が話し合い，それをもって成績とする目標管理制度（MBO）が用いられることが多い。目標管理における目標は，単に客観的に把握可能な業績や成果だけではなく，身につけるべき業務遂行能力や仕事への姿勢などさまざまな側面が含まれ，後者に重点を置けば置くほど，質的な側面への評価に傾き，判断はあいまいさを残すものとなる。

3. 評価の方法と陥りやすい心理的エラー（評価バイアス）

　人事考課に対する信頼感や公平性などを疑わせるものに，評価者への信頼の欠如もある。評価が恣意的に行われているのではないか，評価の目的や仕方を評価者は知っているのか，評価が投げやりで被評価者間の差異が明確でない，などという疑いである。

　この中には，評価者本人が公平・公正に評価しているつもりでも他者から見ると歪んだ評価が行われていると見えることに起因することも少なくない。そのように評価者本人が気づかない評価の歪みを起こすものに心理的誤差・エラーがある。これらについては，採用面接で生じるものと重なり合うものが多いが，表2-1はそれをまとめたものである。これらは上記のように，本人が無意識のうちに行っているものであり，評価者は，そのようなエラーを起こすことがあることを十分に自覚して，評価にあたる必

表2-1　評価に見られるエラー（栁澤，2006, p.64）

エラーの種類	内　容
1）同化効果と対比効果	
①同化効果	前の評価期間に観察した被評価者のパフォーマンスの評価に一致するような方向で，当該の評価期間の評価が下される傾向
②対比効果	前の評価期間に観察した被評価者のパフォーマンスと当該の評価期間に観察した被評価者のそれとが対比され，対照的な評価が下される傾向
2）評価の分布エラー	
①寛大化傾向	被評価者のパフォーマンスを一貫して実際よりも寛大に（高く）評価する傾向
②厳格化傾向	被評価者のパフォーマンスを一貫して実際よりも厳格に（低く）評価する傾向
③中心化傾向	評価段階の中心部分に評価を集中させてしまう傾向
3）評価の相関エラー	
ハローエラー	被評価者の全体的な印象に引きずられて各パフォーマンス次元に対する評価を歪める傾向，もしくはパフォーマンス次元を識別できない傾向

要がある。

4. 評価の受容を促進するために

　人事考課が能力開発や処遇というインセンティブを前提にした動機づけを志向するのならば，結果を被評価者が妥当なものとして受け入れなければ，動機づけにはつながりにくく，十分な役割を果たしたことにならない。評価結果の受容度を高めるためには，本節で見てきたように，評価システムの公開，すなわち，評価の目的，使用範囲，評価項目，評価方法・手順，評価基準，そして結果のフィードバックの方法などについての開示を通して，被評価者の公平感や納得性を高めることが求められる。

　特に，評価者の主観的判断や恣意性が議論されることへの対策としては，直属の上司（一次考課者）以外に，二次考課者としてその上の上司や隣の部署の上司等の評価も加味する二重考課や，さらに同僚，取引先，社内の関係部署の人，後輩・部下などをも評価者に加えた多面評価・360度評価が用いられることもある。

　また，考課をより信頼性の高いものにするためには，評価者が評価にまつわるエラーを認識し，人事考課の目的や基準，方法等についても正確に理解しておくために，評価者訓練を十分に行うことも不可欠である。そして，そのことを被評価者に周知しておくことも，評価への信頼を高めることに繋がる。

　人事考課を円滑に進め効果のあるものにするためには，公正・公平感を維持できる評価システムを作らなければならないが，その一方で，人事考課の目的の重要な柱が能力開発にあることを考えると，上司が日頃から部下の仕事ぶりに気を配り，能力の伸び具合を確認し，バランスのとれたキャリア発達を助けるために不足している部分を補うための指導をしておくことも重要であろう。そこでは，上司の部下への関心だけでなく，コミュニケーション能力を中心としたヒューマンスキルも要求されるものと思われる。

COLUMN ②

労働条件
労働基準法とブラック企業

　本学会の第126回部門別研究会（人事部門担当）は，2017年7月に「なぜブラック企業で働き続けるのか」（大内ら，2018）というテーマで行われた。そこでは，ブラックバイトも含め，いわれなき悪条件の中でなぜ働く人々は働くのであろうかという論議が熱心に議論された。

　ブラック企業については，一般的には「違法な労働条件で若者を働かせる企業ということになろう」，と今野（2012）は述べているが，同時に彼は，非正規＝貧困の恐怖が，正社員への執着に繋がり，それは若者の問題だけではないという状況が展開している，としている。

　ブラック企業と聞けば，一般的には，長時間労働を強制され休日も取れず，なおかつ，時間外労働に対する手当が一定以上は（もしくは全く）支払われない（サービス残業）というような事例が想起される。残業手当の不払いや名ばかり管理職の問題は若者の経済的な貧困だけでなく，その生活の延長線上にある人生そのものの中に，豊かな生活を見出せないという意味で精神的な貧困や絶望をもたらしている。

　同時に，長時間労働による精神的な疲憊がうつ病や過労死（過労自殺）を招いているだけでなく，2017年の大手広告代理店の若年労働者の過労自殺や福島県警の警部とその上司の警視の連続自殺（日本経済新聞，2014）にみるように，若者に限らず多くの働く人々が，それと併せて，上司等による言葉や暴力による人格の否定というハラスメントも同時に介在していることをマスコミは盛んに取り上げている。

　労働者が人たるに値する生活を営むための必要を充たすべきものでなければならない最低の労働条件を定めた労働基準法は，上限として週40時間労働を定めており，また，労働に対しては対価が必要であるとしている。時間外労働はむしろ例外事項であり，働く人々の心身の健康を損なうような働かせ方はあってはならないのである。そのため，長時間労働により心身の健康を損なった場合は，労働契約法に則って安全配慮義務が問われることもあるし，また，ハラスメントに関しては，民法の使用者責任が問われたり刑法の対象にもなることを銘記すべきであろう。冒頭の研究会でも，今の日本人の労働に関する遵法意識の低さがどこから生じるのかという議論すらあった。

第3章
キャリア発達と能力開発

■ 第1節 ■

キャリア

1. キャリアがなぜ問題にされるのか

　終身雇用・年功序列が働く男性にとって当たり前で，他方女性は，遅くとも20歳代後半までには，結婚や出産を契機に正社員という労働市場からは退き，家庭役割を中心とした働き方や専業主婦というキャリアを選択した高度成長期からバブル崩壊までの時代（1960年代から1990年代初頭）は，日本の働く人々にとってキャリア発達は，企業が決めてくれるものであったと言っても過言ではない。そこでは，男性は，企業の要請に沿って仕事をしていれば，それが休日出勤を含む長時間労働であれ，世界各地への無条件の転勤であれ，定年までの雇用と生活に見合った賃金，昇進・昇格が保証されていた。さまざまな世代の先輩を見ていれば，おおよその自分の進み方も何となく見えるという意味でキャリアに対する安心感があった。また，働く女性は，相対的に短期の雇用であったので，職業的なキャリアなど意識する人は少なかったように思われる。

　ところが，1990年代初めのバブル崩壊以後の失われた10年・20年の間に，リストラという名の解雇が横行し，日本企業の雇用制度を支えてきた心理的契約（服部, 2011）が破棄されたとされている。そこでは，働く人々

は，自分のキャリア形成は，自分で考え，雇われる力すなわちエンプロイアビリティを自分で高めなければいけないという意識を持つようになった。その一方，企業の側は，今の働きに応じた賃金さえ払えばよい，長期の雇用や生活の保障などは考えないという姿勢を強めてきたように思える。その結果，わが国では，学校教育の段階から，キャリアが強く叫ばれるようになったと言ってよいであろう。

その一方で人々の生活が豊かになり，価値観が多様化する中で，仕事との向き合い方や企業と個人の関係に関する意識，すなわち，働く人々の仕事観，生活観が変化してきたことも，その原因の一つにあげられる。とりわけ，近年は，ワーク・ライフ・バランスが盛んに論議されるようになり，個々人が仕事生活と非仕事生活のバランスをどのように定めるかを考えなければならなくなったことも，キャリアの自己責任化を促している要因になっている。

その結果，将来キャリアに関する不透明感を示す career mist（加藤，2004），また，キャリア・デザイン（career design）との対比において流され型や漂い型を持つ career drift（金井，1999；鈴木，2001），キャリアに関する最も適切な見方は境界を越えた境界のないものであるとする boundaryless career（Arthur, 1994），個人が自身の必要や願望に応じて舵を切って行く protean career（Hall, 1976），career adaptability（Savickas, 1997）など，キャリアに関わるさまざまな概念が提案されるに至っている。

2. キャリアの定義

キャリアという言葉は，道路やレースのコースを意味するラテン語を語源とし，それが人生を通しての進歩や特定の職業における進歩など，さまざまなコースにおける進歩や発達という含意を持つものにその意味を拡大してきたとされている（Dalton, 1989）。若林（1988）は，その概念を，①昇進や昇格の累積，②医師，教授，法律家，聖職者などの伝統的な専門職，

③ある人が生涯を通じて経験した一連の仕事，④ある個人が経験した社会的な役割・地位，身分の一系列などをキャリアとして呼ぶ見方があるとしている。

　キャリアの概念については，最近では，仕事に関するものと同様に，全ての生活役割をカバーするものにまで拡大してきている。スーパーら (Super et al., 1996) は，life-span, life space approachという形で幅広い視野でのキャリア論を展開している。またハンセン (Hansen, 1997) は，統合的人生設計 (Integrative Life Planning: ILP) という概念を提示し，働く人々の生活（人生）全体とキャリア発達の関係を論じ，キャリア発達が働く人々の生活全体を構成する一部であることをキルトを例に述べている。このことは，職業選択や決定に際して，個人的理由や家族の事由が以前より重要な役割を演じるようになった (Ibarra, 2003) ことと無縁ではないであろう。

　また，キャリアは，金銭的な報酬や地位の変化のような経済的・社会的な側面から客観的に把握できるものと，本人が，仕事の中で成功体験を積みながら自己効力感や成長感・充実感を確認したり，他者との関わりの中で承認欲求を満たされたり，それらを通して生きがいを感じたりするなど主観的にしか把握できないものがある。また，知識の量や習熟のレベル，経験の中身などは，質的な側面から捉える必要があり，単なる時間経過では判断できない側面も非常に多くある。

　キャリアの定義としては，キャリアを「ある人の生涯の中で演じた役割から獲得された知識・技術，専門性，ネットワークやその他のノウハウ，および，客観的な地位・資格や所得など」(小野, 2011) というように，キャリアの結果，とりわけ客観的な側面に着目して定義しているものがある一方，個人の仕事生活における経験を彼（彼女）が解釈し，うまく乗り越える方法について検討する (Savickas & Inkson, 2013) という主観的な側面に注目する立場もある。後者は，金井 (2002) や「経営個人がつむぎだすその主観的意味構築の側面に注目すべき」とする加藤 (2004) に見るようにキャリアのナラティブ的側面に着目している定義といえよう。

3. キャリア発達

　キャリアが人生の中で演じる役割から獲得されたものであるとすれば，働く人々のキャリア発達は，日々の仕事だけでなく，友人や職場の人々，そして家族との関わり合いに加えて，地域での活動などを通して少しずつ拡大し，発達を遂げているということができる。ただし，そのような役割や行動は，必ずしもその人の人格的な成長や仕事をする能力の進展，さらには，企業目的の遂行にとって好ましいものばかりではない。たとえば，失敗したときに，うまく他人のせいにしたり，上司から叱られることを免れるコツをつかむとか，他人にわからないように手抜きをする方法を身につけるなどということもある種のキャリア発達である。そこで，企業は，従業員を企業にとって望ましい方向に望ましい速度でキャリア発達させるために，能力開発という形でさまざまな施策を講じることになる。

　また，キャリア発達とは，個人のキャリアの探索，確立，成功，到達に貢献する生涯に渡る連続した活動であるとされ，キャリア発達にはさまざまな段階があるとされている。表3-1は，スーパー（Super, 1957）のキャリア発達の段階について紹介したものである。

表3-1　スーパーの職業的発達段階（Super, 1957／邦訳 pp.93-94）

1. 成長：受胎からほぼ14歳までにわたる。
2. 探索：自我の理解の発達，成人への芽生えとしての試行，職業の発見，社会における自分の場所などの発見
3. 確立（自我概念の修正と完成）：家族・家庭の確立，地域社会における役割の確立，働く世界における自己の場所の確立
4. 維持：家族の中における自分自身の立場を保持し家庭を害わないようにし，地域社会における体裁を保ち，事業が引き続き繁栄したりするのを見る過程
5. 下降：身体面での体力や気力の衰え，職業面での取扱商品の量の減少など；役割の制限や家族への責務の軽減

4. キャリア発達を促すもの

　働く人々のキャリア発達を促す要因には，さまざまなものが考えられるが，ある程度の年齢以降は，個人の成長欲求の強さに依存する。とりわけ職業的なキャリアを考える際は，ベースに職業観のような仕事に向き合う価値観があり，その上に成長欲求が重なるように考えられる。また，仕事観のような価値観は，幼少期の親の教えや働く姿などの家庭教育やコミュニティや学校生活，仲間集団，さらには，マスメディアを通した幅広い社会の価値観・文化に大きな影響を受けると考えられる。このような社会の価値観を受け入れていくプロセスは，社会化という言葉で論じられ，キャリア発達を考える上で重要な概念となる。

　具体的な職業キャリアについては，学校教育や，キャリア探索期である学生時代のアルバイトやインターンシップ，そして企業に入ってからの能力開発や自己啓発が，その発達に大きな役割を果たす。なお，長期にわたってキャリア発達の成功に大きな影響を持つとされる私的な対人関係におけるキャリア発達支援であるメンタリングの影響も見逃すこともできない（図 3-1）。

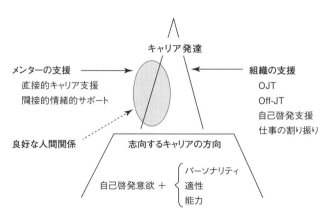

図 3-1　**キャリア発達の促進要因**（小野，2010, p.19）

■第2節■

企業の視点から見た能力開発

　キャリア発達は，働く人々個人にとっても企業にとっても大きな意味を持つ。本節では，企業の視点から見たキャリア発達支援である能力開発（人材育成，教育訓練ともいわれる）について，次の第3節では，働く人々の視点からのキャリア発達についてみていく。

1. 能力開発の目的

　企業が能力開発を行う主たる目的には，より高い質の製品やサービスの開発・提供だけでなく，製品やサービスの質的なバラつきを抑え事故の危険性を回避することなど，企業目標の円滑な遂行のために，人材を確保・維持していくことが第1義的にあげられる。そこでは，現在および将来の事業展開に備えて知識・技能・ノウハウを獲得させるというような学習や訓練を重視する側面と，社会や企業のルールを学び，企業との一体感を高めるという社会化の側面があり，これらを通して，企業は能力のある人材のストックを高めていく。

　その一方で，成長欲求が高くキャリア発達意識が強い働く人々が増えたため，自己の成長機会を企業が提供してくれるかどうかという点への関心が，募集に対する応募者に根強く，人材の募集や定着対策としての能力開発という側面も見過ごせない。

　そのような企業の目的とは別に，働く人々にとって企業の能力開発を受けることは，エンプロイアビリティを高め，さらには，社会人教育の一環となるという機能があることも忘れてはならない。

2. 能力開発の方法・考え方：企業によるキャリア発達支援

　企業が行う能力開発には，学習に関する理論に裏打ちされたものが少なくない。行動学習に含まれるオペラント条件づけに関連する学習と強化はOJTでよく用いられ，間接学習に関連する模倣・モデリングや代理学習はOJTやメンタリングとの関連が深い。それ以外にも，社会化や組織学習，学習する組織などの用語もしばしば登場する。それらの理論を背景に，能力開発は，以下のような考え方や方法で行われている。

(1) OJT

　OJT（On the Job Training）は，文字通り仕事をしながら上司や先輩が，部下や後輩に仕事に関する知識・技能を教えたり仕事の進め方やコツなどを教えるもので，仕事をしながらマンツーマンで行う実践教育であり，原点は仕事ができるようにすることであると川端（2003）は述べている。

　OJTは日常的に仕事をしながらの指導であるため，単に教えるということだけでなく，褒めたり，叱ったり，考えさせたり，手本を示したりするなど，強化や模倣などさまざまな学習方法が実践されている。また，仕事を離れた休憩時間や食事などの会話を通して，企業や仕事に関係するさまざまなことを語り継ぐナラティブな側面も代理学習として機能していると言えよう。

　また，OJTは，仕事を実際にこなしながらそれを教材として進めるので非常に効果が高いとされているが，その一方で，目先の業務への対応が優先され，場当たり的な指導になりやすく，偏った育成になる可能性も大きい。そこで，バランスのとれたキャリア発達を意識した，計画的なOJTが，指導に当たる上司にとっては，重要な課題になっている。

(2) Off-JT

　Off-JT（Off the Job Training）とは，仕事から切り離されて受ける教育・訓練で，さまざまな部署から特定の階層，職種の対象者が集められて行わ

れることが多く，社外の講習やセミナーに参加するという場合も少なくない。川端（1998）は，OJT以外の教育・訓練のすべてであり，一般的には集合教育であり，基礎的・体系的な教育のみならず，専門家による高度なレベルの教育が可能で，大勢のものに効果的な教育が可能になるだけでなく，社員の一体感の醸成にも効果的であると述べている。

Off-JTは，上記のように多様な人を一堂に会して行うために受講者のニーズと教育の内容が必ずしも完全には一致しないということも少なくないので，訓練ニーズの把握は，Off-JTの効果を高めるために，不可欠といえる。

(3) 自己啓発支援

自己啓発とはまさに，自分自身を高めるために自分で学習することであり，それは個人の行為そのもので，企業の能力開発施策ということはできないように思える。しかしながら，厚生労働省の「平成28年能力開発基本調査」を見ると，能力開発は「労働者個人主体で決定」するまたはそれに近いとする企業が23.0％に達し，現実に正社員で45.8％，非正社員21.6％が，自己啓発を行っており，企業の目的遂行に必要な従業員の能力開発が，個人責任にゆだねられている現状がある。そのため，自己の能力を高めようという意欲ある人の努力を支えるために企業が支援を行うことには，十分な意味がある。

なぜならば，希望する学習内容の中には，キャリア発達意欲があったとしても，個人の努力や能力では克服できない時間的，金銭的，そして，情報的な能力を要求されるものも少なくなく，企業の支援が不可欠であるからである。現実に行われている支援には，「受講料などの金銭的支援」「教育訓練機関，通信教育等の情報提供」「社内での自主的研究会などに対する援助」「就業時間の配慮」などがある。

(4) 組織開発（OD）

わが国では，組織の環境変化に対応して組織成員の持つ価値観・組織文化を一斉に変えるもの，すなわち組織変革や組織変化を組織開発

（Organizaticnal Development: OD）と呼び，それを能力開発の一種として扱うことが少なくなかった。

3. 成果主義と能力開発

　第2章で見たように，近年多くの企業で導入されている成果主義は，業務遂行の実績や成績によって，賃金などを中心に処遇が大きく左右されるという性格が強い。そのため，長期にわたって業績や成績が悪い人は，当然低い処遇の状態が続くことになる。その結果，当人のやる気が著しく下がるだけでなく，評価者への反発から上司−部下関係をはじめ部門内での人間関係の悪化を招き，部門全体のモラールダウンを招く可能性も少なくない。特に，従業員の解雇が難しいとされるわが国においては，そのような低い意欲の従業員が企業内にとどまりがちで，このモラールダウンの問題は，ぜひとも解決しなければならない課題になる。

　そこで，成果主義が進展するほど，評価の低い従業員の能力を高め，より高い評価へ導き，仕事の意欲を高めることの必要性が高まる。そこでは，上司による計画的で集中的なOJTによる指導・育成を中心に，必要に応じて研修やセミナーへの派遣，さらには，より個人的な信頼関係に基づくメンタリングのようなアプローチが必要となる。

■ 第3節 ■

個人の視点から見たキャリアやキャリア発達

1. 働く人々にとってキャリア発達は人生の問題

　働く人々にとってキャリア発達は，昇進や昇給などの客観的外部的な報酬とそれに伴う承認欲求の充足だけでなく，自己効力感や自己統制感に支えられた働きがい，主観的well-beingといわれるさまざまな満足感や自

己肯定感，生きがいなどの心理的報酬をもたらす。その意味では，価値観やアイデンティティとの関わりも深く，個人の生き方そのものを規定してしまうともいえよう。

　日本生産性本部（2017）の「平成29年度 新入社員働くことの意識調査」で，今日の若年者の働く意識を見てみると，「社会や人から感謝される仕事をしたい」「仕事を通じて人間関係を拡げる」などの社会的関係への肯定的な志向や，ワーク・ライフ・バランスと並んで，「どこでも通用する専門技術を身につけたい」というキャリア発達への積極的な意識が90％を超えている。

　労働政策研究・研修機構（2010）の50歳代の常用労働者を対象にした調査は，「年収にかかわらず，努力や能力といった内的な要素が満足感に影響を与えたと言う結果からは，自力で人生を決定づけてきたという統制感が満足感を得るにあたって重要であることが示唆される」としており，そのような満足を得るためには，キャリア発達が不可欠であり，「個人が生涯を通じて能力を発揮して生き生きと働き，キャリア形成を進めることができる経済社会を構築するためには，各層に対応した必要かつ適切な支援が必要である」としている。

2. 私的な人間関係に基盤を置くキャリア発達支援

　個人の視点でキャリア発達を考えたとき，図3-1で見たように私的な人間関係からの支援もまた，重要な役割を担っている。人間関係をもとにしたキャリア発達支援としてあげられるものにメンタリングがある。この関係は図3-2のように示すことができる。メンターとは，地位や力，経験や熟練，ノウハウ，知識，技術・技能などに勝る人で，それらを背景に，それらを持たない人，すなわちプロトジーのキャリア発達を支援する人を指し，そこで行われるキャリア発達支援をメンタリングと言い，多くの研究は，働く人々のキャリア発達にとってメンタリングが大きな影響を持つことを示している。

第3章　キャリア発達と能力開発

図3-2　メンターとプロトジーの関係

　基本的には，メンターとプロトジーの関係は，私的な人間関係の中にある共感や共通する価値観の上に自然発生的に形成されるので，支援－被支援が，必ずしも目に見えているわけでもなく，さらに，当事者がともにそれらの支援の授受を認知していない場合すらある。そのため，両者の間に，信頼感がなければ成り立たないといえよう。Aさんに言われたことならば素直に納得してその通りにしようと思ったりその行動をお手本にしたりするが，同じことをBさんに言われても信じる気になれないし，行動をまねしようとは思わない，というようなことは，普段の生活でも少なくない。この場合Aさんはメンターになる可能性を持ち，その言葉や行動がキャリア発達に役立っていれば，それはメンタリングということができる。

　このような関係のため，支援のあり方も非常に多様な形をとり，その期間も非常にあいまいなまま長期にわたることも少なくない。ジョーンズ（Phillips-Jones, 1982）は，メンターを，①伝統的メンター，②支持的な上司，③組織のスポンサー，④専門キャリア・メンター，⑤パトロン，⑥目に見えない名付け親，という種類に分類し，その関係のあり方が多様であることを示している。

　メンタリングについては，わが国で小野（2010）によって繰り返された主として質問紙法による実証研究によれば，キャリア機能，管理者的行動機能，情緒的機能，受容・承認機能に分類できる。なかでも受容・承認機能（看護師を対象とした場合，評価機能と尊重機能に分かれることもある）がキャリア発達にとって有効とされており，承認欲求を満たすことの重要さを示しているということができる。

41

第4章
人間関係管理と職場の人間関係

■ 第1節 ■
職場の人間関係の位置づけ

　人事・労務管理には，第2章や第3章でみた募集・採用，評価・処遇，能力開発などの制度やそれを動かすシステムという側面と，制度やシステムを具体的に動かすいわゆる運用の側面がある。後者では，マネジメントする上司や管理者と管理される側（部下）の関係も極めて重要になり，制度と運用の両方がうまく噛み合わさって初めて人事・労務管理は健全に機能する。このような上司と部下の関係，または，上司を介在した企業と従業員の関係を良好に保つための管理を，人間関係管理と呼んでいる。なお，人間関係には，それ以外にも，同僚間や非公式の仲間集団との関係などさまざまな関係もあり，研究の対象になっている。この人間関係管理は，第1章で見たホーソン実験が端緒となり，1930年代以降，人事・労務管理の重要な位置を占めるようになっている。

　人間関係は，職務満足感や動機づけと深く結びついており，それらは，生産性や組織の有効性と関連が深いとされているため，人事・労務管理の中で看過できない要因とされている。その一方で，産業・組織心理学に大きな影響を与え続けているマズロー（Maslow, 1943）の欲求階層説では，人間関係に関連の強い所属と愛情の欲求は，自己実現を中心にした

高次の成長欲求に対して低次の基本的欲求に位置づけられることから相対的に軽視されがちのように思える。また，ハーズバーグら（Herzberg et al., 1959）の動機づけ－衛生要因理論でもそれは衛生要因とされ，内発的動機づけや成長欲求の充足に関わるものではないので軽視されがちで，行動科学的な動機づけの視点からは，人間関係は等閑視されがちであるといえよう。これに対して，馬場（1990）は，他者との関係に着目したB理論を提唱し，自己実現欲求を超えた人間関係の中に存在する欲求によって動機づけられたときに，人は生き続けることができるとして，人間関係の重要さを主張している。

また，働く人々に対する各種の調査は，働くことの意味や仕事に求めるものとして，自己実現欲求と関連する仕事の中での成長や能力発揮と並んで，他者（社会）への貢献や他者と関わることをあげており，さらに，本章でみる，近年注目を浴びているソーシャル・キャピタルの研究は，産業社会の重要課題として「人間関係」に内包される「信頼」や「互酬性」をあげており，それが存在する社会の効率の良さを論じている。その意味でも，人間関係をいかに管理するかということは重要な課題であり続けていることがわかる。

本章では，人間関係管理と職場における人間関係についてみていく。

■ 第2節 ■

人間関係管理：人と企業の関係の管理

1. 人間関係管理の成立と展開

ホーソン実験の成果は，それまでの働く人々は経済的な欲求に動機づけられているという人間観（合理的経済人観）から，働く人々は人と人（同僚同士，管理・監督者と部下，非公式な仲間関係など）との間で生じる社会的関係を重視した行動に動機づけられるという人間観（社会人観）に基

づくものへと，管理の視点を転換させた．そこでは，働く人々は仕事の中で，職場集団との関わり合いも含めさまざまな感情や態度を持つことを前提にしており，働く人々と企業組織の良好な関係を築くために，人々の感情に敏感であることを管理・監督者に要求している．この考え方は人間関係管理と呼ばれ，1930年代後半から1960年代にかけて，多くの国々の産業場面で広く用いられるようになった．

アーガイル（Argyle, 1972）は，第二次世界大戦後の人間関係管理の研究が，①民主的リーダーシップと生産や職務満足感の関係，②集団内の社会的関係と生産性の関係，③同僚や上司との関係のような社会的要因と職務満足感の関係，という3つの方向に展開したと要約している．

2. 人間関係管理の内容

今日の人間関係管理は，前述のように，公式に制度化されたものとしての側面（ハード）と経営者や管理者の日常的な管理行動の側面（ソフト）がある．本多（1979）は，人間関係管理は，経営者や管理・監督者に委ねられ，そこでは欲求，感情，態度，モラールなど非制度的な側面が多いとし，人間関係管理がソフトの面を重視していることを示し，上司の役割を強調している．

具体的に制度・施策を見ると，働く人々の仕事に対する関与を高めるコミュニケーション施策が中心になり，小集団活動や提案制度などの経営参加制度，社会的欲求や承認欲求に関わる表彰制度や社内報，自己申告制度，評価に関する公平性・納得性を向上させる考課面接，カウンセリング，モラール・サーベイ，社内のレクレーション活動など（本多，1979）をあげることができる．また，さまざまなハラスメントに対応する相談・受付窓口の設置や処理手順の明示を含む苦情処理施策なども，重要さを増してきた人間関係管理の制度といえよう．

それらに対して，上司の日常的な管理に関するソフトの側面は，コミュニケーションを中心にしたリーダーシップの機能が中心になる．人間関係

管理では当初から，上司が部下にどのように接するかが重視され，部下への接し方を学ぶ接遇訓練をとおして，部下の言葉に耳を傾け，働く人々の承認，自己実現・成長欲求を重視し，意思決定への参加を可能にする民主的リーダーシップや参画的リーダーシップなどの支持的な関係が重視されてきたように思える。

　しかしながら，産業の中心が第三次産業をへて第四次産業へと移行する中で，多くの仕事が，多様な関係者との対人接触を不可避のものとしている。また，職場においては，さまざまな雇用形態（正社員・非正社員，出向者・生え抜き，総合職・一般職，フルタイマー・パートタイマー）や属性（性，年代，国籍，人種，ライフステージ，仕事に対するニーズや文化的な背景）を異にする人々がともに働く機会が増えている。そこでは，メンバー間でのバランスを公正・公平に保ち，さまざまな地位の力の差異や仕事観の対立という人間関係の渦の中で生じるストレスを減じ，円滑な情報の授受・共有を可能にし，組織の目的達成を円滑に推進する社会的環境を構築・定着させるというダイバーシティ・マネジメントへの関心が高まっている。また，それは，公平な処遇が働く人々をひきつけ定着意欲を高めるという人事・労務管理上の視点だけでなく，グローバル化の進展の中では，多くの価値観のぶつかり合いの中から，新たな視点のイノベーションが生じ付加価値の高いグローバルな製品やサービスを生み出したり，多様な取引相手とのビジネス上のトラブルを回避するなどの視点からの効果も注目され始めている。

　同時に，働く人々をいかに"ひと"らしく働かせるかということに対する，経営者や管理者の理念・倫理観や人間観も重要な検討課題となる。それらは，組織文化の形成とも大きな関わり合いを持っている。

■ 第3節 ■

私的な支持的関係：人間関係の肯定的側面

　人事・労務管理における人間関係管理は，主に職場における公式な関係としての上司－部下関係を中心に，働く人々と企業組織との関係に関する制度まで含めて論じているが，職場の人間関係は，同僚や顧客も含めた関係もある。さらには，公式な関係だけでなく非公式の関係も多く，それらが，職務満足感や動機づけに影響するだけでなく，そこで生まれた支持的な関係が，メンタリングなどの形でキャリア発達を促進するなど，働く人々のwell-beingや組織の有効性にも大きな影響を与えている。ここでは，私的・自然発生的な人間関係であるソーシャル・キャピタルとその下位概念であるソーシャル・サポートについてみていくことにする。

1. ソーシャル・キャピタル

　組織における人間関係に関するキーワードにソーシャル・キャピタル（social capital；社会関係資本）がある。それは，個々の働く人々が持つ能力などを企業の目標達成に貢献する資源とみなす人的資源（human resource）とは異なり，人と人との関係の中に存在するものに価値を置く考え方で，もともと社会学の中で使われてきた概念であり，心理学，経済学，管理論，そして情報技術を含む複数の学問領域で次第に影響力を増しつつある（Ferrer et al., 2013）用語とされ，1980年代末のコールマン（Coleman, 1988）の論文から多くの注目を集めている。

(1) ソーシャル・キャピタルとは何か

　ソーシャル・キャピタルに関しては，多くの文献は，パットナム（Putnam, 1993）の信頼と互酬性の規範を持つネットワークであるという考え方に準拠しており，稲葉（2011）は，「社会関係資本の定義はさまざまだが，広

義でみれば『社会における信頼・規範・ネットワーク』を含んでおり，平たく言えば，信頼，『情けは人の為ならず』『持ちつ持たれつ』『お互い様』といった互酬性の規範，そして人やグループの間の絆を意味している」とまとめている。

ソーシャル・キャピタルには，個人の資源・資産という側面と組織全体の資源・資産という側面があり，前者については，「ソーシャル・キャピタルは特定の社会構造の中にいる人がその人と他者との関係の結びつきによって，自由に使うことができる情報や影響力，連携などの資源を表し，これらの資源はキャリアの成功のような社会的成果に影響を与える」(Baruch & Bozionelos, 2011)という主張に代表されるものである。ただし，パットナムにみるように社会や組織の資源（財）という視点の研究のほうが，比較的多いように思われる。彼は，「一般的互酬性によって特徴づけられた社会は，不信渦巻く社会よりも効率がよい。それは，貨幣のほうが，物々交換よりも効果的であるのと同じ理由である。交換のたびごとに毎回すぐに帳尻を合わせるということをしなくてすむのなら，それだけより多くの取引をすますことができる。信頼は社会生活の潤滑油となる。人々の多様な集合の間で頻繁な相互作用が行われると，一般的互酬性の規範が形成される傾向がある」(Putnam, 2000)と組織や社会全体の効率への貢献を述べている。

(2) ソーシャル・キャピタルは，何をもたらすのか

ソーシャル・キャピタルは，家族・血縁や地域社会・コミュニティのような一次集団の中で強力に存在し，メンバーはそこにある信頼，互酬性の規範を持つネットワークから情緒的な安心感・居場所意識などの心のよりどころを得ていたと言えよう。しかし，高度成長期にみるように都市に人口が急激に集中してできたような社会では，一次集団が急速に衰退し，一日のほとんどを過ごす職場がそれを代替したと考えることができる。それによって，働く人々が心理的な居場所を得，安心して生活できるものとなり，その結果，職場集団の効率を高めることに繋がったということができ，

この傾向は現在でもかなり根強く残っているように思える。

　石塚（2013）は，実証研究の結果をもとに，組織レベル社会関係資本が豊かなほど，自律性因子と職務満足の因子が高まる関係が支持された，とする一方で，実証研究を通して，企業組織における高い凝集性や強い組織文化によって，多様性が失われユニークな見解が生じにくくなる傾向を指摘している（石塚，2010）。同様に高い凝集性や強い紐帯が，他の組織や環境との間に強固な壁を作り，組織防衛にメンバーを走らせ，企業のモラル・ハザードを助長するという研究も少なくない。

　また，ソーシャル・キャピタルが個人や地域・社会の健康に及ぼす影響を指摘する研究も多い。

2．ソーシャル・サポート

　ソーシャル・サポートは，仕事ストレスの研究においてストレッサーの影響を緩和するなど媒介変数として議論されることも多く，働く人々の心理的 well-being を論じる上では，非常に重要な概念である（小野，2011）。

（1）ソーシャル・サポートとは何か

　ソーシャル・サポートは多様に定義されているが，ハウスとウェルズ（House & Wells, 1977）の「人々が，比較的頻繁に相互作用をしたり，強くて肯定的な感情をもっていたり，とりわけ，援助を必要としたときに，情緒的もしくは道具的な援助をしてくれると思える能力や意思をもっていることによって特徴づけられるひとりもしくはそれ以上の他人と対人関係をもっているとき，ソーシャル・サポートをもっているといいうる」という主張が比較的納得しやすい。

　ソーシャル・サポートにおいては，助けてくれる人（サポーター）の数と質に関心が集まることが多く，誰がサポーターであるかは，受けられる支援の質（時には負の効果もある）を規定するので重要である。とりわけ働く人々にとって，直属の上司の役割は，非常に大きい（小野，2003）。

(2) ソーシャル・サポートの内容

ソーシャル・サポートの内容についてハウス（House, 1981）は，情緒的サポート，直接的な労力の提供や経済的支援をする道具的サポート，情報的サポート，評価的サポートに分類しており，近年は，考え方や感情を共有できうる個人としての認知に依存する情緒的機能と，具体的に目に見える支援の形をとる道具的機能に二分する研究も多い。

筆者の行ってきたこれまでの実証的研究を振り返ってみると，相手を受容し価値ある者として認める評価的サポートは，支援を受ける側に，自己肯定感の向上，精神的な安定，幸福感や満足感をもたらし，周囲との円滑な人間関係や仕事への動機づけ，さらには，キャリア発達への意欲にもつながり，仕事場面において有効に機能することを示しており，重要な支援ということができる。

(3) ソーシャル・サポートはどのような役割を果たすのか

ソーシャル・サポートが果たす役割について，文献レビューを整理すると，以下の役割などがあげられる（小野，2011）。

①円滑な業務の促進に貢献し職場風土を良好なものにする。
②否定的な感情や負の健康状態に対するストレッサーの影響を中和する。
③サポート関係への満足感，すなわち人間関係の質的要素がバーンアウトの発生やその緩和により大きな意味を持つ。
④支持的な職場は，福利厚生や賃金よりも，職務業績により肯定的な影響を与える。

特に，メンタルヘルスにとってソーシャル・サポートの果たす役割は非常に大きく，小松ら（2010）は，仕事ストレスと抑うつ関係におけるソーシャル・サポートの緩衝効果に関して製造業勤務の男性712名の健康診断をもとに分析した研究を行っており，図4-1に見るように，仕事の統制と上司サポートの要因間で抑うつ状態自己評価尺度（CES-D）に対する有意

第1部 人を活かす——人事部門

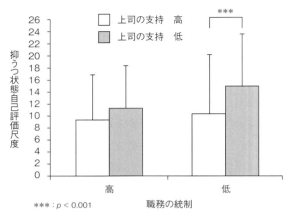

図 4-1　**仕事の統制感，上司の支持，抑うつ症状の交互作用**（小松ら，2010 の図の一部を邦訳）

な交互作用があり，（仕事ストレスにつながりやすい）低職務統制状態で上司サポートが低い群では CES-D の得点が高いことを見出している。

メンタルヘルス以外にも，多くの実証研究は，ソーシャル・サポートが，前述のようなさまざまな心理的 well-being の向上に貢献することを示している。

■ 第 4 節 ■

ハラスメント：地位や力の差がもたらす負の人間関係

働く人々のメンタルヘルス不全の原因となるストレッサーとして，役割葛藤や対人関係の圧力などの人間関係があげられることが多い（岩永，2009）。大和田（2018）は，自殺に関する統計資料をもとに，2016 年中の自殺者は全体的に減少傾向にある中で「職場の人間関係」を原因とするものだけが勤務問題を原因とするものの中で増加していると指摘し，人間関係が働く人々の well-being にとって重要な負の要因となりうることを示

唆している。

ここでは，組織の効率にマイナスの影響を与えるとされる人間関係の要因としてハラスメントを取り上げることにする。

1. ハラスメントの定義と種類

ハラスメントは，職場の人間関係から生じる問題として扱われることが多く，「いじめ」や「嫌がらせ」という日本語が当てられるように対人関係の問題として考えられることが多いが，近年は「人権の侵害」であるという認識が高まりつつある。高谷（2008）は，「上司・部下，先輩・後輩など，何らかの力関係において優位にある者が，自分より劣位にある者に対して，精神的な苦痛を与えるような行為」であり，上司等の指示や先輩の指導であっても，その行為の目的，内容，方法等が「客観的に必要な範囲なのか」「目的に照らして正当なのか」から見て客観的に正当化できない場合，「モラル・ハラスメントとなりうる」としている。この職場における優位性は，地位だけでなく，持っている情報量や専門性・スキル，人的なネットワークなど多様なものによって規定されると考えてよい。

ハラスメントは一般的には，パワー・ハラスメント（パワハラ）とセクシュアル・ハラスメント（セクハラ）が取り上げられることが多い一方で，近年は，妊娠・出産・育児期の女性に対する退職の強要などを含むマタニティ・ハラスメントやアカデミック・ハラスメント，ジェンダー・ハラスメント，アルコール・ハラスメントなど多様なものがあげられ（大和田，2018），それらをまとめて，モラル・ハラスメントという場合も多い。

2. ハラスメントの実態とその影響

厚生労働省（2017）が，2016（平成28）年7月から10月にかけて実施した「職場のパワー・ハラスメントに関する実態調査」によれば，従業員向けの相談窓口で従業員から受けた相談の多いテーマ（上位2つ）は，1

51

位がパワハラ（32.4％）で，4位がセクハラ（14.5％）である。同調査によれば，過去3年間にパワハラを受けたことがあると回答した従業員は32.5％で増加傾向にあり（平成24年度の実態調査では25.3％），過去3年間にパワハラに該当する相談を受けたことのある企業は36.3％であった。

パワハラに関する相談の内容については，「精神的な攻撃」73.5％（該当するとの判断49.1％）が最も多く，そこにおける加害者と被害者の関係では，「上司から部下へ」77.3％が最も高い。次いで多いのは「人間関係からの切り離し」26.5％，「過大な要求」21.2％，「個の侵害」17.5％，「身体的な攻撃」14.6％の順であり，とりわけ，実際にパワハラと判断されたものの2位が「身体的な攻撃」11.9％であることが注目される。

パワハラの影響については，同調査では，「職場の雰囲気の悪化」，「メンタルヘルスの阻害」が90％を超えており，さらには，悪影響を大きく考えているほど対策を取る企業が多いことがうかがえる。特に「生産性の

表 4-1　パワー・ハラスメントの心身への影響（厚生労働省，2017）

	怒りや不満，不安などを感じた	仕事に対する意欲が減退した	職場でのコミュニケーションが減った	眠れなくなった	休むことが増えた	通院したり服薬をした	入院した	特に影響はなかった
全体 (n=3250)	75.6	68.0	35.0	23.3	8.9	12.3	1.0	5.0
身体的な攻撃 (n=199)	80.9	67.8	40.2	28.6	15.1	14.6	3.5	3.5
精神的な攻撃 (n=1785)	81.0	75.8	39.5	27.8	10.3	15.9	1.2	2.5
人間関係からの切り離し (n=807)	80.3	77.1	57.0	36.4	18.0	20.8	1.4	2.0
過大な要求 (n=971)	77.5	75.3	39.6	29.5	12.4	16.6	1.9	3.1
過小な要求 (n=642)	75.9	74.0	46.4	32.2	14.2	16.5	2.2	3.9
個の侵害 (n=726)	79.2	67.4	41.9	28.0	13.4	17.8	1.8	6.6

対象：過去3年間のパワーハラスメントを受けた経験について，「何度も繰り返し経験した」，「時々経験した」，「一度だけ経験した」と回答した者（単位％）

低下」や「企業イメージの低下」,「訴訟などによる金銭的負担」など企業の収益に直接結びつく項目で対策をとる企業の選択割合が高く,大きなリスクマネジメント要因と考えられていることがわかる。

　また,従業員調査の結果では,表4-1で見るように「怒りや不満,不安を感じる」という情緒的な面だけでなく,「仕事への意欲の減退」も3分の2を超えており,コミュニケーションが減ることによる職場の雰囲気悪化どころか,生産性への影響が少なくないことを示しており,欠勤や通院など目に見える勤務状態の悪化を伴い直接的なリスクが大きいことを示している。

　ハラスメントは,個人の人格や尊厳を貶め,被害者の自責の念を高め有能感を喪失させメンタルヘルスを大きく損なうだけでなく,被害者の家族をも不幸に陥れる長期の精神疾患や退職,自殺まで引き起こすもので,前述のように人権の侵害を伴う非常に重大な犯罪である（小野,2011）といえよう。中井（2015）の指摘を要約すれば,企業にとってハラスメントは,周りの人も巻き込んで職場の士気の低下や人材の流出,（安全配慮義務などに関する）損害賠償,被害者の精神疾患等（による効率の低下や休職による他のメンバーへの仕事のしわ寄せ）,さらにセクハラの場合には男女雇用機会均等法の制裁などの危険性があり,大きなリスク要因になっている。

COLUMN ③

働き方改革
ワーク・ライフ・バランスと過労死・メンタルヘルス

　今日,「働き方改革」という掛け声を聞くことは多い。厚生労働省のホームページでその趣旨が述べられているが,とりわけ「長時間労働をなくし,年次有給休暇を取得しやすくすること等によって,個々の事情にあった多様なワーク・ライフ・バランスの実現を目指します」という部分が強調されて聞こえてくることが多い。

　このようなことが声高に叫ばれるのは,男女共同参画社会基本法以来,少子高齢化とそれによる労働力不足の回避が根底にあるように思える。そこでは,女性の社会進出を促すために,男性の労働時間を抑え込んで家事に目を向ける機会を増やすだけでなく,〔正社員＝長時間労働,長時間労働ができない女性は基幹社員としない,結果として,処遇上男性と大差がつき,既婚女性が正社員で働き続けたり,仕事の中で自分の能力を高めたり十分に発揮したりしようとする動機づけを下げる〕という悪循環を打破することという方針がうかがえる。極論すれば,ワーク・ライフ・バランスという名の下に,男性を家庭へ戻し,女性を家庭から仕事の場へ駆り出すという展開のようにも思える。

　もう一つは,過度の長時間労働が,メンタルヘルス不全による休職・離職や過労死(自殺)の増加と顕在化を招き,訴訟や労働災害の申請,同認定の増加が社会問題化したことにある。この問題は,当該の働く人々やその家族にとって,物心ともに,そして将来の人生設計においても極めて重大な衝撃を与えるばかりでなく,企業にとっても,退職者の補充や,そのための求職者への対応,労災に関する申請等の作業の増加,遺族への保障,さらには,求人の困難さの拡大,社会的な悪評による業績の悪化など,ビジネスへの影響は極めて大きい。その後の対応によっては,大手の飲食店のように,顧客離れによる経営不振が表面化し,長期間立ち直れないケースさえある(日本経済新聞,2017)。さらには社会全体から見ても,過労による労災や自殺者への労災給付や医療費なども含めGDPを押し下げる要因になっているとされている(毎日新聞,2010)。

　ただし,従来から憲法にはじまるさまざまな法律,とりわけ労働基準法などの精神を労使ともに遵守していれば,かなりの部分はクリアできていたはずであり,現在の展開は,新たな策を積み上げ,屋上屋を重ねているように思える。

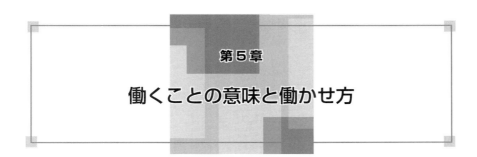

■ 第1節 ■

働くことの意味

1. 仕事をする目的

　図 5-1 は，内閣府が毎年実施する「国民生活に関する世論調査」で，時系列的に働く目的を見たものである。「お金を得るために働く」がどの年度も 50％前後を維持しており，「生きがいをみつけるために働く」が緩や

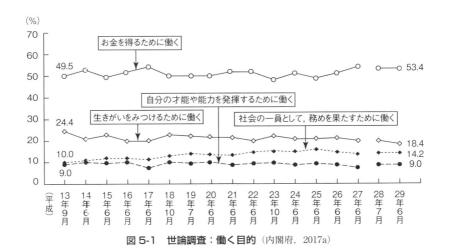

図 5-1　世論調査：働く目的（内閣府，2017a）

かに減少して「社会の一員として，務めを果たすために働く」が徐々にその割合を増す傾向にある。ただしこの調査は60歳台，70歳以上の人も対象に含まれており，29年度の調査結果を見ると，「お金を得るために働く」は60歳未満では60％以上（50歳未満ではほぼ7割以上），逆に「生きがいをみつけるために働く」は60歳以上でほぼ4分の1以上に達し（49歳以下では10％未満），いわゆる現役世代では「お金を得るために働く」の割合が圧倒的に高い。「自分の才能や能力を発揮するために働く」はほぼ1割前後にとどまっている。全体的には年齢が高くなると「社会の一員として，務めを果たすために働く」と「生きがいをみつけるために働く」が増える傾向を示すとしてよい。

　この結果は，次に見る人間観の変遷から見れば，自己実現人観と結びつく「自分の才能や能力を発揮するために働く」や「生きがいをみつけるために働く」は60歳未満では2割にとどまり，働く人々は経済的報酬を求めて働くという合理的経済人観のもとに立って働いていることが多いということができる。

2. 働く人々のニーズの変化と価値観の変化：人間観の変遷

　このような働く人々が仕事に求めているものに対して組織はどのように対応しているのであろうか。シャイン（Shein, 1980）は，管理者が部下をどのようなニーズに支配されているとみなしているのかという人間観の変化を，第1章でみたように合理的経済人観，社会人観，自己実現人観，そして，複雑人観に分けて論じている。

　複雑人観について彼は，それまでの合理的経済人，社会人，自己実現人という人間観は，全ての働く人々の欲求を同じものとして捉えているが，同じ時代でも，同じ人の中でも，この人間観は不変のものでなく，状況に応じて変わる複雑な人間観を呈するとしている。この立場に立ってみれば，前項の世論調査の結果は，十分納得できるものであり，圧倒的多数の「お金を得るため」とした人たちがいつもお金のためでなく，ある瞬間，

あるライフステージでは社会的に役に立ちたかったり，成長感や達成感などのやりがいを志向する自己実現的な能力発揮を強く希望することを示唆している。そのため，人事・労務管理に当たるラインの長は，部下の能力や動機の差異を敏感に感じ取ることができる診断家でなければならないと，シャインはしている。そのため，多様な動機づけを前提にした幅広い誘因を用意した対応が要求されると言えよう。

3. 多様なニーズと人事管理

　前述のように働く人々の働く目的の中心は，「生活を支えるための賃金の獲得」にあることは間違いないが，"生活"なるものが多様な意味を持つことに注意する必要があろう。合理的経済人観の時代の生活の意味は，飢餓に陥らない，住む家（部屋）がある，寒さに凍えることがない衣類を身にまとうという最低限のレベルに近いものであったはずである。それに対して，今日の多くの人にとっての生活は，それらは十分にクリアしたうえで，無農薬野菜やブランド食材，子どもには大学教育，冷暖房は所与のものとして自然の脅威とは無縁の住居，ブランドやファッションセンスを問う衣類，という意味の生活である。その意味で，生活は，個々人の価値観やライフスタイルを具現化したものともいえよう（その一方で2008年暮れの「年越しテント村」の出現は，衣食住の危機にさらされた，まさに合理的経済人観に立つことを求められる人々がいるという現実をわれわれに突き付けたとしてよい）。そのため，単に多くの賃金さえ払えば，人は一生懸命働くという管理は，非常に困難になっている。

　今日の仕事の場は，多様な価値観を持った複雑人の集合であり，そのため，仕事に対するニーズもライフステージや価値観によって多様になり，それに対応した管理が，組織全体の長期的な有効性を規定するといえよう。

　かつての日本の終身雇用と年功序列的な処遇を志向した管理は，まさに働く人々のライフステージに対応した労働福祉（賃金や福利厚生など）を提供するという考え方で，自ずと福利厚生も，働く人々の家族まで視野に

入れた手厚いものになっていた。しかしながら，今日，初婚年齢の高齢化，子どもの数の減少，親の介護，さらには未婚者の増加など働く人々の持つ家族的な背景は多様化し，福利厚生の見直しが迫られている。また，労働時間の短縮は，非仕事時間の過ごし方の多様化を生み，そのことが，仕事と生活のバランスをさらに変化させる圧力になっているともいえよう。

　その一方で，仕事の中で能力獲得と発揮，達成感，キャリア発達，承認などを訴求する傾向が大きくなり，内発的動機づけこそが，長期に働く人々を動機づけるという主張は根強いように思えるが，仕事の中での成長から仕事以外の生活での成長へと視野が拡大するにつれ，仕事の手段化が台頭しているともいえる。また，近年は承認要求が高い人が増え（太田，2007），他者に映る自分を気にし，自分を正当に評価してほしいと期待する人々への配慮も，リーダーシップや評価の問題として看過できない。

　それらが相まって，企業の人事・労務管理は，どこまで働く人々個々のニーズに配慮すべきか，多様な個人のニーズの最大公約数をどこに設定するか，もしくは，多様さゆえにそれらへの配慮を捨てて，仕事の対価としての金銭的な報酬により収斂するかというという点でも，選択を迫られているといえよう。

　その中で，ワーク・ライフ・バランスへのニーズの高まりは，単なる働く女性の働きやすさの向上への要求というだけではなく，男性も含めた働き方や働くことへの意識の変化を反映しているとしてよいであろう。そうであるがゆえに，人事・労務管理は，従来の男性正社員中心の人事施策や管理のあり方を見直すさまざまな工夫を迫られているとしてよいであろう。

■ 第2節 ■

働かせ方：労働条件管理と職務設計

　前節で見たように，働く人々が仕事に求めるものは次第に変化し，多様

化しつつある。それに対して企業・組織はどのような処遇や管理方式を考えているのであろうか。本節では，労働条件をはじめ，仕事の組立て（職務設計）や働く人々を管理する仕組みなどについて制度・法律も含めて，みていくことにする。

1. 労働条件管理と労働基準法

　働く人々や就職活動中の学生が仕事をめぐって口にする言葉に待遇や労働条件というものがある。その場合の待遇や労働条件には，労働時間，賃金，福利厚生，作業環境などがある。これらに関する基準は，労働基準法やそこから派生した法律に定められているが，それは，働く人々が人として最低限の生活を営むに足る基準を定めたものであり，それよりも悪いものは本来受け入れられないという性格のものである。

　今日，労働条件管理で特に問題になるのは長時間労働で，1週40時間の規定を大幅に超える形で働く人々が少なくない。図5-2で見るように，2016（平成28）年の「労働力調査」によれば，週就業時間が60時間以上

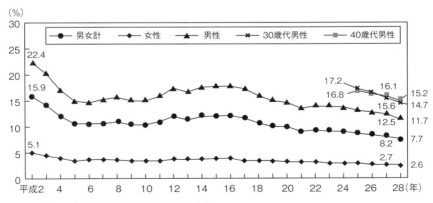

図 5-2　週間就業時間 60 時間以上の雇用者の割合の推移（男女計，男女別）（内閣府，2017b, p.73）

の従業者は7.7％に達し，30歳代と40歳代の男性ではほぼ15％以上が年間労働時間3,000時間以上となっている。すなわち，働き盛りの6〜7人に1人の男性が，過労死ラインといわれる1週間の労働時間が約60時間（月残業時間80時間）を超えた働き方をしている。

このような長時間労働は，ワーク・ライフ・バランスの向上を妨げるだけでなく，身体的な疲労による疾病や事故を招きやすく，うつ病やバーンアウトなどのメンタルヘルス不全や過労死，過労自殺など重大な労働災害に結びつく温床になっている。

2. 職務設計

働く人々の仕事は，科学的管理法の登場以来，働く人々自らが仕事の手順や方法を考え作業を管理するというよりは，その時々の生産技術（機器やソフトウエア）に合わせて，客観的に最も効率的なアウトプットを求めて仕事の現場から離れたところで設計されてきた。そのことが今日の大量生産・大量消費の社会を支えてきたことは否めないし，今日でもIE（産業工学）や人間工学の基本的な考え方として存在し，受け継がれている。この職務設計の考え方は，その延長線上で，職場や会社全体の組織設計にも反映されてきた。

そこでは，職務分析に基づいて合理的な仕事の流れを設計することが優先されたため，個々の仕事が細分化され，単純で反復の頻度が高い拘束性の高いものとなり，人間性疎外をもたらした。これは製造場面だけでなく，事務的な作業においても機械化・OA化の進展の中で，テクノロジーに合わせて仕事が規定されたり，ソフトウエア開発者のロジックに働く人々が従わざるを得なかったりするなど，働く人々個々の仕事スタイルや能力・特性を無視した同質的な働かせ方を強いることに繋がるなど，他律性が高くなる状況をもたらした。

このような職務設計の基盤には，人間を「仕事をする機能」としてみる考え方があり，働く人々をさまざまなニーズを持った"ひと"としてみる，

という視点が欠けており，人よりも安いロボットがあればそれに置き換えたほうがよいという思想が垣間見える（高度成長期からの日本の高い生産性や競争力を支えたのは，まさにこの考え方の実践であった）。

このような他律的な働き方を強いる仕事に対しては，人間性疎外の問題が表面化し，米国ではアルコール中毒や薬物の使用による職場の乱れ（興味のある方は，アーサー・ヘイリー（著）『自動車』高橋豊（訳）新潮社1978年刊を読んでいただきたい）や，ローズタウン・シンドローム（Lordstown syndrome）に代表される山猫ストによる生産現場の混乱などにより，働く人々の動機づけや生産性の低下を招いた。その結果，仕事の中でも人間らしさを発現できることへの欲求を反映させることの重要さが指摘され，労働の人間化やQWL（労働生活の質的向上）を目指した次節でみる職務再設計の試みが活発化した。

3．不公正な働かせ方とブラック企業

今日の日本の労働の課題を考えるとき，長時間労働などと並んで出てくる言葉にブラック企業やブラックバイトがある。

大内は，産業・組織心理学会の部門別研究会（2017年7月）において，かつての日本型雇用は，長期にわたる雇用の安定と家族も含めた生活の維持を可能にする処遇を保証することの対価として，働く人々は，企業の強力な支配命令を甘受するという心理的契約が存在したが，「問題なのは，今のこの状況は，ブラック企業をはじめとして，終身雇用と年功序列とは切り離して，企業の過剰な支配命令権だけが残って，それを受け入れても今まであった安定は得られないという状況になっている」（大内ら，2018）と述べている。つまり，現在のブラック企業の問題は，前者，すなわち将来の生活の展望やそれに対する期待が持てないにもかかわらず，長時間労働やサービス残業を強要し，パワー・ハラスメントまがいの指導や管理を通して過酷な労働を強い，なおかつ，それに耐えられない人々を退職に追い込むなどの行為で，働く人々を肉体的にも心理的にもすりつぶし，使い

捨てていくことにある（今野，2012）。

　中高年の管理者が「俺たちの若いころは，休みなしで何か月も……」とか「会社のためと思えば，どんな所へでも出張もしたし，転勤で何年も行ったのに」というのは，その当時，それに対する対価が期待でき将来への夢があったから耐えられたということに思いが至らないためであり，それが，ブラック企業と化していくことへの大きな温床になっているということもできよう。

　これらは，経営者の，働く人々を「生産の手段」とみるのか「長期にわたる組織の一員」とみるのかという理念や，法の遵守に対する態度，社会の一員としての守るべき倫理観のあり方などの問題といえよう。別の側面から見れば，わが国のように非正社員と正社員の処遇の差が大きく，失業者へのセイフティネットが弱い中では雇用からこぼれ出ることに対する不安感が大きくなり，その一方で転職を良しとしないという社会全体の労働観も，ブラック企業でも働き続けることへの圧力になっている（今野，2012）ことも見逃せない。

■ 第3節 ■

人らしい働き方と well-being

1. 職務再設計：仕事における"ひと"らしさの復権

　仕事の場にいる"ひと"は仕事をする機能（センサーと筋肉）を持つと同時に感情を持っている。そのような働く人々のニーズに合わせた仕事づくりを模索したのが1960年代以降の QWL や労働の人間化といわれる運動といえよう。

　そこでは自律的な"ひと"が仕事とどう向き合うかに関心が持たれ，職務充実論（Hertzberg, 1976）や職務の充実度を測る職務診断論が盛んになり，代表的な調査である JDS（Hackman & Oldham, 1975）が登場した。

他方，第二次世界大戦以降の北欧を中心に，テクノロジーと作業集団との関係を軸にした社会＝技術システム論も現実の産業場面で展開された。このような，人間やその集団に焦点を当てた仕事づくり・職務設計を職務再設計という。そこでは，働く人々を社会的欲求や成長欲求に支えられたものとして捉え，個人や個々の作業集団に自律性を持たせ，大きな裁量権や成長の可能性を与える仕事を用意することが基本理念となっている。

図5-3は，JDSを表した図であるが，職務の中核的次元とその展開である重要な心理状態にあるのは，成長欲求に関連した自律性や有意味感，結果の判断へのアクセスに関連するフィードバックである。

それらの流れを受けて1990年代末より，"ひと"らしい働きがいのある仕事といわれるディーセント・ワークという考え方が台頭してきた。同時にわが国では，労働安全衛生法の改正などを通して仕事の中での快適さがメンタルヘルスを中心に心理的な側面からも強調されるようになってきた。

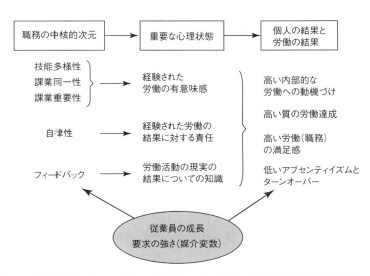

図5-3　職務の中核的次元，重要な心理状態，そして労働の結果に関する理論的モデル
(Hackman & Oldham, 1975；小野，1997)

2. 働く人々の well-being と生きがい

　前項で見た"ひと"らしい働き方ができるということは，人生の活動的な時間の多くを費やす仕事の中で心理的な安定や快適さを感じ，さらには，職務満足感や全体的生活満足感が高まることを意味し，それらは働きがいに通じる。また，労働時間の適正化（長時間労働の抑制）は，働く人々のワーク・ライフ・バランスの向上にもつながり，仕事生活と非仕事生活両面での満足感（全体的生活満足感）を高めることにもつながる。さらには，男女，正社員・非正社員の差別のない役割や能力開発の機会の提供は，公平・公正に処遇され，"ひと"らしく扱われているという満足感を与えることになる。

　現在の自分が置かれている状態に満足を感じることは，過去の自分を肯定的に捉えることにもつながり，自己肯定感や充足感を増し，働く人々の幸福感や満足を高めて，全体的な心理的 well-being・主観的 well-being（SWB）を高めることに繋がる。熊野（2003）は，文献研究を通して心理的 well-being・主観的 well-being や幸福感，自己実現などを生きがいの類似概念としているが，それに従えば，このような状態は働く人々にとっては，「生きがいがある」状態ということができよう。これらに関連して，小野（2010）の質問紙法による実証研究は，働く人々の生きがいは，「過去および現在の状態に関する満足や肯定」と「自己の成長や能力発揮」の2つを背景に構成されていることを明らかにした。

　日本経済のバブル崩壊後の失われた20年の中で行われた中高年ホワイトカラーに対するリストラは，長年にわたり企業の中で築いてきた（企業特殊的な）キャリア形成を否定しただけでなく，その後の再就職のしにくさは，自己効力感や自己肯定感を根こそぎ奪うもので，対象者を人格的に全否定することに繋がり，過去の肯定の上に立つ生きがいを奪い去ったとしてよい。その意味で well-being の観点からは，拭いがたい汚点を残した出来事として記憶されるべきである。

COLUMN ④

調査結果の見方
働く人々のニーズ調査を例にして

　働く人々が仕事に何を求めるのか，ということに関しては，さまざまな調査結果が発表されている。「(生活のため，家族を養うために)必要なお金を得るためだ」という回答がトップになることが多いが，それらの調査結果は，誰を対象にしているか，どのような質問の仕方か，どのような回答を求めているかなどによって結果が異なるという点に注目が必要である。

　たとえば2017（平成29）年の日本生産性本部の新入社員を対象にした「働くことの意識」調査は，新社会人研修村に参加した企業の新入社員1,882名を対象（換言すると，多くの場合自社で比較的長期の新入社員訓練を行わない企業への就職者）に，「働く目的」について選択させている。「働く目的」で最も多い回答は「楽しい生活をしたい」42.6％で，「経済的に豊かになる」26.7％，「自分の能力をためす」10.9％の順である。ここでは金銭は第2位である。

　その一方で，2016（平成28）年度の「国民生活に関する世論調査」は，日本国籍を有する18歳以上の者について適正なサンプリングをもとに1万人を対象としている（有効回収数6,281）。択1回答の結果を見ると「お金を得る」53.2％，「生きがいをみつける」19.9％，「社会の一員としての務め」14.4％，「自分の才能や能力の発揮」8.4％の順であり，「お金のため」が圧倒的に多い。しかし，ここで注意しなければならないのは，60歳代が回答者の23.3％，70歳以上が25.5％を占めることである。換言すれば，就労率が極めて低い70歳以上の人々が働く目的について答え，それが，全体の数字を大きく動かしているということである。

　なかには日本能率協会の『2018年度 新入社員意識調査報告書』のように，「あなた自身の働く目的は何ですか。生活費を得ること以外でお答えください」（10の選択肢の中から3つまで選択）という形で，最も多いであろう選択肢を最初から外す問いかけ方をしているものもある。ちなみにこの調査では，「仕事を通じてやりがいや充実感を得ること」（40.9％），「自分の能力を高めること」（33.5％），「いろいろな人に出会うこと」（33.2％）が上位にあげられている。

　このように，さまざまな調査結果を議論する際は，どのような調査方法で誰が答えているかについて，注意深く検討する必要がある。

第 2 部

組織行動を科学する
──組織行動部門──

組織とはなんだろうか。経営学者のバーナード（Barnard, 1938）は，組織を「2人あるいはそれ以上の人々の意識的に調整された活動や諸力のシステム」と定義した。そして組織が成立する要件として，共通の目的，協働の意思，コミュニケーションの3つをあげた。

共通目的の存在は，組織の根幹をなすものである。どのような組織であっても必ず追い求めるべき目的がある。逆に，目的を失った組織はもはや組織としての存在価値を失い，消滅に至る。協働の意思とコミュニケーションは，複数の人々が存在する組織が目的を達成するために不可欠の要素である。共通目的の達成に向け，組織メンバーはコミュニケーションをとり調整をはかっていく。その中で役割の分担が生まれ，システムが形成されていく。

したがって，組織がその目的を達成するためには，メンバーがそれぞれに役割を担い，権限や責任を分け合うことが重要になる。ここから，仕事の専門化や部門別化が生まれ，その中で地位や権限，責任の分化が進み，組織の階層化や構造化が整っていく。これがシステムとしての組織である。

では，組織はそこに働く人々にどのような影響を与え，人々はどのような行動をとるのだろうか。1920年代から30年代初めにかけて行われた，いわゆる「ホーソン実験」は，従業員の行動が，物理的環境や経済的刺激よりも，個々人の感情や人間関係に左右され，仲間内のルールや規範が生産性に強く影響することを明らかにした。

ホーソン実験を契機に，社会心理学的な視点への関心が強まり，仕事環境の整備や効率化といった側面だけでなく，組織に働く人々の行動的な側面にも光が当てられるようになった。組織に働く人々は，経営活動に貢献する重要な人的資源であり，人々が意欲をもって仕事に参画し，充実した仕事生活を送ることができるよう，組織はさまざまな面から従業員を支援していくことが必要となる。経営学においても産業心理学においても，組織行動（organizational behavior）への関心は1960年前後から急速な高まりを見せるようになり，組織に働く人々の行動や，その背景にある心理状態の解明に力が注がれるようになった。

もちろん，従来の産業心理学が扱ってきた，たとえば従業員の選抜や配置，

作業効率化の問題などは，従業員の働くモチベーションや仕事満足にも関わるものであり，その点で組織行動研究はそれまでの産業心理学と切り離されたものではない。アメリカ心理学会（APA）は1970年に産業・組織心理学（Industrial and Organizational Psychology: I/O Psychology）を部門名称として採用し，現在に至っている。

　組織行動研究の裾野は非常に広く，これまでにもさまざまな研究が蓄積されてきている。現在の産業・組織心理学会においても，4つの部門の中では組織行動部門の登録会員が，他を引き離して多い。研究テーマも，仕事意欲（ワーク・モチベーション），リーダーシップ，意思決定，組織内コミュニケーション，組織開発，組織変革など，多岐に及んでいる。これらの研究は，主に社会心理学分野で研究の蓄積がなされている集団力学（グループ・ダイナミックス）研究とも深いつながりを持っている。組織も集団であることを考えれば，集団が成員にどのような作用を及ぼし，成員の行動は集団からどのような影響を受けるのかを知ることは，組織行動を理解する上で欠かせないものとなる。

　こうした視点に立って，第2部では，組織行動についての基本的な知見を整理することに重点を置く。まず集団が成員の行動や業績に及ぼす影響を，心理学的な側面から見ていくことにする。そして，組織行動研究の代表的な領域である，リーダーシップ，仕事へのモチベーションを取り上げ，さらに組織と人との関わりについて組織変革を例にとって見ていくことにする。

第6章
組織行動の心理学的視点

　組織行動研究の裾野は非常に広い。心理学の視点から組織の問題を扱うときには，そこで活動する成員（メンバー）が組織に対してどのような感情を持ち，他者とどのように交流し，そして活動の過程で組織からどのような影響を受けるかを理解することが必要であり，それは産業・組織心理学における基本的な視座であるといえる。本章では，主に社会心理学における研究知見をもとに，組織と個人の相互作用関係を探るヒントを見ていく。

■ 第1節 ■

集団のダイナミックス

1. 集団とは

　2人以上の人々の集まりは集団と呼ばれる。集団の中には，学校や職場仲間のように互いが知り合い協働している集団もあれば，バス停や駅でたまたま並んでいる人々のような集団もある。前者の集団では，メンバーの間に以下のような特徴が存在する。
　第1に，共通の目的を持ち，その目的を達成するためのルールや規範が共有されている。第2に，互いの間に集団メンバーとしての意識が共有されている。第3に，目的を達成するために集団内で地位や役割の関係が成

立している。第4に，集団に参加したりそこから離れる場合には，一定の手続きが必要である。すなわち，集団と外部とを区別する何らかの境界やまとまりが存在する。

　こうした集団を一言で言い表すならば，メンバーの間に心理的な相互作用を持つ集まりということができる。一方，たまたまバスや電車を待っているような集団は，集合と呼ばれる。たとえ電車で向かう駅は同じであっても，そこには互いの意識的な働きかけや役割行動はなく，また集団（たとえば電車を待つ行列）への出入りも自由で他との明確な境界もない。

　集団の特徴を，会社や組織に当てはめてみれば，その意味するところは明快である。すなわち，組織には必ず達成すべき目的があり，それは社是や社訓，業績目標といった形をとって全メンバーに伝えられ共有される。目的達成に向けては，メンバーそれぞれが役割を担い，組織から認められた地位に伴って権限や裁量が与えられる。入社試験を経て「〇〇社の社員」となり，退職の場合には退職届の提出が必要となるように，外部とは明確に区別される。

2. 公式集団と非公式集団

　会社や組織で働く従業員は，組織目標の達成に向けてそれぞれの役割が与えられ，部や課などの集団の中で，組織が下す指示命令系統に基づいての役割行動が求められる。こうした集団は「公式集団（formal group）」と呼ばれる。公式集団の中では，メンバーにはそれぞれに公式の権限や地位が与えられ，その権限や役割，裁量の範囲は明確に規定されている。

　しかし，組織にはこうした公式集団だけではなく，共通の趣味や仕事を離れた活動，あるいは仕事を通じて生まれた仲間意識などで自然に形成される集団も存在する。これは「非公式集団（informal group）」と呼ばれる。社内で興味・関心を同じくする者が集まっての勉強会や交流会，同好の士の集まりや同期の親睦会なども非公式集団の例である。

　組織が目的を達成するために活動する集団の基本は公式集団であるが，

実際の場面では，個々の人間関係や仲間意識など，メンバーのインフォーマルな相互作用が，仕事への意欲や実際の成果を大きく左右することが多くある。公式集団に対する非公式集団の存在と生産性への影響は，1920年代から30年代にかけて行われたホーソン実験で明らかにされている。

3. 集団の規範

(1) 集団凝集性

メンバーが集団に魅力を感じ積極的にまとまろうとする力を，集団凝集性（group cohesiveness）と呼ぶ。目標や活動に魅力を感じ，そこに所属することがプラスになるという判断の下で積極的に集団活動に参加することが，集団凝集性を強める力となる。凝集性は，集団活動への関心や参加意識を通じて生産性にも影響を及ぼす。角山（1986）が大学生を対象として行った実験では，凝集性の強いチームのほうが弱いチームよりも課題目標達成への関心が強く，高い作業成績を示した。特に，進行途中で成績のフィードバックを受けた場合には，凝集性の強いチームのほうが作業の質，量ともに高い改善の度合いを示した（図6-1）。

一般的には，凝集性が強いほど集団としての生産性は高くなる。ただし，凝集性が強いがゆえに結束して上からの指示に抵抗し，サボタージュやス

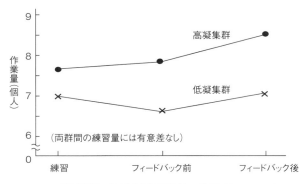

図6-1 目標遂行に及ぼす集団凝集性の効果 (角山, 1986)

トライキでまとまった結果，仕事が停滞して仕事効率や業績が低下してしまう場合もある。

(2) 集団規範

　集団が活動する中では，やがてメンバーが共有する判断の基準や枠組みが生まれてくる。これは集団規範（group norm）と呼ばれる。集団規範はメンバーの行動に影響を与え，規範に沿った行動をとることを求める。集団規範を逸脱しない限りは，集団はメンバーを受け入れ，集団の中でのメンバーの行動の自由度も高い。しかし，いったん規範から逸脱するような行動をとると，集団からは規範に従わせようとする強い圧力がかかる。

　集団規範は，規則や行動指標のように具体的な形でメンバーに共有される場合もあれば，暗黙のルールとして意識される場合もある。メンバーが規範をすべて意識して行動しているわけでもない。しかし集団にとどまっている限りは，何らかの形で集団の持つ規範の影響を受ける。特に，メンバーが集団に魅力を感じているほど集団規範の受容は促進される。

　メンバー間で規範の共有が進むにしたがって，メンバーの行動は規範がつくる基準の中に収まっていき，やがて，他と区別されるようなその集団独特の雰囲気や特徴が生まれる。働く場でいうならば，こうした集団独自の規範が，職場風土や組織風土と呼ばれるものを形成する。

■ 第2節 ■

集団の中の個人

1. 集団意思決定

　古くは社会心理学者レヴィン（Lewin, 1947）が行った古典的な行動変容実験では，講義方式よりも集団討議を経ての決定方式のほうが，その後の行動変容促進への効果が大であった。その理由としてレヴィンは，討議

に参加することで課題への積極的な関心（コミットメント）が高まったこと，不安や否定的な感情を表出することでカタルシス（感情的な浄化作用）が生まれ，その後の変化を受け入れやすくなったこと，全員が他者の前で意思表明することで新しい集団規範が形成されたことなどをあげている。

　レヴィンの実験における集団決定方式とは，討議を通じて参加者個々人が，自らの決定を皆の前で意思表明するというものであった。一方，参加型意思決定あるいは参加型目標設定と呼ばれる，集団討議を経てメンバーの意思を集約・決定する方法もある。その効果をめぐっては，関連する条件を含め多くの研究がある（Latham, 2005）。

2. 集団思考過程で見られる負の効果

　集団討議を経て意思決定がなされる過程（集団思考過程）では，決定された目標や行動へのコミットメントが高まる効果を有する反面，個人の創造性や自由な発想が阻害され，結果的に集団の意思決定の質を低下させてしまう，負の効果というべき現象も見られる。

　たとえば，集団思考過程では，コミュニケーション促進などメンバー間で協力的な行動をとることを負担に感じ，思考意欲が低下してしまうことがある。これは「プロセス・ロス」と呼ばれる。新しいアイデアが湧いても他人の評価が気になって発言を控えてしまう「評価懸念」も生じやすい。他者の発言をさえぎって発言することができないうちに思考が停滞してしまう「発話ブロッキング」現象も起きる。

　また討議の過程で，集団としての意見や態度が個人で判断するときよりも極端な方向に偏る現象も見られる。これは「集団極化現象（group polarization）」と呼ばれる。極化には，個人で判断する場合よりもさらにリスキーな方向に判断が偏るリスキー・シフト（risky shift）や，反対に個人で判断するときよりも慎重な方向に判断が偏るコーシャス・シフト（cautious shift）がある。

3. 社会的手抜き

会議の席などで「自分が発言しなくても、誰かがまとめてくれるだろう」と、黙っていることがある。また「自分がわざわざ他人の分まで背負うことはない」と、本来の力を出さないままのこともある。集団の中で個人が示すこうした手抜き現象は「社会的手抜き（social loafing）」と呼ばれる。

社会的手抜きには、自らは積極的に関与せず、他人の努力にただ乗りしようとするフリーライダー（free-rider）と、他人の分まで背負うお人好しにはなりたくないというサッカー（sucker）と呼ばれる手抜きがある。両者はコインの表と裏のような関係であり、人の努力にただ乗りしようとする者が出てくれば、人の分まで仕事をかぶるお人好しになるのはいやだという者も出てくる。

社会的手抜きが生じる原因の一つには、集団のサイズが大きくなれば、その場で求められる行動に対して個人が感じる責任の大きさが相対的に小さくなることが考えられる。集団が大きくなるとともに生じる他人任せ的な思考であり、没個性化と言い換えることもできる。

働く場においては、個人の努力や努力の結果が外から見えにくい状況、仕事の意義や与えられた役割が不明確な状況、決まり切った手順で創意工夫が求められない状況などでは、集団の大きさにかかわらず社会的手抜きが発生する余地がある。逆に言えば、そうした状況を取り除くことで、社会的手抜きを防ぐことが可能となる。

4. 集団浅慮

凝集性が高く規範意識の強い集団では、メンバーの意識が集団の維持に集中し、意見の統一をなにより重視しようとする傾向が生まれる。その結果、アイデアの内容についての批判的な検討や十分な吟味を経ることなしに集団意思決定を急いでしまい、解決への見極めが不十分なまま、浅はかな判断や愚かな決定がなされてしまう。このような決定傾向は「集団浅慮

(group think)」と呼ばれる。

　集団浅慮が生まれやすい状況としては，凝集性の高い集団では，まとまることにメンバーの注意が集中し，異なる意見や考えを表明しにくくなることがある。また，アイデアを再検討したり対案を出しづらくなる。外部からのアドバイスや情報に鈍感になり，集団として孤立してしまう状況も生まれやすい。即断即決を迫られるような時間的プレッシャーの存在も集団浅慮につながる。さらに，リーダーの力が強いと，メンバーにはリーダーの考えに無批判に従おうとする態度が生まれる。

　集団浅慮は，いわば集団が罹患する病的な側面ともいうことができる。ジャニス（Janis, 1972）によれば，集団浅慮が生まれた集団には，以下のような症状が見られる。

①自分たちの力を過信し，自分たちが失敗するはずがないという楽観的な見方が強まる。
②決定を正当化し，都合のよい情報だけに頼って異論を排除し，外部からの批判にも耳を貸さなくなる。
③強い同調圧力が生まれ，批判的な発言や集団のまとまりに水を差すような発言は封じられる。
④自己検閲的行動が生まれ，異議や異論を自ら抑制してしまう。
⑤全員一致の幻想が生まれ，他の誰もがその考えに同意しているように思えてくる。
⑥集団決定やまとまりを維持しようとする中で，好ましくない情報から集団を護ろうとする「お目付役（マインド・ガード）」が出てくる。

　企業や組織が引き起こす不祥事は後を絶たないが，その中の少なからぬケースは，ジャニスが指摘した集団浅慮の症状にあてはまるものであり，これまでにも多くの研究が蓄積されている。

■第3節■
集団内コミュニケーション

1. コミュニケーション戦略

　集団や組織の中で，目標達成に向けてメンバーがどのようにコミュニケーションを促進していくかは，重要な課題である。組織行動研究においても，コミュニケーションは中心的なテーマの一つとして，これまで膨大な数の研究が蓄積されている。

　カッツとカーン（Katz & Kahn, 1978）は，コミュニケーションを組織の本質的な問題と位置づけ，コミュニケーションの流れについて興味深い研究を行っている。カッツらは，リーダーからメンバーへと向かう，上から下へのコミュニケーションの流れに含まれる内容を次の5点にまとめている。

　①取り組むべき仕事の指示を与える。
　②仕事内容の理解を促進し，他の仕事とどのように関係しているか説明する。
　③組織の一員として知っておくべき規則について情報を与える。
　④仕事結果や業績を部下本人にフィードバックする。
　⑤メンバーが共通の意思や使命感を持てるような情報を与える。

　これに対して，部下から上司へのコミュニケーションは，権限も影響力も大きいリーダーに対して，メンバーが下からどのように影響を与えていくかという，上方向への働きかけ（戦略）と捉えることができる。キプニスら（Kipnis et al., 1980）は，職場で下から上方向への影響戦略として，以下をあげている。

　①要求を率直に主張する（主張）。

②自ら謙虚な態度を示して下手に出る（取り入り）。
③主張や要求の合理的根拠を示す（合理的説得）。
④交換条件を出したり，過去に支援したことを思い出させる（取り引き）。
⑤支援を求めて，より上の層にアピールする（上層部へのアピール）。
⑥同僚の支援を得る（連合）。

2. 説得の技法

　相互に主張や考えを理解し合い協力していくことは，コミュニケーションを促進する上での基本である。そのためには，自分の考えや主張を相手に受け入れてもらうための説得が重要になる。チャルディーニ（Cialdini, 1988）は，説得の中に含まれる原理を次の5つ（表6-1）に大別している。

表6-1　説得の原理（Cialdini, 1988）

原　理	意　味	例
一貫性	ある立場へのコミットメントを強めると，その立場と一致した行動への要請を承諾しやすくなる	署名に協力した後で続けて募金への協力を要請されると応じやすくなる
返報性	承諾することが相手へのお返し（返報）になると捉えた場合には，相手からの要請を承諾しやすい	『借りは返さねばならない』
社会的妥当化	自分と似た立場にある他者がその行動をとっている場合には，その行動への要請を承諾しやすい	「御社の若手の方は皆さん購入いただいています」と言われて，買ってしまう
権威	そのことについて権威を持っていると目される人から勧められたり，指示を与えられると，それに関する要請を承諾しやすい	医薬品のコマーシャルで，白衣の医師然とした人物が出てくる
希少性	"滅多にない機会"を強調されると，その機会を利用しようとする傾向が強まる	「あなただけの特別提供です」と勧誘されて，つい買ってしまう

3. 他者判断時の思い込み要因

　対人コミュニケーションの中では，わずかな手がかりや情報で相手のす

べてがわかったような思い込みに陥ることがある。こうした思い込みが，人事評価に歪みをもたらすことが，古くから問題となってきた（第2章を参照のこと）。たとえば豊原（1972）は，職務場面では，評価者が持っている固有の評価傾向と，人が一般に持ちやすい対人評価の歪みが存在することを指摘し，これらの問題解決が案外難しいものであることに言及している。

　人間である以上思い込みから完全に逃れることはできない。しかし，他者判断や評価の際にこうした要因が影響する可能性を知っておくことが，判断の歪みを減じることにもつながる。

■ 第4節 ■

組織文化

1. 組織風土と組織文化

　組織が新しい環境に適応していくためには，常に組織に働きかけ変革を促してくことが求められる。これは，組織変革あるいは組織開発と呼ばれ，組織行動研究のテーマの一つでもある。組織への働きかけは，制度やシステムなど，ハードな面への働きかけもあるが，価値観や信念，態度など，組織メンバーに内在する規範や意識への働きかけも重要となる。

　メンバーに共有される行動規範は，その組織を特徴づける固有の雰囲気や行動となって現れる。これは組織風土（organizational climate）あるいは組織文化（organizational culture）と呼ばれる。梅澤（1988）によれば，組織風土は観念や制度の裏づけを持たない不文律の社会規範であり，これに対して組織文化は，価値と理念に主導され，望ましさを中核に据えて形成されるものである。このように，両者は本来区別されるべき対象であるが，現実にはほぼ同義的に使われることが多い。

　城戸（2008）は組織文化を「組織の成員に共有された一連の価値の体系

であり，成員に意味づけを与えたり，その組織での適切な行動のルールを提供するもの」と定義している。組織変革の観点からは，組織文化は価値体系や理念を共有することを通じて形成され，組織風土はその下で醸成されるという関係と見なすことができよう。

2. 組織文化の要素

組織文化を構成する基本は，成員に共有される価値観や理念，信念体系であるが，現実にはその他にも多くの要素が関係する。組織文化は幅広い概念であるといえるが，シャイン（Shein, 1985）はこれを3つのレベルに分類している（図6-2）。

第1のレベルは「人工物（artifact）」で，組織が自ら創り出した物理的・社会的環境である。オフィスレイアウトなどの物理的空間や，メンバーの間で書かれたり話されたりする言葉，服装などがその例である。その文化

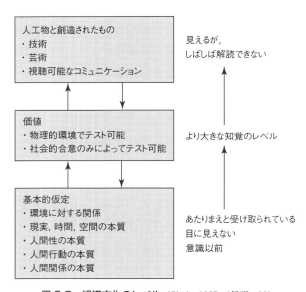

図6-2　組織文化のレベル（Shein, 1985／邦訳 p.19）

の内部にいる人々がそうした人工物に気づいているとは限らないが，観察は可能である。

　第2のレベルは「価値（value）」であり，組織の中で賛否や議論の対象となるものである。明示される組織目標や目標達成の戦略などは，多くのメンバーが共感することもあれば，納得を得られず反対されることもある。

　第3のレベルは「基本的仮定（basic assumption）」である。本来は議論の対象であった価値が，成功体験が繰り返されることで，徐々に一つの信念になり，それが組織にとって唯一進むべき正しい道であるという「仮定」となっていく。

　基本的仮定は，過去の経験から形づくられてきたもので，シャインによれば組織文化の本質でもある。したがって，外部環境の変化によって組織が変革を迫られても簡単に変われないという事態も生じうる。どのようにして望ましい組織文化を形成するか，組織文化のマネジメントは，組織研究の大きなテーマでもある。

COLUMN ⑤

企業不祥事の心理学

　企業不祥事は後を絶たないが，これは日本だけにとどまるものではない。欧米においても過去深刻な事件がいくつも発生しており，古今東西を問わず普遍的な問題である。バンデューラ（Bandura et al., 1996）はこうした問題に対し，社会的認知理論（social cognitive theory）の枠組みを用いて，普段は良識的な経営者がどのような心理的・社会的メカニズムを通してビジネス倫理違反行動をとるかを分析している。

　バンデューラは，ビジネス倫理違反を分析する際の重要な鍵として「道徳的束縛からの解放メカニズム（moral disengagement mechanism）」を想定した。人は普段は自分の道徳基準を持っており，それによる道徳的拘束力が，道徳基準に合致した行為をとる指針となり，非倫理的な行為への抑止力となっている。しかし，人は常にその道徳基準に従った行動をとるのではなく，道徳的な自己規制が選択的に外されることもあり得る。本来は不道徳あるいは非倫理的な行為であっても，それが価値ある目的に役立つのであれば社会的にも正当化されると考えるのは，その一例である。このような道徳的な自己規制・束縛からの解放メカニズムにより，普段は良識的な人々が，さしたる葛藤やストレスを経験せずに逸脱行為を犯すことが可能となる。

　経営状態が悪化してくると，経営陣の中には，経営を立て直すためには多少の不正にも目をつむろうとする焦りも出てくる。そうした中で徐々に道徳的束縛からの解放メカニズムが活性化し，不正行為に対する道徳的正当化が生まれてくることが，不祥事の一因となるのである。日本でもバンデューラの知見に基づく研究が行われ，その妥当性が確認されている（角山ら，2009）。

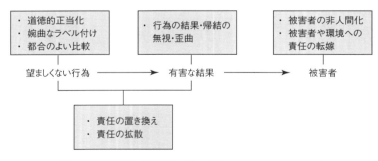

　　図　道徳的束縛からの解放メカニズム（Bandura et al., 1996）

第7章
リーダーシップ

■ 第1節 ■

リーダーシップの諸相

　組織・集団が問題に直面し，その解決に向けて活動するときには，メンバーの活動を統率し成果に向けて働きかけるリーダーの存在が必要となる。リーダーがメンバーに向けて発揮する影響力をリーダーシップと呼ぶ。リーダーシップ行動とは，目標の達成に向けてメンバーが持っている力を最大限に引き出すような影響のプロセスをいう。

　通常，リーダーは制度上認められた公式の権限を持っているが，制度上はリーダーではなくとも，メンバーに対して強い影響力を持つ実質的なリーダーもいる。反対に，制度上は権限を持ちながら，影響力を発揮できないリーダーもいる。リーダーシップの欠如したリーダーは集団の効果性を大きく損なう。

　リーダーシップについては，研究面からも実践面からも，これまで膨大な数の研究や論考が生まれている。リーダー，リーダーシップをどう捉えるかということも，その考え方は千差万別ともいえる。研究者の数だけリーダーシップの定義が存在するという指摘もある（Bass, 1990）。本章では，リーダーシップ研究の変遷をたどり，近年のリーダーシップ研究の流れを見ていく。

1. 特性的アプローチ：リーダーシップ特性論

　優れたリーダーと目される人は，他の人とは異なる何かを持っているのか，その何かとはどのようなものなのかと考えるのは自然である。このような考えに基づき，リーダーが持っている特性（資質）を明らかにしようとする研究は，特性論あるいは特性的アプローチと呼ばれる。すなわち，リーダーシップとは生まれながらに備わった個人の特性であるとする，生得論的なリーダーシップ観である。したがって，集団にとって必要なことは，優れた特性を持ったリーダーをいかにして見つけるかということになる。別名「偉人説（great person theory）」と呼ばれる所以である。

　特性的アプローチからは，優れたリーダーに共通する特性を発見しようとする研究が多くなされてきた。たとえば，ストッディル（Stogdill, 1974）は，リーダーシップ研究を整理した結果として，優れたリーダーに備わっている特性を，能力，素養，責任感，参加的態度，地位，の５つのカテゴリーで分類している。

　このアプローチは直感的にもわかりやすいものではあるが，現実には見出される特性が研究によって異なり，必ずしも一致が見られない。また，状況が違えば求められるリーダーシップも異なる。結局，すべての場面に共通するようなリーダーの特性を発見することには無理がある。

2. 行動的アプローチ：リーダーシップ行動記述論

　生得論的な立場に立つ限りは，資質を備えていない者はどんなに努力してもリーダーにはなれないことになってしまう。しかし，現実にはそのようなことはない。ベニス（Bennis, 2003）は，人はリーダーに生まれつくのではなく，リーダーになるということだと指摘している。特性的アプローチに対して，リーダーシップは持って生まれた資質ではなく，訓練や学習によって後天的に獲得できる行動のスタイルであるとする考え方がある。これはリーダーシップの行動（記述）論，あるいは行動的アプローチ

と呼ばれる。

　行動的アプローチからのリーダーシップ研究では，リーダーシップ行動について2種類のスタイルが見出されている。研究によって名称や細部の考え方に違いは見られるものの，一つは「仕事中心」的な行動スタイルであり，集団としての活動の方向づけ，仕事手順や役割の明確化，仕事遂行や目標達成に向けてメンバーを督励する行動が含まれる。もう一つは「人間関係中心」的な行動スタイルであり，集団内の人間関係に気を配り，集団の良好な雰囲気を維持する行動が含まれる。多くの研究では共通してこの2種類の行動スタイルが抽出されている。たとえば，オハイオ州立大学（構造づくりと配慮），ミシガン大学（仕事中心と従業員中心）の研究や，ブレークとムートン（Blake & Mouton, 1964）のマネジリアル・グリッド

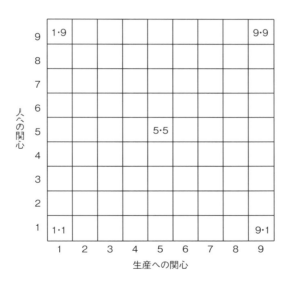

1・1型（Do nothing management）：生産にも人間にも無関心
1・9型（Country club management）：生産を犠牲にした人間への最大の関心
5・5型（Middle of the road）：生産と人間双方へのほどほどの関心
9・1型（Task management）：人間を犠牲にした生産への最大の関心
9・9型（Team management）：生産と人間双方への最大の関心

図7-1　マネジリアル・グリッド（Blake & Mouton, 1964）

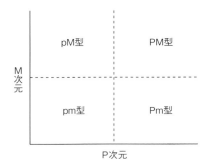

図 7-2　PM 理論による 4 類型（三隅，1984）
生産性は PM 型が最も高く，pm 型が最も低い。

（業績への関心と人間への関心，図 7-1），三隅（1984）の PM 理論（課題達成（Performance: P）と集団維持（Maintenance: M），図 7-2）などが代表的な研究である。

　これらの行動スタイルは生得的な特質ではなく，訓練や学習によって身につけることができるものであり，ここにリーダーシップ研修や訓練プログラムを実施することの意味が生まれる。

3. 状況適合的アプローチ：リーダーシップ状況適合論

　行動的アプローチの中心となる 2 つの行動スタイルについては，その両者を十全に発揮できることが理想ではある。しかし，業績を優先する中でメンバーに無理を強いることも出てくるだろうし，反対に，人間関係の構築が業績改善に向けての最優先課題となることもある。取り組む課題の性質やリーダーとメンバーの力関係も考慮することが必要になるかもしれない。行動的アプローチでも，すべての場面に共通して効果を持つようなリーダーシップ行動のスタイルを特定することは難しい。

　これに対して，リーダーの行動スタイルのみに着目するのではなく，集団を取り巻く状況や，リーダーとメンバーとの関係性にも着目し，集団を

取り巻くさまざまな条件との相互作用の中で、リーダーシップを考えていこうとするアプローチがある。これは状況適合論あるいは状況適合的アプローチと呼ばれる。

たとえば、フィードラー (Fiedler, 1978) は、一緒に働きにくい、あるいは最も苦手な仕事仲間 (Least Preferred Co-worker: LPC) をどのように評価するかを、自らが開発したLPC尺度を用いて調べた。その結果、一緒に働きにくいと感じる相手でも好意的な評価を示すリーダー（高LPCリーダー）は人間関係指向的であり、非好意的な評価を示すリーダー（低LPCリーダー）は人間関係よりも仕事を指向する傾向が強いことが明らかになった。

フィードラーはさらに、集団の置かれた状況を、①リーダーとメンバーの関係（良好－不良）、②仕事構造の明確さ（明確－あいまい）、③リーダーの持つ勢力の強さ（強－弱）の3つの次元に分け、これらの組み合わせから8つの状況（オクタント）を想定した。状況がリーダーにとって好ましい場合、および好ましくない場合には、仕事志向型の低LPCリーダーが効果を発揮しやすい。一方、状況の好ましさが中程度の場合には、人間関係志向型の高LPCリーダーが効果を発揮しやすい（図7-3）。

このように、集団の持つ効果を引き出すためには、リーダーの行動特

状況変数	オクタント	I	II	III	IV	V	VI	VII	VIII
	リーダー／メンバー関係	良い				悪い			
	課題構造の程度	高い		低い		高い		低い	
	リーダーの地位勢力	強い	弱い	強い	弱い	強い	弱い	強い	弱い
状況的好ましさ	リーダーにとっての好ましさの程度	良好				中程度				不良
有効なリーダー行動	高い集団業績を示す行動スタイル	課題志向				対人志向				課題志向

図7-3 オクタントとリーダーの効果性との関係 (Fiedler, 1978)

第2部　組織行動を科学する──組織行動部門

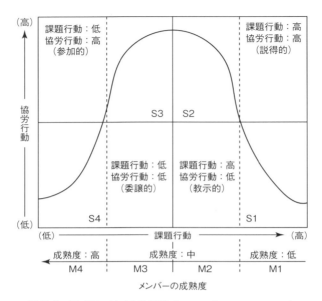

図7-4　ライフ・サイクル理論（Hersey & Blanchard, 1993）
メンバーの成熟度が低い状況ではリーダーの主導的行動を，成熟度が高い状況ではメンバーの自律的行動を重視する。メンバーの成熟度に対応した適切なリーダー行動をとる必要がある。

性と集団状況の両者を勘案し，リーダーと集団とを最適に組み合わせることが必要となる。状況適合的アプローチによる研究では，フィードラーの他にも，ハウス（House, 1971）のパスゴール（path-goal）理論，メンバーの成熟度の要因を取り入れたハーシーとブランチャード（Hersey & Blanchard, 1993）のライフ・サイクル理論などがよく知られている（図7-4）。

■ 第2節 ■

リーダーとメンバーの交流

1. 特異性クレジット

　リーダーシップは，リーダーの側からの働きかけ（リーダー行動）だけ

88

で説明できるものでないことは，すでに述べたとおりである。リーダーを取り巻く状況やメンバーの特性によっても，リーダーの行動は影響を受ける。また，リーダーによる働きかけの結果としてのメンバーの行動は，その後のリーダーの行動にも影響を及ぼす。このように，リーダーとメンバーの行動に相互に影響を及ぼし合いながら変化していく。リーダーとメンバーの交流に目を向けることは，リーダーシップという現象を探る上で有効な視点を与えてくれる。

　リーダーとメンバーの交流の中では，両者の間でさまざまな交換が生まれる。たとえば，リーダーはメンバーに役割や権限，賞賛といった報酬を与え，それに対してメンバーはリーダーに尊敬や承認を与える。集団目標がこの交換関係を通じて実現されたと認知された場合，リーダーはリーダーとしての正当性を獲得し，リーダーの影響力は強まっていく。

　すなわち，リーダーは集団規範を遵守しつつ率先して課題解決に取り組む中で，メンバーから承認され，リーダーとしての正当性や信用を蓄積していく。いわばメンバーから獲得した"信用残高"であり，ホランダー (Hollander, 1978) はこれを「特異性クレジット (idiosyncrasy credit)」と名づけた。特異性クレジットが蓄積されていくと，リーダーが新しい行動（変革）を起こす際に，集団規範からの逸脱があってもメンバーによる許容の幅が広がる。したがって，組織としてそれまでの方針ややり方を変えなければならないような事態に直面した場合，特異性クレジットを蓄積しているリーダーは，今までの信用を，組織を変革するための新しい行動に使うことができる。そしてその変革が成功すれば，クレジットの"残高"は増えるが，失敗した場合には残高を減らすことになる。

　このように，リーダーシップをリーダーとメンバー相互間でなされる一種の社会的交換行動と捉える交換型アプローチでは，LMX (Leader-Member-Exchange) 理論もよく知られている。グレインとウールバイン (Graen & Uhl-Bein, 1995) は，リーダーとメンバーの関係を1対1の二者関係で捉える。したがって，リーダーとの関係はメンバーそれぞれで異なり，関係が良好なメンバーは内集団，関係が良好でないメンバーの集団

は外集団としてまとまってくる。この関係性の認知が，メンバーの仕事へのコミットメントや満足感の違いとなって表れてくる。

2. 変革型リーダーシップ

　メンバーとの相互交流を通じてリーダーが集団に働きかけることに着目するアプローチは「交流型リーダーシップ（transactional leadership）」と呼ばれる。特異性クレジットも，リーダーとメンバーの交流の中で蓄積されていくものである。

　一方で，メンバーとの交流を通じて，組織革新に向けてメンバー自体の変化を促すアプローチも必要である。これを「変革型リーダーシップ（transformational leadership）」と呼ぶ。山口（1994）は変革型リーダーシップを「メンバーに外的環境への注目を促し，思考の新しい視点を与え，変化の必要性を実感させ，明確な将来のビジョンを示し，自らすすんでリスク・テイクし，変革行動を実践するリーダー行動」と定義している。

　変革型リーダーシップには，4つの要素がある。第1に，理想化による影響（idealized influence）である。リーダーは，集団への献身を通じて，メンバーのモデルとなり，理想の対象となっていく。第2に，モチベーションの鼓舞（inspirational motivation）である。メンバーが担う仕事の意味づけや，変革に向けて進むべき方向性を明示することで，メンバーのモチベーションを高める。第3に，知的刺激（intellectual stimulation）である。問題を見る視点を変えることや，既存の状況に新しいやり方を取り入れることなどを通じて，メンバーが革新や創造に向かう努力を刺激する。第4に，個別的配慮（individual consideration）である。メンバーを，成長や発達していく存在と捉え，個々人が持つ欲求に配慮する。変革型リーダーシップでは，こうした要素に着目することで，メンバーの質の変化を促す。

3. サーバント・リーダーシップ

グリーンリーフ（Greenleaf, 1991）は，従来の率先垂範するリーダー像から離れて，リーダーをメンバーに奉仕するサーバント（奉仕者）とみる考え方を提唱した。上に立って率先して指示命令を下すのではなく，メンバーが自ら気づき成長していくことを支援することで，集団の成果を引き出していくことをリーダーの役割とするアプローチである。

統率者としてのリーダーは，先頭に立ってメンバーを統率し影響力を行使する役割を担う者として語られる。サーバント・リーダーも影響力を行使する点では変わりはないが，その行使の基本は，メンバーを思いやりメンバーのために尽くすことで，メンバーの共感を得，結果的に目標達成へと導くことにある。そこでは，メンバーの意見や考えへの傾聴・共感・受容を通じてメンバーを支え，ビジョンの実現を目指す。そのような意味でリーダーをサーバント（奉仕者）と捉える。リーダーシップの理論的アプローチというよりも，リーダー像についての一つの見方である。

■ 第3節 ■

信頼とリーダーシップ

1. リーダーの持つパワー

リーダーにメンバーに対してさまざまな影響力を行使する。古くは，フレンチとレイヴン（French & Raven, 1959）は，リーダーの持つ影響力（パワー）を6つに大別している（表7-1）。

しかし，その影響力がメンバーに受け入れられるためには，メンバーから信頼される存在でなければならない。ロビンス（Robbins, 2005）は，信頼を「相手が言葉や行動，あるいは決断を通して，日和見的な行動をしないであろうという前向きな期待」と定義している（Robbins, 2005／邦

表 7-1　リーダーの持つパワー (French & Raven, 1959, 1965)

パワー名称	意　味	例
強制性 Coercion	指示や命令に従わないメンバーに何らかの罰を与える権限を持ち，かつそれを実際に行使できる	上司の指示に従わないと仕事から外される
報酬性 Reward	メンバーが望む報酬を与えることができる。望む報酬を用意できる場合には，より強い影響力を行使できる	このリーダーについて行けばメリットがある
正当性 Legitimacy	自らの地位や役割，権限に基づく正当な行為として指示を出し，かつメンバーからもその行為の行使が当然であると認められる	上司は部下に指示・命令できる
専門性 Expert	問題に直面したときに，その問題を解決できる専門的な知識や能力を持っていると認められる	あの上司ならばこのトラブルの解決方法がわかるはずだ
準拠性 Reference	人柄や能力について尊敬や信頼を受け，自分もこのような人になりたいとメンバーに思わせる	自分も将来あの人のようなリーダーになりたい
情報性 Informational	メンバーにとって有用で価値のある情報を持っており，かつそれを与えることができる。伝えるメンバーを選ぶことができるので，大きな影響力を持つ	リーダーはこの問題を解決できるキーパーソンを知っている

※情報性パワーはレイヴンによって追加されたものである。

訳 p.281）。交換型アプローチにしても，その背景にあるのはリーダーとメンバー間の「信頼感」である。また，行動的アプローチから見出されている人間関係中心的な行動スタイルの次元も，基本的には部下との信頼関係に関するものである。ダークスとフェリン（Dirks & Ferrin, 2002）によれば，従業員の上司に対する信頼感は，組織へのコミットメントや仕事を継続しようとする意思に影響を与える。

2. リーダーへの信頼感と勤続意思

　バトラー（Butler, 1991）は，ある特定の他者に信頼感を持つ条件を，面接や過去の研究に基づいて 10 カテゴリーに分類した（表 7-2）。角山ら（2007）は，この 10 条件をもとに作成した質問項目を用いて，上司への信頼感と勤続意思との関係を探った。この研究では，質問紙調査で得られた

表 7-2 　信頼形成の 10 条件 （Butler, 1991）

条　件	例
1. 接触可能性 availability	必要なときにはいつでも会える
2. 有能性 competence	仕事上の判断が的確である
3. 一貫性 consistency	言う事とする事が一致している
4. 慎重さ discreetness	口が堅く安心して相談できる
5. 公正性 fairness	誰にでも分け隔てのない対応をする
6. 誠実さ integrity	何事にも誠実に処する
7. 忠実さ loyalty	自分が不利になってもかばってくれる
8. 開放性 openness	自分の考えを隠さずオープンに言ってくれる
9. 約束の履行 promise fulfillment	約束したことは守ってくれる
10. 受容性 receptivity	言うことを真剣に聞いてくれる

　部下からの評価に基づいて，上司の行動を 6 つのカテゴリーに分け，それぞれがバトラーの信頼形成条件に基づく部下からの信頼感にどの程度影響しているかを見た。

　上司の好ましい行動については，「仕事に精通し部下の力になる」「誠実・公正に部下に対応する」「オープンで率直である」の 3 つのカテゴリーに分かれ，これらのカテゴリーに含まれる行動がよく見られるほど，部下からの信頼も高かった。一方，上司の好ましくない行動は，「事なかれ主義で頼りない」「部下の尊厳を傷つける」「保身と出世しか考えていない」の 3 カテゴリーに分かれ，これらのカテゴリーに含まれる行動がよく見られるほど，部下からの信頼を損ねていた。さらに，上司の行動が信頼形成条件を満たしている場合，上司に対する部下の信頼感が高まり，それが勤続意思を強めるという連鎖が確認された。信頼の構築は，リーダーシップが機能する上での基本にして不可欠の要因であるといえよう。

第8章 仕事へのモチベーション

■ 第1節 ■

モチベーションの諸相

1. モチベーションとは

　モチベーション（motivation）という用語は，日常的な言葉では，目標に向かう意欲ややる気として捉えられる。日本語では動機づけと訳される。「機」とはものごとの起こるきっかけを意味するものであり，動機づけは，目標に向かって動くきっかけを与える心の働きということになる。

　モチベーションについては，心理学の広い分野にわたって多くの研究がなされてきた。仕事へのモチベーション（work motivation）の研究も1960年代から盛んになり，今日に至っている。仕事モチベーションについては「個人の内部および外部にその源を持つ一連の活力の集合体であって，仕事に関連する行動を始動し，その様態や方向性，強度，持続性を決定づけるもの」（Pinder, 1998）という定義がよく知られている。

　モチベーションを定義するとき共通して言及されるのは，方向性，活力（強度），持続性という要素である。すなわち，モチベーションとは，目標に向けて行動を引き起こし，その行動を維持し，達成に向かわせる一連の活力ということができる。行動を遂行するためには一定の能力が必要であることは言うまでもないが，しかしたとえ能力があったとしても，

その行動へのモチベーションが伴わなければ，高い成果は得られない。逆もまた然りであり，結局，成果・成績は能力とモチベーションの相乗作用によって決まるといえる。一方が大きくとも，もう一方が小さいかあるいはゼロに近ければ，成果は望めないということになる。ロウラー（Lawller, 1971）はこのことを「成果＝能力×モチベーション」という形で表している。

仕事場面でいうなら，OJT や Off-JT などを通じて仕事に必要な能力を育てていくとともに，いかにして仕事へのモチベーションを高めていくかが重要である。特に，モチベーションは，叱られた，褒められたなど，ほんのわずかなことがきっかけで大きく変動する。ここから，集団メンバーのモチベーションをどのように維持促進していくかというモチベーション・マネジメントが，重要な意味を持ってくる。

2．モチベーションを探る視点

（1）欲求

人の内部には，生理的なものから心理・社会的なものまで，さまざまな欲求が存在する。欲求が生まれるところには何らかの欠乏状態があり，欲求を満たし欠乏状態を解消しようとする行動が生まれる。行動が具体的な目標を持ったときに，達成へのモチベーションが引き起こされる。

欲求には，飢えや渇き，性など，生命を維持するために欠かせない生理的な欲求と，人と仲良くしたい，周囲から認められたいなど，社会生活を営む上で生まれる社会的欲求（心理的欲求）がある。どちらもモチベーションの発動にとっては不可欠な要因といえる。また欲求には，魅力ある対象に接近しようとする欲求（接近欲求）と，いやな対象から離れようとする欲求（回避欲求）が仮定される。

人はこうした多くの欲求の中で生きているが，時にそうした欲求が同時に存在し対立することで，人の内部に葛藤（コンフリクト）が生じる。レヴィン（Lewin, 1935）は葛藤を，①接近－接近型（あれもこれもほしいが，選べるのはどちらか１つ），②回避－回避型（前門の虎，後門の狼），③接

近－回避型（職場は，仕事は楽しいが上司が嫌いだ）の3タイプに分類した。

　葛藤は欲求充足の妨げとなり，フラストレーション（欲求不満）を引き起こす原因となる。フラストレーションが高まると，不適切な行動が生まれる。たとえば，理不尽に部下を怒鳴る，弱い立場の者をいじめたりいたぶるといった，周囲への攻撃行動が生まれる。時には自分自身が攻撃の対象となる（必要以上に自分を責めるなど）こともある。また，普段は冷静な人が突然泣き出す，筋道を立てて判断できなくなるなどの行動（退行行動），爪を噛んだり貧乏揺すりが止まらないなどの行動（異常固着）が出てくることもある。

(2) 職場における葛藤のタイプ

　集団を活性化するには必要最小限の葛藤を維持することが求められるという考え方もある。ロビンス（Robbins, 2005）によれば，メンバーが協力的で調和のとれた組織では，かえって停滞が生まれてしまい，変革の必要性に対する感度が鈍ってしまう。すなわち，葛藤は必ずしもすべて回避すべきものではなく，場合によって組織・職場にプラスの影響をもたらすものもある。ロビンスは葛藤を，生産的か非生産的かという点から3つに大別している。

　第1に，仕事や課題（タスク）の内容や目標達成に関する考え方の違い，意見の対立が葛藤を生む（タスク・コンフリクト）。しかし，多様な考えや意見を調整していく中で対立を解消することは可能であり，集団目標達成に向けてより効果的な行動が生み出されることもある。その意味ではタスク・コンフリクトは生産的な葛藤ということができる。

　第2に，仕事の進め方や資源配分に関する意見の違い，裁量権限などの対立から生じる葛藤がある（プロセス・コンフリクト）。しかし，そうした違いを調整することが集団目標達成を促進することもある。これも生産的な葛藤ということができる。

　第3に，好き・嫌い，相性が合わないなど，人間関係の中での感情的対立や緊張が葛藤を生む（エモーショナル・コンフリクト）。こうした感情

は基本的に非合理的なものであり，これを緩和したり解消するには，多くの時間やエネルギーを費やさねばならない。メンバーは嫌悪感や不安など，負の感情を持ちながら仕事に取り組むことになり，その過程で仕事の効率や成果が低下する事態も生じる。このような点から，この葛藤は非生産的な葛藤とみなされる。

（3）レイサムとピンダーによる7つの視点

モチベーションを探る手がかりとして，レイサムとピンダー（Latham & Pinder, 2005）は，応用的な観点から7つのヒントをあげている。

第1は，欲求（needs）である。欲求については，マズロー（Maslow, 1943）の欲求階層説がよく知られているが，最も高次の欲求である自己実現欲求は，人を成長させる欲求であり，高い目標へモチベーションを喚起する。

第2は，個人の特性（personal traits）である。個人特性の代表はパーソナリティであるが，モチベーションの領域においても，パーソナリティが課題遂行に影響を及ぼすことへの関心が深まってきており，パーソナリティ特性との関連を探る研究が生まれている。

第3のヒントは，個々人が持つ価値観（values）である。価値観とは，個々人が経験を通じて獲得する，望ましい，保持したいと感じ，行動する際の判断の基準となる原理であり，行動を選択する際の規範になるものである。モチベーションは目標に向かって行動を方向づけ，行動を維持するが，多くの選択肢の中から1つの目標を選ぶにあたっては，そこで何らかの価値判断がなされているのであり，その点からすれば，価値観は目標達成を目指すモチベーションの源といってもよい。

第4はコンテクスト（文脈；context）であり，ものごとが置かれている背景にある状況や考え方，またそれらのつながりといったことを意味する。たとえば，いちいち細かなことを話さずともお互いに思いを共有できる場合には，文化的なコンテクストが高いといえる。コンテクストには，これまで見てきた欲求や価値観，あるいは信念体系などが含まれており，

モチベーションにもさまざま影響を及ぼすことが明らかにされている

　第5は人とコンテクストの適合（person-context fit）である。すなわち，人の側の変数と個人を取り巻くコンテクストの変数を切り離して考えるのではなく，同時に考慮するということである。その背景には，欲求や価値観のような人の側の変数と，国や文化の違い，集団の特徴など，人を取り巻くコンテクストとの組み合わせが，行動へのモチベーションや成果に影響を及ぼすという視点がある。

　第6は，意識や意図，期待といった認知（cognition）である。人は，目や耳から受け取った情報を解読し，知識や過去の経験をもとに対処の方略を立てていく。目標はこうした認知プロセスの中で具体化され，目標達成に向かうモチベーションが生まれる。価値観も認知であり，コンテクストをどう捉えるかも認知の枠内のことである。

　第7は，感情あるいは情動的反応（affective/emotional reactions）である。この要因には，安定した特性的な反応もあれば，特定の状況の中で一時的に生じる反応もある。情動は長期にわたって目標達成行動に影響を与える。たとえば，仲間との間に感じる信頼感や一体感などの感情が，達成への意欲や仕事満足感に効果を持つことが明らかにされている。エレツとアイセン（Erez & Isen, 2002）の研究では，幸福感といったポジティブな感情が，行動持続へのモチベーションや成果に影響を及ぼすことが明らかにされている。

3. 内容理論と過程理論

　モチベーションに関する研究はこれまで数多くなされてきているが，それらを分類する視点としては，内容理論と過程理論の2つがよく知られている。

(1) 内容理論
　第1の視点は，人は何によって動機づけられるのか，すなわち，人を動

機づけるものは何かという視点である。英語で表現するなら"what"の視点であり，モチベーションの内容理論（content theory），あるいは内容モデル（content model）と呼ばれる。内容理論では，欲求概念が基本に置かれる。その代表がマズローの欲求階層説である。

　マズローは，人の内部にある欲求は，一定の秩序あるいは階層性を持つと考えた。欲求階層は最も低次の「生理的欲求」から，最高次の「自己実現欲求」まで，5つの階層に分類される（図8-1）。ある段階の欲求が満たされていないとき，すなわち欠乏時には，人を行動に向かわせる力が生まれる。しかし，充足されるとその欲求は人を行動へと向かわせる力を失い，今度はそれよりも上位にある欲求が順次現れてくる。5段階のうちで下位から4つまでの階層の欲求を欠乏欲求と呼ぶ。しかし，最上位に位置する自己実現欲求は，その時点での充足が自己のさらなる可能性や理想の追求へとつながっていく。自己の可能性を最大限に追求しようとする欲求は限りのないものであり，これが人を精神的に成長させる。

　欲求階層説には，マズローの理論を修正し欲求を3段階に分類した，アルダファー（Alderfer, 1972）のERG理論がある（図8-2）。下位レベルの欲求充足がより上位の欲求を顕在化するという考え方はマズローと共通するが，アルダファーの理論では，これら各層の欲求が同時に活性化することもあること，そして，上位の欲求が充足されない場合にはそれよりも下位の欲求の重要度が増し，動機づけの力を強めることが仮定されている。

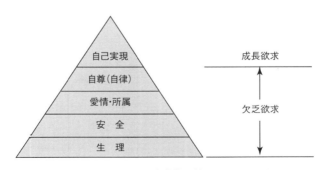

図8-1　マズローの欲求階層説（Maslow, 1943）

図8-2 アルダファーの欲求階層説（Alderfer, 1972）

(2) 過程理論

　第2の視点は，モチベーションはどのように生まれ変化するのか，英語で表現するなら"how"を探る視点であり，モチベーションの過程理論（process theory），あるいは過程モデル（process model）と呼ばれる。内容理論は，仕事場面で動機づけを始動させる要因は一体なにかについての理解を深めるには有効である。しかし，ある状況下で動機づけがどのようにして強まったり，あるいは弱まったりするのかについては，十分な説明を得ることができない。これに対して過程理論は，モチベーションがなぜ，どのようにして生まれ，強まったり弱まったりするのか，モチベーションの発動と消長の過程を探る理論といえる。代表的な理論に，期待理論，目標設定理論があるが，後者は第2節で改めて触れることにし，ここでは期待理論について概説する。

　期待理論は「期待」，別の言葉で言うなら「当人が主観的に立てる見込み」という認知要因を中心に据えた理論である。期待理論の中でよく知られているのはヴルーム（Vroom, 1964）による「道具性期待理論」である。

　この理論では，結果が持つ魅力の程度（誘意性；Valence: V），その行動が結果を得る上で役立つ見込み（道具性；Instrumentality: I），そして努力すればその結果を得ることができるだろうという見込み（期待；Expectancy: E）の，3つの要因が行動へのモチベーションを生むと考える。誘意性は魅力であり，近づきたいというプラスの魅力と，離れたいという

マイナスの魅力も考慮に入れ，＋1〜−1の範囲の数値で表す。道具性と期待は見込み，すなわち主観的な確率であり，0〜1までの範囲の数値で表す。

　誘意性には，結果それ自体が持つ誘意性（たとえば，良い成績をあげること）と，その結果がもたらす第2次結果（良い成績をあげることで周囲から認められることや，良い成績をあげることで給料が上がることなど）に対する誘意性が考えられる。道具性は，この第2次結果を得る上で役立つ見込みを示す。第2次結果は複数考えられるので，ヴルームは総和を表すΣ（シグマ）記号でこれらをまとめ，公式化している。公式中の左辺に位置する「行為への力：F」は，モチベーションの強さということができる。

$$F = E \times \Sigma\,(V \times I)$$
F：行為への力（Force）　E：期待　V：誘意性　I：道具性

　質問項目を用意し測定した数値をこの公式にあてはめることで，その活動に対するモチベーションの強さを予測することが可能になる。たとえば，Aさんは今回の仕事に意欲的に取り組んでいるのに，なぜBさんは熱が入らないのか。あるいはCさんはこの仕事には熱心に取り組むのに，あの仕事へのモチベーションはなぜ低いのか。道具性期待理論からは，こういった，ある状況下でなぜ，どのようにしてモチベーションが強まったり弱まったりするのか，モチベーションの変化のプロセスを予測することができる。

　ヴルームの予測式の根底には，人は合理的に考え意思決定をするものであるという仮定がある。すなわち，人は常に成果を最大化する選択を行う（予測式でFが大きい場合には行動をとる）という仮定である。しかし，人は「駄目でもともと」という非合理的な判断で行動することもある。成功の可能性が見えないような状況にも敢えて挑むことは，決して稀なことではなく，合理的な意思決定を前提とする予測がすべての行動を説明するとは限らない。

■第2節■

目標とモチベーション

1. 目標とモチベーション

　すでに述べたように，モチベーションとは，目標に向けて行動を引き起こし，その行動を維持し，達成に向かわせる一連の活力ということができる。目標があるからこそ方向性が定まり，努力を集中することが可能になる。目標とモチベーションとは切っても切れない関係にある。

　目標とモチベーションの関係を探る理論としては，達成目標理論（achievement goal theory）が知られている。達成目標理論では，達成状況におけるモチベーションや感情は，自らが価値を置く目標に影響され，その目標達成に向けて行動するとされる。この理論の代表的な研究者の一人であるドゥエック（Dweck, 1986）は，達成に向けた目標を2つに大別した。1つは，知識や技能を磨くことで自分の能力を伸ばすことを目指す目標で，熟達目標（mastery goal）と呼ばれる。もう1つは，自己の能力について他者から高い評価を得るとともに，低い評価を避けることを目指す目標で，遂行目標（performance goal）と呼ばれる。

　2つの目標のタイプは，人が知能や頭の良さということについて暗黙裏に持つ観念（暗黙の知能観）に影響される。すなわち，知能は生得的なものであり変わることはないという固定的な知能観は遂行目標志向者で多く見られ，知能は努力次第で変動しうるものであるという増大的知能観は熟達目標志向者に多く見られるという。達成目標理論は，社会心理学や教育心理学の領域で多くの研究が蓄積されている。

2. 目標設定理論

　わが国では1990年代に入ってから本格的に成果主義的管理が導入されるようになり，その技法として目標管理制度にも関心が集まるようになっ

た。しかし，制度としては導入が進んでも，モチベーションに及ぼす目標の効果については必ずしも十分な理解が進んでいない。モチベーションに及ぼす目標の効果については，ロックとレイサム（Locke & Latham, 1984）によって1960年代に提唱された目標設定理論が知られている。今世紀に入るまでに，すでに1000を超える膨大な研究がなされており（Mitchell & Daniels, 2003），産業・組織心理学分野でのモチベーションに関する現代の主要な理論の一つとなっている。

3. 目標設定理論からみた目標設定の留意点

（1）目標への納得性を高める

　遂行者本人が目標を受け入れている場合には，目標が高くなるにしたがい成績も上昇する。目標がさらに高くなり，能力の限界に近づいた場合でも，本人がその目標を受け入れている限りは，成績はそれ以上高くなることはないにしても，下がることもない。しかし，目標が本人の受容域を超えてしまい，受け入れを拒否するようになると，目標が高くなるほど成績は急速に低下する（図8-3）。

　すなわち，目標は納得し受け入れられることで，達成に向けてのモチベーションが促進される。しかし，目標に不信を持ったり納得していない場合は，目標が高くなると達成への意欲は低下する。いくら上司がよい目

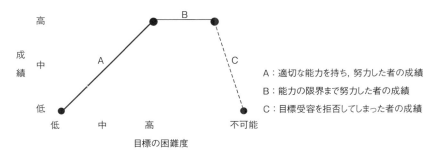

図8-3　目標の難しさと作業成績との関係　（Locke & Latham, 1984）

標，適切な目標であると思っても，実行する部下が納得していない場合には，遂行へのモチベーションは高まらない。

　一般に，参加的な目標設定では，目標の設定に自らが関与することができるため，納得感と受容感が得られやすい。ただし，外部から与えられた目標であっても，その目標を納得し受け入れた場合には，参加的あるいは自己設定目標と同等のモチベーション促進効果が期待できる。

(2) 高い目標が動機づけ効果を持つには

　高い目標が常にモチベーション促進効果を持つとは限らない。たとえば，最終的な成果のみが評価され，段階的な成功が評価されない場合には，目標が高くなり達成が困難になるとモチベーションは低下することがある。育成に主眼を置く場合には，段階的な成功を評価に加える，いわゆる加点主義的な視点も効果がある。

　目標が複雑であったり，達成に向けての手段や方略が不明確な場合，あるいは適切な解決手段を発見できない場合は，高い目標を達成するために投入するコストが大きくなり，損失も大きくなる。結果的に，目標が回避されたり，目標への関心が低下する。このような場合は，具体的な目標よりも"最善を尽くせ（do-best）"型の目標が高い成果を導くことがある。

(3) フィードバックの活用

　フィードバックとは，結果に関する知識や情報を得ること，あるいはそれらを与えることを言い，目標設定の効果を高める有効な方法である。フィードバックによってそれまでの成績や進み具合を知ることで，その後の行動計画を適切に修正することが可能になる。

　フィードバックは，それまでの進捗度合いが遅かった者に特に効果を持つ（Matsui et al., 1983）。早めにフィードバックすることも目標の持つ動機づけ効果を高める（角山，1987，1991）。作業のペースが遅い場合，フィードバックが遅くなると残された時間では修整が不可能になってしまい，目標の受け入れを諦めてしまうことにつながる。したがって，早めに，また

適宜回数を増やしてのフィードバックが効果を持つ。

■第3節■

内発的モチベーション

1. 内発的モチベーションの意味

　人が活動それ自体に没頭しているとき，そこから得られる達成感や充足感は報酬としての働きを持ち，それが行動への強いモチベーションとなりうる。デシ（Deci, 1975）は，こうした内的な報酬によって生まれる行動へのモチベーションを内発的モチベーション（intrinsic motivation）と呼んだ。

　デシによれば，人は有能でありたいという欲求（有能感）と，自分の行動は自分で決定したいという欲求（自己決定感）を持っている。有能感とは，自分を取り巻く環境を効果的に処理できる能力・力量についての感覚であり，自己決定感とは，自らが行動の主体となり，自由意思で自らの行為を選択できるという感覚をいう。

　周囲から賞賛されたり，昇給や昇進することは，外部から与えられる報酬であり，モチベーションを高める上で強い刺激となりうる。しかし外的な報酬は，一度使い出すと簡単にやめることができなくなる（報酬がなければやらない），いつも同じレベルでは報酬としての魅力が低下するといった面も持つ。外的な報酬への依存度が高まると，行動が報酬によってコントロールされているという感覚を強めることにもなり，もともとの楽しさや自由な意思の感覚を削いでしまうことにもつながる。これは，自分がその行動に本来感じていた感覚を消失させてしまう，自らの足元を掘り崩してしまうという意味で，「アンダーマイニング現象」と呼ばれる。

　これに対して，内発的モチベーションによる行動では，自らの意思で行動を自発的に決定することができ，自らの能力で状況をコントロールして

いるという感覚を持つことができる。このことが，外的な報酬に頼ることなく自らの意思で達成しようとする強い動機づけにつながる。

2. 内発的モチベーションのプロセス

内発的モチベーションはどのようなプロセスの中で変化していくのか。デシはこれを3つに要約している。

第1に，因果関係の認知が，内部から外部へと変化する場合，内発的モチベーションは低下する。たとえば，本来自分自身が感じている興味や楽しさに動かされての行動に対して外部から報酬が与えられると，行動の意味づけが内的な報酬から外的な報酬へと変化してしまう。すなわち，外部からの報酬を得るためにその行動をとるという認知に変化してしまい，内発的モチベーションが低下する（アンダーマイニング現象）。

第2に，内発的モチベーションの強さは，有能さと自己決定の感覚に影響される。有能さと自己決定の感覚が強められる場合には，内発的モチベーションは強まる。反対に，有能さと自己決定に関する感覚が弱まると，内発的モチベーションは低下する。

第3に，外的報酬にはコントロール（統制）的側面と，情報的側面の2つがある。コントロール的側面は因果律の変化に影響を与える。たとえば，現在の行動について，外部から報酬が与えられるからやっていると認知されると，外的報酬によるコントロール感が強まり，内発的モチベーションは低下する。一方，同じ報酬であっても，有能感や自己決定感を確認できる情報（「自分の能力が評価された結果として正当に得られた報酬である」）と認知されると，内発的モチベーションは促進される。

3. フロー体験

仕事であれ日常生活場面であれ，外部からの刺激が全くない行動は見当たらないといってよい。始まりは指示や命令，あるいは金銭的な報酬目当

ての「やらされ感」であっても、取り組んでいる中で自分の思いや関心が強まり、やがてその活動や仕事にのめり込んでいくこともある。すなわち、外発的モチベーションと内発的モチベーションとは、相互に対立あるいは排他的な関係にあるのではなく、初めは外発的な刺激による行動であっても、やがて内発的なモチベーションによる行動となることもある。

のめり込みへの極致というべき状態を、チクセントミハイ (Csikszentmihalyi, 1990) は「フロー (flow)」と名づけた。好きなことに寝食を忘れて没頭し、気づいたら朝になっていたなど、没我の境地ともいうべき状態であり、内発的モチベーションによる活動の究極ともいえる。「流れる」という意味の通り、フローは意識の淀みない流れの状態であり、すべての意識は眼前の対象に集中し流れていく。そこでは、結果や報酬、さらには時間経過さえ意識には上ってこず、活動することそれ自体が喜びとなる。それだけに、一点に集中して自分が持つ能力の限界を極めるような状況でしか生まれないものでもある。

すべてを忘れて活動に没頭するという行為は、苦しさもあるが、それ以上に人に充足感や喜びをもたらす。その中で能力が高められれば、自分の限界点はさらに高まり、今以上の目標に挑戦しなければフローは生まれなくなる。こうしてより高次の段階を目指すことで人は成長していく。フローは成長を促す体験であるということができる。

COLUMN ⑥

楽観的思考と業績の関係

　ポジティブ心理学の提唱者であるセリグマンとシュルマン（Seligman & Schulman, 1986）によれば，人は自分に起こった出来事をどのように説明づけるかという「説明スタイル」を持っている。その基盤となる概念は，楽観的思考傾向（楽観主義）と悲観的思考傾向（悲観主義）である。楽観主義者は，自分に起こった悪い出来事に対して，その原因が自分以外のものにあり（外的），その原因は一時的なものであり（変動的），その原因が他のことに及ぶことはない（特定的）と考える傾向がある。一方，悲観主義者は，それが自分に原因があり（内的），その原因が今後も続き（安定的），自分のなすこと全般にそうしたことが及ぶ（普遍的）と考える傾向がある。

　生命保険会社の営業員を対象に行ったセリグマンらの研究では，楽観主義的営業員のほうが悲観主義的営業員よりも販売成績が高く，離職も少なかった。すなわち，楽観主義・悲観主義という説明スタイルの違いが，実際の販売成績と仕事継続率に差を生み出していた。

　角山ら（2010）は，生命保険会社の女性営業員372名を対象にセリグマンらの研究結果の追試を行い，説明スタイルを測定する質問紙への回答結果と成績指標との関係を調べた。結果は，悪い出来事についての説明スタイルの違いで見た場合には，成約件数，契約高ともに楽観主義群のほうが悲観主義群よりも統計的に有意に高い成績を示した。すなわち，悪い出来事であっても楽観的に考えることのできる者のほうが販売成績は高かった。さらによい出来事と悪い出来事の双方についての説明スタイルで比較した場合も，楽観主義群のほうが悲観主義群より高い販売成績を示した。また，早期離職者について調べてみると，悪い出来事への楽観的思考が弱い（悲観的思考が強い）ことが明らかになり，セリグマンらの研究結果が日本においてもあてはまることを示すものといえる。

　セリグマンらは，悲観的思考を弱め楽観的思考を強める方法として，「3つのよいこと（three good things）」という方法を紹介している。これは，夜寝る前に，その日に経験したどんな小さなことでもよいので，自分がよかったと思えることを3つ思い出す。そして，それはなぜよかったのかを考え，ノートにメモする。これを毎日続けるというものである。セリグマンらの研究では，これを1週間続けることで，うつ傾向の減少と幸福感の増大がみられ，その傾向は6か月を過ぎても持続した。松井ら（2010）も，上記対象者のうち49名に同様の介入を1週間行ってみた。結果は，悲観主義的営業員では仕事コミットメントが統計的に有意な上昇を示した。簡単な方法であるが，落ち込みを緩和し，ポジティブで希望的な方向に向かうきっかけとなる実践といえる。

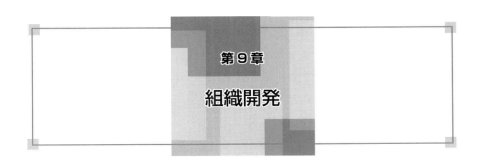

■ 第1節 ■

組織変革と組織開発

1. 組織変革と組織開発

　組織は外部環境の変化に対応してその構造や機能を変えていくことが求められる。ただ、外部からの圧力による急激な変化は、組織に一時的な安定状態をもたらすことはできても、長い目で見たときには組織全体にダメージをもたらすこともある。組織が掲げる目的の実現に向けてより効果を発揮できるよう、積極的に組織を変えていこうとする営みは、組織変革（organization change）と呼ばれる。

　これまでにも多くの企業・組織で、組織変革のための実践が試みられてきているが、そうした変革を支援するための一連の理論や技法の体系に組織開発（Organizational Development: OD）がある。中村（2007）は、組織開発を「アクションリサーチやシステム理論を含めた行動科学の知見や手法を用い、ヒューマニスティックな価値観に基づきながら、組織の効果性を高めることを目的として実施される。組織内のプロセスや組織文化などの人的要因を含めた組織の諸次元に対して、協働的な関係性を通して働きかけていく、計画的、長期的、体系的な実践である」と定義している。この定義に見られるように、組織開発にはさまざまな要因が介在しており、

研究や実践の視点が違えば，その定義もまた異なってくる。中村は多くの組織開発の定義に共通する要因として，①行動科学の知見を用いること，②組織の効果性や健全性を高めることを目的にすること，③組織内のプロセスを中心に働きかけること，④計画的な実践であること，をあげている（中村，2011）。

2．変革のエージェント

　組織開発の実践にあたっては，管理・監督者や一般従業員など，組織に働くすべての人々が参画し，変革のエージェント（change agent）として変革に向けてそれぞれの役割を担うことになる。変革のエージェントは，いわば組織に働きかけて化学反応を起こし，組織の成長を促していくための触媒ということができる。

　変革のエージェントを外部専門家に委ねることもある。すなわち，組織開発を専門とする外部コンサルタントであり，実際にはこうしたコンサルタントが入り，助言や指導をすることが多い。専門家としてのコンサルタントは，組織開発に向けてさまざまなレベルで介入を行う。たとえば，個人レベルの介入としては，目標による管理（Management By Objectives: MBO）やコーチングなどがその例である。また，グループの課題解決や意思決定，グループ内コミュニケーションのトレーニングなど，グループレベルの介入もある。さらには，組織診断の技法を通じて組織の現状や課題を浮き彫りにし，新たな制度や戦略につなげていく，組織レベルの介入もある。

　以下では人的な側面から組織内部に生じうる問題について考えていく。

■第2節■

組織と個人の適合

1. 適合の諸相

(1) 組織と個人の適合とは

　組織開発に組織にとって望ましい状態を創り出すための営みであり、そのためには組織がどのような価値を重視し、どのような価値の実現を目指すかが重要な問題となってくる。それとともに、組織行動の視点からは、人と組織はどのような関係にあることが望ましいのかという問題も重要である。人と組織の適合関係（Person-Organization fit；P-O 適合）は、組織への忠誠心や職務満足など、組織に対する態度や働き方にも影響を与える要因であり、組織開発にもつながる組織行動研究上の基本的関心事の一つである。クリストフ（Kristof, 1996）は、P-O 適合を「人々と組織の間で、(a) 少なくとも一方が必要とするものをもう一方が提供するとき、または (b) 両者が類似した基本的な特徴を共有するとき、または (c) その両方であるとき、に生じる両者の適合性である」と定義している。

(2) 適合の諸側面

　P-O 適合にはさまざまな側面がある。求められるものと能力（demands-abilities）の適合は、職務が求めているものを満たす能力をその個人が持っているかどうかという点での適合であり、採用や人事選考などに関わる適合である。欲求と供給（needs-supplies）の適合は、人が持つ欲求や価値観、興味に対して、組織がその充足の機会をどのくらい与えてくれるかに関する適合であり、仕事への適応という点で重要になる（Caplan, 1987）。たとえば、会社が標榜する価値観と共通する価値観を持つ従業員は、会社へのコミットメントも強まるが、価値観の乖離が大きくなると、離職や転職につながる。また、ブレッツとジャッジ（Bretz & Judge, 1994）は、P-O 適合を、①個人の知識、技能、能力と、職務遂行に要求されるものとの間

の適合,②個人の欲求と欲求充足を提供する組織力のシステムや組織構造との間の適合,③個人が重視する価値観と組織が有する文化や重視する価値との間の適合,④個人のパーソナリティと個人が認知する組織文化および組織特性(組織パーソナリティ)との間の適合,の4つのタイプに分類している。

　これまでの研究では,P-O 適合の度合いが仕事の成果に影響を持つことが明らかにされてきている。どのような適合関係に着目するかによって,P-O 適合が予測する成果の種類もさまざまな広がりを持つが,職務満足,離職傾向,組織コミットメント,組織市民行動(organizational citizenship behavior),職務選択決定と組織参加,個人の健康と適応,仕事態度など,広い範囲にわたって P-O 適合の影響が明らかにされている。

2. 個人の価値観と組織の価値観の適合

(1) 価値観の適合が持つ意味

　これまで紹介したように,個人が重視する価値観と組織が有する文化や重視する価値観との間の適合は,個人の働き方や組織への関わり方に影響を持つ。価値とは,個人が何が正しいかを識別したり,自分が為す選択の重要性を評価する際の,評価の基準となるものである(Dose, 1997)。

　コナーら(Connor et al., 1993)は,価値は態度よりももっと基本的な概念であり,態度の決定因であると位置づけている。いわば価値とは個人を形づくる核といえるが,同じことは組織にもあてはまる。したがって,両者の価値観が近いものであるか,あるいは食い違いが大きいかによって,組織への適応の度合いも異なってくることが考えられる。両者の価値観が近いものである場合には,人は組織目標を受け入れやすくなり,組織が行うさまざまな改革に対しても抵抗感は少なくなるであろう。反対に,両者の価値観の食い違いが大きい場合には,組織が新たな施策を取り入れる場合にも抵抗感が生まれ,人は組織に留まることに居心地の悪さを感じるであろう。

(2) プロフィール比較法を用いた研究

オーライリーら（O'Reilly et al., 1991）は上記の点に着目し，プロフィール比較法を用いて，個人の重視する価値と組織の重視する価値との一致度を比較した。オーライリーらの研究からは，両者の一致の程度が，職務満足や組織コミットメントの強さを予測する手がかりとなることが明らかにされた。

角山ら（2001）は，旅行会社の女性店頭営業員を対象に，オーライリーらの結果が日本にもあてはまるものであるかどうかを検証した。角山らの

表9-1　個人および組織の価値観測定項目（角山ら，2001）

因　子	項　目
Ⅰ．革新性	革新的である 機敏にチャンスをとらえる 実験的精神がさかんである 冒険をおそれない 積極的で野心的である
Ⅱ．細部への注意	注意深く慎重である 「規則」にもとづいて判断する 物の考えかたがおおざっぱでなく，分析的である 細かなことにも注意を払う 正確さを重視する
Ⅲ．寛大さ	寛大である 形式ばっていない 穏やかで落ちついている 物ごとを否定しないで激励するほうである 家族的な雰囲気がある
Ⅳ．実力主義	問題・衝突に真っ向から立ち向かう 伝統的な性役割にこだわらない 女性にも男性同様の責任を求める 女性にも重要な業務をさせる 男女平等に教育の機会がある
Ⅴ．成果重視	業績・成果を重んじる よい成績への期待が高い 高成績には高賃金でむくいる よい成績を賞賛する 結果を重視する

研究では，個人が重視する価値観について，過去の研究に基づき，革新性，細部への注意，寛大さ，実力主義，成果重視の5領域について25項目からなる質問紙を用意した（表9-1）。

そして，組織の価値観として自分が望ましいと感じる程度，現在属している組織でそれぞれがどの程度表れているかの程度を，7段階尺度で評定してもらった。結果は，両者の一致度が高い場合には，職務満足および組織コミットメントも高まることが明らかになり，オーライリーらの結果が日本の組織においてもあてはまることが示された。

■ 第3節 ■

ダイバーシティ

1. ダイバーシティが意味するもの

現代のマネジメントを語るとき，ダイバーシティ（diversity）は重要なキーワードの一つとなっている。日本語では「多様性」と訳されるが，そこに込められている意味は非常に広い。たとえば，性別や人種，年齢など，外見から識別できるものから，パーソナリティや趣味，習慣など一見しただけではわからないものもある。その他にも，収入や働き方，母語，宗教，所属する集団や社会など，個人のあらゆる特性や属性は，個人の持つ多様性や広がりの可能性を示すものであり，すべてがダイバーシティの手がかりとなる。

ITの爆発的な進化によって，組織を取り巻く環境も大きく変化している。グローバル化に伴い組織構成員もさまざまな国や人種が入り交じり，文化や習慣の違いがコミュニケーションの障害となることも少なくない。組織に働く女性や少数者の権利を保障することも，マネジメント上の重要な課題となってきている。こうした問題や課題に取り組む上で，ダイバーシティへの理解は不可欠である。日経連ダイバーシティ・ワーク・ルール

研究会（2002）は，ダイバーシティを「従来の企業内や社会におけるスタンダードにとらわれず，多様な属性（性別，年齢，国籍など）や価値・発想をとり入れることで，ビジネス環境の変化に迅速かつ柔軟に対応し，企業の成長と個人のしあわせにつなげようとする戦略」であると位置づけている。ダイバーシティをどうマネジメントしていくかは，組織の成長と個人の仕事生活の充実を目指す上で取り組んでいくべきこれからの課題である。

2．異文化間コミュニケーション

(1) ニスベットらの研究

　グローバル化の進展は，組織における人々の行動にもさまざまな影響を及ぼしている。たとえば，グローバル化ということが言われ始めた当初は，グローバル・スタンダードといえばほぼ西欧，殊にアメリカの文化や習慣をイメージしてのスタンダードといっても過言ではなかった。しかし，多くの国や人種・民族がインターネットを介して瞬時につながる現在，グローバル・スタンダードには多くの面で人々が持つダイバーシティの問題が介在するようになってきており，一口にはスタンダードを語れなくなってきている。

　ニスベット（Nisbett）は，人の思考や理解の枠組みが，育った文化によっていかに影響を受けているかについて，興味深い研究を行っている。たとえば，増田とニスベットは，アメリカ人と日本人の大学生に水中の様子を描いた20秒のアニメーションを見せた後，記憶を再生させた。すると，日本人学生は，水草や石，泡など背景的な要素について回答した割合が，アメリカ人学生に比べて6割以上も多かった。また，日本人学生がまず初めに環境的な説明から入るのに対して，アメリカ人学生はアニメーションの中心となる大きな魚から話を始めることのほうが，日本人学生よりも3倍以上多かった（Masuda & Nisbett, 2001）。

　一連の研究を通してニスベットは，東洋人は「包括的思考」をとるのに

対して西洋人は「分析的思考」をとるとしている。すなわち，東洋人は「森全体を見渡す」思考であるのに対して，西洋人は「大木を見つめる」思考様式であるという（Nisbett, 2003）。

このように，育った文化によって思考様式が異なってくるとすれば，それは組織においても国や文化を異にする従業員間の行動の違いとなって現れるであろうし，仕事の進め方にも違いが出てくるであろう。実際，海外企業との交渉場面での異文化摩擦や，海外赴任先での思いもよらない異文化体験の実際が，多くのビジネス書などでも取り上げられている。

(2) ホールらの研究

ダイバーシティの問題は，異文化間コミュニケーションの問題にもつながる。一例として，文化人類学者のホールとホール（Hall & Hall, 1987）は，文化によって時間の知覚にも差異が見られることを指摘している。ホールらは，一時に1つのことだけに注意を集中し，それのみを行うような時間のシステムをモノクロニック時間（Mタイム）と呼び，一時に多数の事柄に関与するような時間のシステムをポリクロニック時間（Pタイム）と呼んだ。両者は水と油であって絶対に混じり合わない（Hall & Hall, 1987）。

モノクロニックな時間が支配する文化では，スケジュールをきちんと組むことが重視され，一時に1つのことを遅滞なく果たしていくことが求められる。いわば時間は1本の道であり，スケジュールによって分割されることを前提にしている。これに対してポリクロニックな時間が支配する文化では，多くのことが同時に生じ，スケジュールをこなすよりも人間関係が重視される。多くの人が関わってくるので，途中で邪魔が入ることも日常茶飯に生じる（Hall & Hall, 1987）。こうした文化的背景の異なる人々が国際的なビジネスの場で向き合う場合，そこには議事の進め方や優先順位の置き方などでさまざまな軋轢が生じる。組織内部においても，MタイムとPタイムそれぞれの文化で育ったメンバーが，互いに理解し合うことに大きな困難を抱えてしまう状況も生まれる。

ホールらはこの他にも，論じようとするテーマについて予め相手がどの

程度知っていることを前提としてコミュニケーションをとるかについて，ハイ・コンテクストとロー・コンテクストの文化があることにも言及している。コンテクスト（context）とは「ある出来事を取り囲む情報」を意味する（Hall, 1976）。コンテクストの程度が高い（ハイ・コンテクスト）文化では，相手がコミュニケーション内容に関する背景情報を持っていることが前提となっているため，あまり多くを話す必要がない。また，話された言葉は，状況の流れをつかむことでその意味が明白になる。一方，コンテクストの程度が低い（ロー・コンテクスト）文化では，相手が背景情報を持っていないことを前提としているので，具体的で丁寧な説明が必要になる。話される言葉は語句のとおりに理解されるので，あいまいな表現は避けられる。

　一般に，日本人とアメリカ人を比べた場合，日本人はハイ・コンテクスト文化に属し，アメリカ人はロー・コンテクスト文化に属しているといわれる。コンテクストの違いは，組織内あるいは組織間のコミュニケーションを促進する場合もあれば，思わぬ誤解を生むこともある。レイサム（Latham, 2007）は，モチベーションに影響を与える変数の一つとしてコンテクストを取り上げ，コンテクストがさまざまな方法で従業員の行動に与える影響への理解がまだ不十分であることを，ジョンズ（Johns, 2006）の研究を引いて論じている。

3．セクシュアル・ハラスメント

（1）男女雇用機会均等法とセクハラ

　1986年に男女雇用機会均等法が制定され，働く場において女性であることを理由とする一切の差別が禁止された。1997年には改正男女雇用機会均等法が施行されて，セクシュアル・ハラスメント防止の義務化や罰則規定が盛り込まれ，2007年の改正では男女双方に対する差別禁止が追加された（表9-2）。

表 9-2 男女雇用機会均等法変遷の概要 (厚生労働省 雇用均等・児童家庭局 雇用均等政策課)

名　称	施行	概　要
男女雇用機会均等法	1985	・募集・採用，配置・昇進 　→女性を男性と均等に取り扱う「努力義務」 ・教育訓練，福利厚生，定年・退職・解雇 　→女性に対する差別的取扱いの禁止 ・紛争解決の援助：助言，指導，勧告，調停 ・行政指導 ・あわせて労働基準法等を改正 　　残業規制の上限を引き上げ 　　深夜業可能な業務の拡大 　　母性保護以外の危険有害業務の規制を大幅に解除 等
改正男女雇用機会均等法	1997	・努力義務規定の解消 ・事業主に対するセクシュアルハラスメント防止措置の義務化 ・ポジティブ・アクションに対する国の支援 ・母性健康管理措置の義務化 ・行政指導に従わなかった場合の企業名公表制度 ・あわせて労働基準法等を改正 　　女性の時間外・休日労働，深夜業の規制の解消 　　多胎妊娠における産前休業期間の延長 等
改正男女雇用機会均等法	2006	・男女双方に対する差別の禁止 ・差別規定の強化，間接差別の禁止の導入 ・妊娠，出産等を理由とした不利益取扱いの禁止 ・セクシュアルハラスメント対策の強化 ・ポジティブ・アクションの効果的推進方策 ・実効性の確保 ・あわせて労働基準法を改正 　　女性の坑内労働規制の緩和 等

　さらに2017年からは，上司・同僚からの職場における妊娠・出産等に関するハラスメント防止対策の措置が義務づけられた。

　このように，セクシュアル・ハラスメント（セクハラ）防止の問題はダイバーシティとの関連でも重要項目として注視されるようになってきている。セクハラは，米国では1980年に連邦報奨制度保護部会によって公的な調査が全国的に実施されているが，日本で同種の調査が実施されたのは1993年であり，10年以上の開きがある。また，米国ではすでに1972年に，セクハラを職場における違法行為と認定しているが，日本での違法行為認

定はアメリカに遅れること20年，1992年の福岡地裁判決が最初であった。これ以来，日本の企業・組織，学校でもセクハラ防止対策の窓口が設けられるようになったが，セクハラ被害は現在に至るまで解消されているとは言いがたい（図9-1）。

セクハラは，一般的には受け手が望まない性的な言動や行為を指す。人事院規則ではセクハラとは，「他の者を不快にさせる職場における性的な言動及び職員が他の職員を不快にさせる職場外における性的な言動」（第

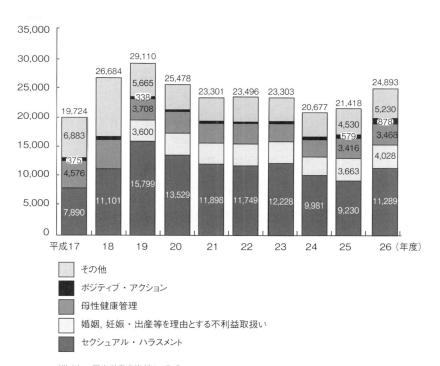

図9-1 男女雇用機会均等法に関する相談件数の推移（相談内容別）
（内閣府共同参画局 男女共同参画白書 平成28年度版）

2条1項)であり,セクハラ行為の認定は職場外にも及ぶ。さらにセクハラに起因する問題として,「セクシュアル・ハラスメントのため職員の勤務環境が害されること及びセクシュアル・ハラスメントへの対応に起因して職員がその勤務条件につき不利益を受けること」(第2条2項)と定めている。

セクハラ以外にも,パワー・ハラスメント(パワハラ)やマタニティ・ハラスメント(マタハラ)の訴えも多くなっており,ハラスメント防止に向けた多方面からの継続的な努力が必要である。

(2) 組織におけるセクハラ研究

セクハラの分類については,職場に女性の水着ポスターを貼ったり卑猥な冗談を言うなど,仕事環境に悪影響を与えるような性的言動(環境型セクハラ)と,仕事上の地位や権限を利用して相手に利益や不利益を与え,その対価として性的関係を迫る言動(対価型セクハラ)がよく知られている。また,フィッツジェラルドら(Fitzgerald et al., 1995)はセクハラを,①一般的な,性差別的で不快な言動(gender harassment),②相手の望まない性的な誘いや注目(seductive behavior),③対価を示しての性的関係への誘い(sexual bribery),④脅しによる性的関係の強要(sexual coercion),⑤直接的な脅しや暴力による性的関係の強要(sexual assault)の5つに分類している。番号が大きくなるほど深刻さの程度は強くなる。

角山らは,フィッツジェラルドらの研究をはじめいくつかの研究を参考に,女子大学生を対象とした実験的研究(Matsui et al., 1995)や,女性従業員を対象とした研究(角山ら,2003)を行い,以下のような傾向を見出した。

・職場での男性からの軽い身体接触であっても,それが背中などよりも尻などであった場合には,その行為はより不適切で性的な脅威をもったものであるとみなされる。
・男女平等的で進歩的な性役割観を持つ女性は,保守的性役割観を持つ

女性に比べて，身体接触を伴う行為をより不適切であるとみなし，はっきりとした対処反応を求める傾向がある。
・自尊心の低い女性は，高い女性に比べて，身体接触を伴う行為をより性的脅威とみなしやすい。
・セクハラにルーズな組織風土がセクハラの発生に影響を及ぼす。

近年は世界的にも LGBT（Lesbian, Gay, Bisexual, Transgender）に対する理解の機運が高まってきているが，クイックとマクファディエン（Quick & McFadyen, 2017）の研究では，LGBT の人々は，社会・文化的な性差（ジェンダー）と生物学的な性差（セクシャル）の両面でハラスメントを受ける傾向が強い。ダイバーシティの実現には，多様な属性や価値・発想を取り入れることが必要とされるが，多様な属性には性別も含まれている。個々人の意欲，能力，適性に基づく公正な取扱いを保障する男女雇用機会均等法の趣旨からも，LGBT の人々の働き方については今後の研究と取り組みが必要である。

COLUMN ⑦

セクシュアル・ハラスメントの説明モデル

　セクシュアル・ハラスメント（セクハラ）がなぜ生まれるかについての説明には，これまで以下のようなモデルが考えられている。

1. 生得的・生物学的モデル：セクハラは実は「ハラスメント」ではない。つまり，男性が女性に比べて生物学的に強い性的動因を持っていることが原因で起こるのであって，男性にとっては女性をいじめる（ハラスメント）意図はそもそもない。したがって，職場でも他の場所でも，男性は女性に対して性的に積極的なやり方で行動する。その行動の一部が女性にとっては望ましくないものと受け止められる。

2. 組織モデル：組織が持つ階層構造は，その階層性に応じた勢力（パワー）を生む。ハラスメントは，上位者がその勢力を行使して下位者を服従・統制するための手段の一つとしてなされるものである。上司が部下に対してセクハラをするのも，自らが持つ仕事上の権限の延長であり，そうすることによって部下を自分の支配下に置こうとすることの表れともみなすことができる。他にも，職場の男女比，仕事の上での異性への接触頻度，職業規範，仕事の代替可能性，苦情申告手続きの有効性などは，セクハラを生む組織要因となる。

3. 社会文化的モデル：セクハラは，社会一般には男性が優位な立場にあるという，社会的文脈を背景として生まれる。ここではハラスメントは，女性が成長することを抑え，女性を仕事の場から排除しようと脅かすことで，就労上も経済上も女性に対する男性の優位性を維持しようとするメカニズムの一つとみる。成長の過程では，男性は攻撃的で自己主張することが，女性は受動的で従属的であることが期待される。男性と女性は，この優位性と従属性の構造を維持するように社会化されていく。

4. 性役割流出モデル：性役割を背景とした期待を仕事の場に持ち込むことがセクハラを生む。男性が優位な職場では，女性は少数派であるがゆえに目立つ存在となって，仕事役割よりも性役割のほうが目立つ特徴となり，セクハラが生まれる。したがって，男女比が偏っているような職場ではセクハラが生じやすい。また，女性が多く働いていて仕事役割と性役割が重なるような仕事では，女性に対するセクハラが生まれやすい。

　セクハラは被害者が抗議の声をあげにくく，また声をあげることが二次被害につながるおそれもあって，実際には沈黙や無視でやり過ごすことも多い。しかし最近では，米国を起点にネット上でセクハラ被害を公表する「#MeToo」運動が世界的に広がりを見せており，セクハラを断罪し被害者に寄り添う連帯の意識と活動が拡大している。

第3部

働く人の安全と健康
―作業部門―

産業・組織心理学がかつて産業心理学と呼ばれていたとき，工場や建設現場で働く労働者の作業を改善し，生産性や効率性を高めるとともに，働く人の安全と健康を守ることが産業界から，そして社会から期待されていた。作業部門は，そのような産業心理学の伝統をまっすぐに引き継ぐ領域である。産業心理学の祖と呼ばれるミュンスターベルク（Münsterberg, 1913）も，『心理学と産業能率』と題する本の中で，「最良の仕事」を研究目標の一つに位置づけている。現在では生産性・効率性に直接関わる心理学研究は少なくなり，安全衛生に関わる研究と実践が中心になっている。

　第10章では，まず，労働災害をはじめとする，産業活動に伴うさまざまな事故の現状を認識するところから始め，事故の要因となる人間の行動や判断について心理学の知見をもとに理解する。

　産業革命以来，技術システムは加速度的に高度化，複雑化，巨大化してきたが，1960年代頃からその技術システムを操作する人間のエラーで大規模な事故が頻発するようになった。そこで注目されるようになったのがヒューマンエラーである。ヒューマンエラーの発生メカニズムについては心理学からのアプローチを中心に代表的なモデルを紹介する。意図的な違反とリスクテイキング行動は，ヒューマンエラーに含める考え方と含めない考え方があるが，いずれにしても事故の要因となる不安全行動なので，その要因とメカニズムを解説する。

　そのうえで，事故を予防するためのさまざまな安全対策と，安全に関する重要な組織的要因である安全文化について学ぶ。

　第11章では，疲労とストレスを取り上げる。これらは，安全だけでなく，働く人の心身の健康に深く関わる問題であり，現在，心理学が取り組まなければならない安全衛生上の最も重要な課題といえる。

　最初に産業疲労と休息，睡眠の関係を理解したうえで疲労の測定，評価，管理について学ぶ。次に，疲労が睡眠や休養によっても回復しない状態となった過労，そして過労に起因する疾病と自殺について，わが国の現状を概観する。さらに，ストレスに関する理論と，2018年から公認心理師が実施者になれることが決まったストレスチェックについて触れる。過労や職務ストレスによって引き起こされるメンタルヘルスの問題を解決するためにとられている国の政

策についてもやや詳しく説明したい。

　第12章は作業，モノ，環境のデザインの話である。先に「現在では生産性・効率性に直接関わる心理学研究は少なくなった」と述べたが，作業方法，作業時間，作業に用いる道具や設備，作業環境の設計は，生産性，効率性，安全性に直接関係がある。現在，この領域は「人間工学」と呼ばれているが，人間工学と心理学は深い関係があり，多くの心理学者，心理学出身者がこの領域で活躍している。

　本章では，最初に，今世紀初頭に行われた作業研究を振り返り，次に，作業負担，なかでもメンタルワークロードの測定手法を学ぶ。作業負担が高すぎても低すぎても作業パフォーマンスに悪い影響が出るので，機器のデザインを改良したり作業の負荷をコントロールすることで負担を適正化する。そのために作業負担の測定・評価が必要なのである。

　ヒューマンエラーの要因は個人，集団，組織の中にあるだけでなく，技術システム（道具，機械，ソフトウェア）と人間の関係性，相互作用の中にも存在する。計器や警報がわかりにくいため誤解し，エラーをおかして結果的に事故に至るケースがある。ヒューマンファクターズという研究・実践領域はモノのデザインに実験心理学を応用するところから出発した。現在も多くの心理学出身者がこの領域に関わっている。本章の後半では，ヒューマンファクターズがどのような研究・実践領域なのかを解説し，エラーを防ぐデザイン原則など，具体例をあげて紹介したい。

　最後に，快適な職場環境について簡単に触れて第3部を閉じる。

■ 第1節 ■

労働災害

1. 労働災害の基礎

　仕事中に怪我をしたり，仕事が原因で病気になったりすることを労働災害（労災）という。労働安全衛生法の定義では，「労働者の就業に係る建設物，設備，原材料，ガス，蒸気，粉じん等により，または作業行動その他業務に起因して，労働者が負傷し，疾病にかかり，または死亡すること」（表記を一部変更）である。

　わが国では毎年1,000人程度の人が労働災害で死亡し，10万人以上が怪我をしたり病気になったりしている。かつては，6,712人もの労災死亡者を数えたことがあるが（戦後のピークは1961年），1972年の労働安全衛生法の施行を契機に大幅に減少した。なお，わが国の労働災害統計においては，通例，死傷者数は死亡者数と4日以上の休業災害（怪我や疾病で仕事を4日以上休んだ人数）の合計値である。なお，通勤・退勤の途中で事故にあう場合も，労働災害と認定される。

　業種別では，死亡災害は製造業，建設業，陸上貨物運送業に多いが，死傷者数でみると，小売り，卸売り，飲食店，旅館，社会福祉，ビルメンテナンス，産業廃棄物処理などを含む種々の第三次産業の合計が，労働災害

死傷者数の半数近くを占める（厚生労働省，2018a）。

また，事故の型としては，転倒，転落，はさまれ・巻き込まれ，交通事故などが多い。特に，交通事故は死者数の約20％を占めている。近年はさまざまな業務で自動車を利用することが多いので，顧客や取引先，作業現場に向かう途中や，職場に帰る途中で交通事故にあうケースが増えているのである。

2. 労災保険制度と過労死

死亡や傷病の原因が労働災害であると労働基準監督署によって認定された場合は，治療費が給付され，休業補償も給付される。後遺障害が残ればそれに対する補償，死亡した場合は遺族に対する補償給付，葬祭費の補償もある。これらの財源は労働者災害補償保険（労災保険）によって賄われている。労災保険の保険料は事業者が全額負担する。また，前述の通勤災害も労災保険の給付対象となる。

2000年に，最高裁判所は，3件の裁判で，うつ病や脳血管疾患について過重労働の影響を認定し，雇用者による賠償と，国の労災認定を求めた。これを受け，翌2001年に厚生労働省は労災認定基準を改正し，脳血管疾患および虚血性心疾患や，精神障害およびそれによる自殺も，長時間勤務や心理的負荷との関係が認められれば労災と認定するようになった。脳血管疾患および虚血性心疾患に労災保険が支給される件数は毎年300件前後（うち死亡は100件前後），ストレスによる精神障害や過労自殺に労災保険が支給される件数は毎年500件前後（うち自殺は100件弱）である（厚生労働省，2018b）。

過労とストレスについては第11章で詳述する。

■第2節■

安全と品質に関わる人的要因

1. 事故と人的要因

　労働災害を伴う伴わないにかかわらず，産業，交通，医療の現場でさまざまな事故が起きている。たとえば，工場内の爆発や火災，高圧ガスの噴出・漏洩，建設現場足場の倒壊，鉄道事故，航空機墜落，船舶の衝突・沈没などである。商品として出荷された食品で健康被害が出たり，金属片が混入していたりする場合も（意図的な犯罪でなければ）産業活動に伴う事故と言える。

　これらの事故は乗客や周囲の道路利用者，近隣住民に被害が及ぶことが多く，新聞やテレビで大きく取り上げられることが多い。事故を起こした事業者は社会から批判を受け，場合によっては責任者が刑事責任を問われ，莫大な損害を被り，被害者から多額の賠償を求められ，顧客や消費者の信用を失って事業活動の停止に追い込まれかねない。

　多くの事故には，人間の判断ミスや操作ミスや違反行為といった人的要因（ヒューマンファクター）が関連している。人的被害が伴わない品質上のトラブル，設計ミス，製造ミス，発注ミスなどにも人的要因がからむ。このような安全や品質を阻害する人間の失敗をヒューマンエラーと呼ぶ。

　人的要因にはヒューマンエラーの要因となる，人間の一般的認知特性，疲労や作業負担，個人的資質や性格，教育・訓練，管理・監督体制，集団力学，職場風土，組織文化などが含まれる。これらはいずれも心理学の各分野の研究テーマと密接に結びついている。

2. ヒューマンエラーの定義

　ヒューマンエラーの定義には信頼性工学的立場からの定義と，認知心理学的立場からの定義がある（芳賀，2018a）。

前者の典型は，サンダースとマコーミック（Sanders & McCormick, 1987）による「効率や安全性やシステム・パフォーマンスを阻害する，あるいは阻害する可能性がある，不適切または好ましからざる人間の決定や行動」である。ここでは，ヒューマンエラーはシステムの働きに害をなすものであり，生産システムから求められている人間の役割を果たすことに失敗した事例とみなされる。つまり，人間のオペレータや保守作業員がやるべきことをしなかった，あるいはできなかったために生産が止まったり，事故が起きたりすることであり，その確率は人間信頼性として，機械システムの信頼性と合わせて分析され，システム全体の信頼性を高めるための設計や改善に利用される。

　認知心理学者たちはヒューマンエラーの発生プロセスに関心を寄せる。たとえばリーズン（Reason, 1990）は「エラーとは，計画した一連の人間の心理的活動または身体的活動が意図した結果を達成できず，かつこれらの失敗を何らかの偶然の作用の介入に帰することができない場合を包括する総称的な用語とする」としている。つまり，人間の行為や判断の意図と結果の食い違いをエラーとみなしていて，システムやハードウェア，ソフトウェアと無関係に定義されているのである。そして，エラーの発生メカニズムを理解することが，エラーを減らす対策や，エラーをおかしにくいシステム設計に役立つと考える。

3. ヒューマンエラーの分類とモデル

(1) ATS システム

　ノーマン（Norman, 1981）は行為スリップ（action slip；動作のうっかりミス）の発生メカニズムを説明するために，スキーマの活性化という認知心理学の概念を動作に適用したアクション・トリガー・スキーマ（ATS）システムを提唱した。このモデルによると，行為を意図すると，その意図を達成するために必要な行為スキーマ（記憶された動作パターン）が活性化する。「活性化」とは認知心理学の重要概念であり，長期記憶の中の知

識や記憶が作業記憶（ワーキングメモリ）に移されて利用可能な状態になることを指す。ノーマンは記憶された行為についても同様の機序が働き，行為が実行される前に活性化のプロセスを経ると考えたのである。そして，前の動作が終わったり，状況が整ったり，他者から合図があったりすると，それがトリガー（引き金）となって行為がなされるとした。

たとえば，「歯磨きをしよう」という意図が形成されると歯磨きに必要な行為スキーマが活性化する。そして，洗面所に行って歯磨き粉のチューブを左手にとり，右手でキャップを外してから歯ブラシを取り，歯ブラシに歯磨き粉を付け……という動作スキーマが次々に実行される。この一連のプロセスは意識しなくても進んでいくので，普段歯磨き粉が置いてある場所に洗顔フォームがあっても気づかないで歯ブラシに付けてしまうというようなエラーが生じるのである。あるいは，電話が鳴って受話器を取ると，それがトリガーとなって，自宅なのに「はい，○○社です」と答えてしまったりする。

ATSシステムは日常生活や仕事上のうっかりミスが起きるプロセスを上手に説明し，さまざまなタイプのミスを分類するのにも役立つ。何よりも，認知心理学がヒューマンエラーを理解するのに役立つことを示した功績は非常に大きく，ヒューマンエラーに関する心理学研究がその後大きく発展する契機となった。

(2) SRKモデル

ラスムッセン（Rasmussen, 1986）は原子力発電所の運転員など，工業システムの監視操作をするオペレータの認知制御を3つのレベルで説明した。すなわち，スキルベース，ルールベース，知識ベースである。

スキルベースの制御は考えなくてもいつもどおりの操作ができるところまで熟練した技能であり，記憶された（からだが覚えている）動作のパターンが自動的に呼び出されて実行される。

ルールベースの制御は，状況に応じて適用すべきルールを記憶から呼び出し，そのルールに従って操作を行う。ルールは予め教育や訓練をとおし

て覚えておかなければならない。

　知識ベースの制御は，予め定められたルールでは対処できない状況に必要な情報処理方略であり，的確な状況認識と，システムに関する知識を総動員して判断し，行うべき操作を決定・実行することで問題解決を図る。

　スキルベースで対処できなければ，ルールベースに，ルールベースで対処できなければ知識ベースにレベルを上げて対応する。それぞれのレベルに特有のエラーがあり，適切なレベルで処理しない場合もエラーが起きる。このモデルをスキル（skill）・ルール（rule）・知識（knowledge）の頭文字をとってSRKモデル，あるいはモデルを図示したときの形にちなんで「ラダーモデル」と呼ぶ。

(3) GEMS（包括的エラーモデリングシステム）

　リーズン（Reason, 1990）はラスムッセンのSRKモデルとノーマンのATSシステムを統合して，ヒューマンエラーを包括的に整理し，認知心理学の立場から詳細に説明した。さらに，産業現場で事故の要因となる人間の不安全行為について，違反を含めて4つに大分類した（図10-1）。

4. 違反とリスクテイキング行動

(1) 違反

　事故の要因となる人間行動のうち，意図しないエラーと並んで重要なものが意図的な違反である。産業現場ではエラーの確率ができるだけ少なくなるよう，そして，エラーが起きてもできるだけ事故にならないよう，さまざまな作業手順やルールを定めている。それを意図的に破れば，事故の確率が高まることは自明である。

　ルール違反の要因として，①ルールを知らない，②ルールを理解していない，③ルールに納得していない，④ルールを守らない人が多い，⑤ルールを守らなくても注意を受けたり罰せられたりしない，の5つがあげられる（芳賀，2012）。

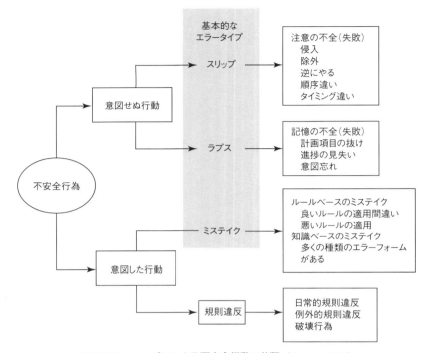

図 10-1　リーズンによる不安全行動の分類 (Reason, 1990)

　ルールが必要以上に煩雑だと感じられた場合，なぜそのようなルールに従う必要があるのかを理解していなかったり，十分に納得していなければルール遵守の動機づけが低下する。そのような状態で，急いで作業を終わらせる必要が生じたり，ノルマ達成の圧力が強まったりすると，ルールを無視して近道行動をとる可能性が高まるだろう。

　ルール違反が常態化して，多くの人がルールを無視するようになると，自分一人がルールを守ることが馬鹿らしくなる。長期にわたって取り締まりも行われなければ，ルールの存在自体が忘れられてしまう。

(2) リスクテイキング行動

　安全のルールは事故のリスクを減らすために作られたものが多い。した

がって，安全ルール違反はリスクをおかす行為でもある。意図的にリスクをとる行為をリスクテイキング行動という。

　一般的ににあらゆる行動に多少なりともリスクが伴うし，目的を達するためには少々大きめのリスクをとることが必要となることも多い。図10-2に一般化したリスクテイキングのプロセスを示した。リスクを知覚したら，それがどれくらいのリスクなのかを評価し，自らの能力や，リスクをとって成功したときのベネフィットなどを勘案して，リスクをとるか，避けるかを決める。リスク知覚，リスク評価，意思決定それぞれの段階で，その場の状況や性別，年齢，経験，性格などが影響要因として働く。一般に，男性は女性よりも，若年者は高齢者よりもリスクをとりにいく傾向が強い（芳賀，2012）。

　リスクテイキング行動を促進する要因としては，①リスクが主観的に小さいこと，②リスクをとって得られる目標の価値が高い（リスクテイキングの効用が大きい）こと，③リスクを避けた場合のデメリット（不効用）が大きいことの3点があげられる（芳賀，2000）。

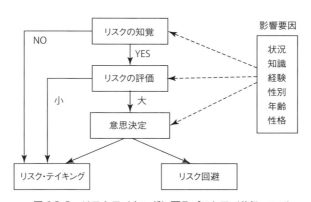

図10-2　リスクテイキングに至るプロセス（芳賀，2012）

■ 第3節 ■

安全対策

1. ハインリッヒの法則

　ハインリッヒら（Heinrich et al., 1980）は労災保険の請求資料から，重大な傷害事故の背景には軽微な傷害があり，その背景には数多くの傷害を伴わない災害（事故）があることに気づいた。その比率はおよそ1対29対300だという。さらに，傷害を伴わない災害の発生も氷山の一角であり，水面下には無数の不安全行動，不安全状態が存在することが推定されるとした。これを「ハインリッヒの法則」と呼ぶ（図10-3）。

　ハインリッヒは図10-3について次のように説明している

> 1：29：300の比は同一の人間に類似した災害が330回起きるとき，そのうち300回は傷害を伴わず，29回には軽い傷害が，1回には重い傷害が伴うことを示している。この比率は平均的場合についてのみあてはまる。傷害を伴うにせよ，伴わないにせよ，すべての災害の下には，おそらく数千に達すると思われるだけの不安全行動と不安全状態が存在する。

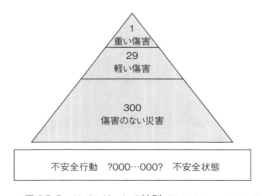

図10-3　ハインリッヒの法則（Heinrich et al., 1980）

ハインリッヒは，重大な事故を減らすには，その事例だけに注目するのでなく，被害が小さかった事故や，被害がなくて済んだ事故に着目して，その件数を減らす対策をとることが効果的だと主張している。

2. ヒヤリハット分析

産業現場や医療現場でよく使われる安全活動にヒヤリハット報告・ヒヤリハット分析がある。これは文字どおり，ヒヤリとした，ハッとした体験を集めて，危険情報を共有するとともに，必要なものには対策を講じることで，事故を予防することを目的にしている。ハインリッヒの法則からも理解できるように，ヒヤリハット体験は事故の前兆となり得る事象であり，同じヒヤリハットが繰り返されていると，傷害を伴う事故がいつ起きても不思議でない。したがって，ヒヤリハット分析はプロアクティブな（予防的，先取り型）安全対策として有効である。しかし，膨大なヒヤリハット報告の中から事故の芽となりうる少数の事例を抽出し，事故が起きる前に予算を割いて対策を実行することは意外と難しく，多くの場合はヒヤリハット報告が情報共有に留まっている。

3. 適性検査

半世紀ほど前には「事故傾性（accident proneness）」という概念があり，事故を起こしやすい行動特性を持っている人がいて，そういう人を事前に見つけ出す検査を開発すれば事故の予防になると考えられていた。しかし，同じ個人でも日々の身体的・精神的状態の変動によって行動・判断の信頼性は大きく変化する。職務に対するモチベーションの影響も大きいので，抽象的なテストでは十分な妥当性が得られにくい。何よりも，リスクへの暴露，作業環境，他者の行動など外的な条件が寄与する部分が大きいので，人間の個人差が事故発生率に寄与する程度は小さい。

したがって，安全対策として適性検査が使われる職業は限定的である。

すなわち，鉄道の運行に関わる業務（運転士・車掌など）や，航空パイロットなどである。これらは，個人の資質が鉄道や航空の安全に結びつく可能性が比較的大きいと考えられているからである。また，道路交通の職業ドライバーは，選抜試験としてではなく，適性診断という形で定期的に検査を受け，診断結果を本人や運行管理者にフィードバックすることで安全運転上のアドバイスを受けることが義務づけられている。

4. リスクアセスメント

　技術革新に伴い，産業現場には新しい機械設備や化学物質が入ってくるので，その安全な取扱い方を国や行政機関がいちいち規制することが困難になっている。そこで，機械設備や化学物質を使用する前に事業者・作業者が自主的にリスクを特定し，安全対策や安全な取扱い方を定める取り組みが2006年から義務づけられることになった（労働安全衛生法第28条の2）。これがリスクアセスメント（risk assessment）である。リスクアセスメントは，職場や作業の潜在的な危険性または有害性を見つけ出して除去，あるいは低減するための手法である（向殿，2017）。

　特定されたリスクはその大きさ（リスクが顕在化する確率と被害の大きさ）を評価し，優先順位を付けて対策（リスク低減措置）を検討する。大きなリスクは完全に除去することが望ましいが，残ったリスク（残留リスク）については，安全が確保されていない場合には作動しないようにするインターロック機構の組み込み等の工学的対策をまず第一に考え，それが難しい場合にはマニュアルや警告表示等の管理的対策で対応する。

　リスクアセスメントは，新しい機械設備を導入する際，使ったことのない化学物質を利用する際，作業方法を変更する際などに実施するほか，設備の経年劣化や労働者の入れ替わり等を考慮して定期的に実施する，既存の設備・作業については計画を立てて実施することなどが求められる。

5. 安全マネジメント

　危険源が事故として発現しないよう，組織はさまざまなバリア（安全設備や安全ルール）を構築しているが，そのバリアにはもともと穴が開いていたり，一時的に（ヒューマンエラーが起きるなどして）穴が開くことがある。その穴がたまたま一致してしまうときに事故が起きるというのがリーズン（Reason, 1997）のスイスチーズモデルである（図10-4）。

　個別の事故の再発防止対策や未然防止対策を統括して，組織・企業としての安全対策を継続的に進めていく安全マネジメントは，このチーズの穴を塞いだり，小さくしたり，チーズの枚数を増やす活動だとみなすことができる。

　現代の安全マネジメントは，品質管理システム（Quality Management System: QMS）に倣った安全マネジメントシステム（Safety Management System: SMS）の形をとって行われている。SMSの取り組みでは，各事業者，各支社・工場が安全上の目標を数値で定め，それを達成するための計画を立てて実施し，効果を検証して，次の計画につなげる，いわゆるPDCA（Plan-Do-Check-Act）サイクルを回して安全のレベルを高めていく（芳賀，2018b）。

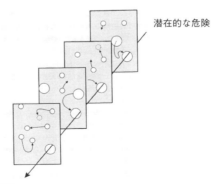

図10-4　スイスチーズモデル（Reason, 1997）

労働災害に関しては，厚生労働省が1999年に労働安全衛生マネジメントシステム（OSHMS）に関する指針を発出し，事業者が安全マネジメントシステムに従って自主的に安全衛生活動を行うことを奨励した（中央労働災害防止協会安全衛生情報センター，2006）。この指針によると，安全衛生マネジメントシステムとは，事業場において安全衛生管理に係る一連の自主的活動を体系的かつ継続的に実施する仕組みであり，事業者は安全衛生に関する目標の設定や，安全衛生に関する計画の作成，実施，評価及び改善等を行うものされている。

第4節

安全文化

　1987年に旧ソビエト連邦のウクライナ共和国で起きたチェルノブイリ原子力発電所事故を調査・分析した国際原子力機関（International Atomic Energy Agency: IAEA）は，1991年に「安全文化（safety culture）」と題する報告書を公表し，原子力発電所に安全を何よりも優先する組織文化がなかったことが事故の要因となったことを指摘した（International Atomic Enegy Agency, 1991）。この報告書でも安全文化が定義されているが，その後，安全文化は原子力プラントに限らず，さまざまな産業，交通，医療の安全にとって重要なものとされ，より一般的な定義が与えられている。すなわち，ある組織，グループの構成員が総体として，安全の重要性を認識し，ヒューマンエラーや不安全行動に対して鋭い感受性を持ち，事故予防に対する前向きの姿勢と有効な仕組みを持つとき，そこには「安全文化」があるといえる（芳賀，2000）。
　リーズン（Reason, 1997）は組織がよき安全文化を獲得するために，4つの要素を取り入れなければならないと述べた。すなわち，報告する文化，公正な文化，柔軟な文化，そして学習する文化である。

報告する文化とは，エラーやニアミスを隠さず報告し，その情報に基づいて事故の芽を事前に摘み取る努力が絶えず行われていることである。

　公正な文化とは，組織が従業員を公正に処遇する，組織の意思決定が公正に行われる，現場第一線の従業員が納得できる賞罰が与えられるなどによって，自分が働いている組織が公正であると感じられることである。

　柔軟な文化とは，組織に対する変化する要求に効率的に適応できることであり，中央集権型の管理から権力分散型の管理に切り替える能力である。緊急時における第一線への権限委譲がうまくいくためには，トップから第一線まで，事前に価値観が共有されている必要がある。

　学習する文化とは，報告された内容や，過去または他の企業や産業で起こった事故，安全に関するさまざまな情報から学ぶ能力と，学んだ結果，自らにとって必要と思われる改革を実行する意思と仕組みを組織が持つことである。

　安全文化の醸成は，すべての産業組織において最上位に位置づけられるべき目標と言っても過言ではない。

COLUMN ⑧

指差呼称

　駅で鉄道職員が線路や信号を指さして「よし！」と言っている姿を見たことがあるだろう。外国からの観光客には珍しい光景のようだが，日本人にとっては鉄道だけでなく工場などでもよく見るありふれた動作である。これを指差呼称（しさこしょう，または，ゆびさしこしょう）という。

　指差呼称は，指差し動作と，発声とを組み合わせて，操作や確認を確実にする工夫である。たとえば，確認すべき信号や計器を指さして，その表示を声に出す，操作をするスイッチやつまみを指さして，これから行う操作を発声する，操作の後，操作したスイッチやつまみを指さして，所期の結果となっていることを口に出して確認する，などである。

　指差呼称は日本国有鉄道（現在のJR各社）の現場職員があみだした信号の指差喚呼（しさかんこ）にルーツを持つ。信号を指さしてその指示（進行，停止など）を発声することで，見間違いを防ぐとともに，意識的に信号を確認することを意図している。動作をしたり発声したりすることは，また，座ったまま電車を操縦する運転士の覚醒水準の維持や注意力の持続にも役立っていると思われる。

　鉄道では信号確認だけでなく，線路上の安全確認，電車発車前の閉扉確認などさまざまな動作・操作に指差喚呼が実践されている。これを中央労働災害防止協会が指差呼称として産業界に紹介し，普及活動を行ったために，わが国の産業現場で広く普及したのである。

　芳賀ら（1996）は指差呼称のエラー防止効果を検証するための室内実験を行った。実験参加者の課題は，ディスプレイにランダムな順で表示される5色の円に対応するボタンをできるだけ早く，間違えないように選択して押す。その結果，何もしないで押す条件に比べ，指差呼称をしてから押すとエラー率は約6分の1になることが明らかになった。また，ディスプレイの円を指差するだけ，あるいは色名を呼称するだけの条件でもエラーが大幅に低減した。

　信号や標識の表示を口に出して確認する作業方法は，医療現場等では「声出し確認」，航空では「コール・アウト（call-out）」と呼ばれて，効果的なエラー防止対策として実践されている。

第11章
仕事の疲労・ストレスと心身の健康

■ 第1節 ■

産業疲労

1. 疲労と休息

　一口に疲労と言っても，筋肉疲労，眼精疲労，頭の疲れなど，種類はいろいろで，作業の種類によってさまざまなタイプの疲労が生じる。道路工事，荷物の積み卸し，伝票の整理，売り上げ金額の入力，プログラミング，化学プラントの制御，航空管制，旅客機の操縦，路線バスの運転など，産業界にはさまざまな作業があり，それぞれ疲労の種類や部位が異なることは容易に想像できるだろう。

　疲労は，人間が何らかの活動をすることによって生じ，休息や睡眠をとることによって回復する。活動によって，感覚器官や運動器官などのさまざまな身体組織が，長時間にわたって緊張しなければならないとき，それらの組織は，その機能レベルを下げて自らを守ろうとする。十分な休息をとれば，その低下した機能レベルは回復し，身体組織は再び活発な活動ができるようになる。疲労は，生命を維持する現象そのものであるということができる（斉藤，1995）。

　作業者は勤務時間中は時間的にも空間的にも作業に拘束されているので，疲労によって作業パフォーマンスが低下しないよう，適切なタイミングで

適切な長さの休憩を与えることは雇用者の責任である。

　労働基準法では6時間を超え8時間以内の労働には45分，8時間を超える労働には1時間の休憩を与えなければならないとされている．また，休憩時間は労働時間の途中に与えなければならないこと，一斉に与えなければならないこと，休憩時間は労働者が自由に使えなければならないことなどが，一部の例外的職種を除いて義務づけられている（労働基準法34条）．

　加えて，1日の労働時間は8時間以内とすること（労働基準法32条），毎週少なくとも1日の休日を与えること（労働基準法35条）などが規定されていて，疲労が蓄積せずに，長期にわたる健康的な勤労生活が送れることが図られている．

　このような法規制を守ることは事業者の最低限の義務であるが，疲労が蓄積しないように十分な休憩，休息を与えることは，経営的にも安全，品質，生産性を維持するうえで必要なことである．しかし，現実には多くの労働者が疲労の蓄積を訴えており，一部の人は心身の不調にいたって長期に勤務を休んだり離職したりする．休息や睡眠によっても回復しない疲労を過労という．過労が蓄積すると心身に重大な悪影響を及ぼすが，この問題は後で述べる．

2. 労働者の疲労蓄積度自己診断チェックリスト

　厚生労働省は過重労働による健康障害を防止するため，2004年に「疲労蓄積度診断チェックリスト」を作成して公表した（厚生労働省，2004）．

　チェックリストには，本人が記入する「労働者の疲労蓄積度自己診断チェックリスト」と，家族が記入する「家族による労働者の疲労蓄積度チェックリスト」の2種類がある．本人用では最近1か月の疲労・ストレス症状を「ほとんどない」「ときどきある」「よくある」の3段階で評価するパートと，最近1か月の勤務状況に関する質問に2～3の選択肢で答えるパートからなっている．家族用では，勤務状況に関する質問は該当する項目にチェックを入れる回答方式である．

表11-1　労働者の疲労蓄積度自己診断チェックリストの質問項目（厚生労働省, 2004）

---

1. 最近1か月の自覚症状について（「ほどんどない」「ときどきある」「よくある」の3段階で答える）

1. イライラする
2. 不安だ
3. 落ち着かない
4. ゆううつだ
5. よく眠れない
6. 体の調子が悪い
7. 物事に集中できない
8. することに間違いが多い
9. 仕事中，強い眠気に襲われる
10. やる気が出ない
11. へとへとだ（運動後を除く）
12. 朝，起きた時，ぐったりした疲れを感じる
13. 以前とくらべて，疲れやすい

2. 最近1か月間の勤務の状況について（「ない」/「少ない」「小さい」「適切である」～「多い」/「大きい」「不適切である」などから該当する項目に✓する）

1. 1か月の時間外労働
2. 不規則な勤務（予定の変更，突然の仕事）
3. 出張に伴う負担
4. 深夜勤務に伴う負担
5. 休憩・仮眠の時間数及び施設
6. 仕事についての精神的負担
7. 仕事についての身体的負担

　本人用の自己診断チェックリストの質問項目を表11-1に掲げる。家族用のチェックリストでは，疲労・ストレス症状に関する質問は，「イライラしているようだ」「物事に集中できないようだ」「以前とくらべて，疲れやすいようだ」など，勤務状況に関する質問は，「ほとんど毎晩10時過ぎに帰宅する」「家に仕事を持ち帰ることが多い」「家でゆっくりくつろいでいることはほとんどない」などである。

　それぞれのパートに対する答えから「仕事による負担度」を得点化する。たとえば，本人によるチェックの場合，負担度が2～7点の人は疲労が蓄積されている可能性があり，「勤務の状況」で「大きい」または「非常に大きい」と答えた項目の改善が必要だとアドバイスする。

3. 自覚症状しらべと自覚症しらべ

　疲労の主観的評価指標としてわが国でよく使われているのは，日本産業衛生学会産業疲労研究会による「自覚症状しらべ」である。最初の版は1954年に発表されたが，長く使われた版は1970年の改訂版である（日本産業衛生学会産業疲労研究会疲労自覚症状調査表検討小委員会，1970）。これは，疲労の自己診断チェックリストであり，30の具体的な疲労の症状が書かれた項目に○を付けるだけなので，回答が容易である。

　30項目は10項目ずつ3群に分かれており，Ⅰ群は，「頭がおもい」「全身がだるい」「あくびがでる」「横になりたい」など，「ねむけとだるさ」を表す症状，Ⅱ群は，「考えがまとまらない」「いらいらする」「気がちる」など，「注意集中の困難」を表す症状，Ⅲ群は，「頭がいたい」「肩がこる」「口がかわく」「めまいがする」など，「局在した身体的違和感」である。

　調査者は当該の作業に従事する人から回答を集め，各群の○の数を集計して「訴え率」を計算することで，作業がどのタイプの疲労をどの程度引き起こすかを評価する。さまざまな作業の負担度を評価するためや，作業改善などを行った際の効果の測定に利用可能である。

　その後，日本の産業構造の変化，ワープロやコンピュータに向かう仕事の増加などに伴って自覚症状しらべを改訂する必要性が認識されるようになった。そこで，日本産業衛生学会産業疲労研究会は2002年に，これまでのものとは項目も分類も一新した「自覚症しらべ」を発表した（酒井，2002）。

　この調査票は5群の疲労タイプに各5項目ずつが割り当てられており，回答者は25項目の質問項目のそれぞれに「まったくあてはまらない」〜「非常によくあてはまる」の5段階で回答する。5群の疲労タイプとは，ねむけ感，不安定感，不快感，だるさ感，ぼやけ感である。

　なお，自覚症しらべの調査票は日本産業衛生学会・産業疲労研究会のホームページ（http://square.umin.ac.jp/of/service.html）からダウンロードすることができる。

4. 疲労管理

　従来，わが国の疲労管理は「労働衛生の3管理」，すなわち，作業環境管理，作業管理，健康管理の枠組みの中で間接的に管理されてきた。良好な作業環境の構築，作業負荷の低減，作業者の健康状態のチェックなどが適正に行われていれば，疲労も低い水準に抑えられると考えられていたからである。

　一方，米国では，2000年以降，航空業界を中心に疲労を安全を脅かす重大なリスクと位置づけて，これを直接管理する必要性が認識されるようになった。米国航空宇宙局（National Aeronautics and Space Administration: NASA）によると，自発的安全報告制度で集められた報告の21％が疲労に関するものという。そこで，国際民間航空機関（International Civil Aviation Organization: ICAO）は，2006年に疲労リスク管理についての検討会を立ち上げ，2009年にパイロットの疲労が主要な要因で起きた事故を契機に，航空機の運航に疲労を考慮した基準が決められた（高橋，2018）。

　ICAOは2016年に乗務員の疲労リスクを適切に管理するガイドラインを制定し，運航乗務員および客室乗務員が，安全運航ができる水準の注意力を確保することを目的に，飛行時間，勤務時間，休養時間等を科学的根拠に基づいて定めること，さらに，疲労リスク管理システム（Fatigue Risk Management System: FRMS）を導入することを加盟各社に勧告している。

　わが国でも2017年に，疲労に起因した不全事象を収集分析・評価し，改善を図る体制や，疲労に関する教育制度の構築を航空事業者に義務づけた（国土交通省航空局，2017）。

　疲労リスク管理システムでは，従来の時間制限のみによる疲労管理を転換して，科学的知見に基づく疲労リスク管理が行われなければならない。また，疲労リスク管理を運用していく上では，国，会社，乗員個人それぞれが責任を果たすことが必要である（図11-1，高橋，2018）。

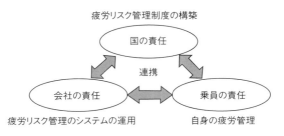

図 11-1　疲労リスク管理における国，会社，乗員の責任（高橋，2018）

なお，バス，トラック，タクシーなどを運行する事業者には，運行する自動車の数に応じた人数の運行管理者を選任することが法令で義務づけられている。運行管理者の職務は運転者の乗務割の作成，休憩・睡眠施設の保守・管理，運転者の指導監督，点呼による運転者の疲労・健康状態等の把握や安全運行の指示などとされている。運行管理者になるためには，国が指定する機関が実施する資格試験に合格する必要がある。

■ 第2節 ■

過労による病気と自殺

労働などの活動によって生じた疲労が，睡眠を含む休息によって回復されない状態を過労と呼ぶ（斉藤，1995）。

「過労死」という言葉は1980年代から使われていたが（金井，2007），第10章で述べたとおり，過重労働に起因する心臓発作やうつ病が労災と認められるようになったのは2001年からである。2017年度に保険請求が認められた脳血管疾患および虚血性心疾患（両者を合わせて脳・心臓疾患と略す）は664件で，そのうち死亡者は236人であった。同様にうつ病など（政府の統計では「精神障害」）は506件，そのうち自殺者が208人にのぼる（厚生労働省，2018a）。

近年，過労は命に関わる重大な社会問題と認識されるようになり，2014年には過労死等防止対策推進法が施行され，国が本格的に過労死を防止する対策に乗り出した。この法律では過労死を「業務における過重な負荷による脳血管疾患若しくは心臓疾患を原因とする死亡若しくは業務における強い心理的負荷による精神障害を原因とする自殺による死亡又はこれらの脳血管疾患若しくは心臓疾患若しくは精神障害」と定義している（過労死等防止対策推進法第2条）。

　この法律の規定により，2015年に「過労死等の防止のための対策に関する大綱」が閣議決定され，厚生労働省は2016年に「平成28年版過労死等防止対策白書」を公表したが，実効性のある対策が産業界に浸透したとは言いがたい。たとえば，2015年に社員寮から飛び降り自殺をした大手広告代理店の新入社員は，1か月の時間外労働が，「過労死ライン」と言われる80時間を遥かに超える約105時間に達していた。労働基準監督署は，この社員の自殺が長時間の加重労働が原因として，2016年に労災認定をした（AERA, 2016）。また，東京郊外の医学部付属病院が，医師らに労使協定の上限を上回る残業をさせたとして，2018年に労働基準監督署から是正勧告を受けたが，この病院の医師の2%が月80時間を超える残業をし，中には100時間を超えた医師も数人いたという（朝日新聞, 2018）。

　このような状況の中，厚生労働省は過労死等防止対策推進協議会を開催し，上記「大綱」の改訂を2018年に閣議決定した。改訂のポイントは，勤務終了後の休息期間を確保するための勤務間インターバルの導入に関する数値目標設定，労働行政機関が重点的に取り組む対策として，①長時間労働の削減に向けた取組の徹底，②過重労働による健康障害の防止対策，③メンタルヘルス対策・ハラスメント対策，の3つを明記したことなどである（厚生労働省, 2018b）。

■ 第3節 ■

ストレス

1. ストレスとは何か

　仕事のために心身の健康を害する要因は長時間労働に由来する疲労だけではない。とりわけ，仕事上の，あるいは職場の人間関係などに由来する職務ストレスは心の健康を脅かし，身体症状にも発展する重大なリスクである。

　ストレス（応力）とは外からの力に対して物体内部に生じる力である。生理学者のセリエは1936年に，この概念を生体の反応に初めて適用した（Selye, 1973）。セリエによると，ストレスは「生体に与えられたさまざまな負荷（demands）に対する非特異的な反応」と定義される。たとえば，寒冷，暑熱，毒物，血糖値の増加，激しい運動，悲しい出来事，辛い体験などは，それぞれ特異的反応を引き起こすが，これらの負荷から生体を守り，適応し，正常な状態を取り戻すための非特異な生物化学的反応も生起させる。セリエはこの非特異的反応を「全身適応症候群（general adaptation syndrome；一般的適応症候群と訳すこともある）」と名付けた。つまり，セリエのストレスは，有害な刺激や環境に対する適応過程に伴う生理的現象といえる。

　一方，ラザルスは心理的な問題に的を絞ってストレスを研究し，「個人の資源に何か重荷を負わせるような，あるいは，その資源を超えるようなものとして主観的に評価された要求〔demands〕」と定義した（Lazarus & Folkman, 1984）。ラザルスは個人によるストレス源の認知的評価を重視した。この評価には2段階あり，第一次評価では，ある出来事や負荷（demand）を脅威であると認知するかどうかが判定され，脅威であると認知されればストレスとなる。第二次評価では，そのストレスに適切に対処（coping；コーピング）できるかどうかが判断される。適切に対処できない場合は身体的，情動的に変化が起こり，さまざまなストレス反応を生

じる結果となる。

ストレスコーピングには，ストレスを引き起こしている問題そのものを解決しようと努力する「問題焦点型コーピング」と，気持ちの整理に焦点を置く「情動焦点型コーピング」の2種類がある。情動焦点型コーピングの中には，問題の捉え方（認知）を変えて評価しなおすことでストレスをなくしたり，対処可能なものにする「認知的再評価型」コーピングもある。

2. 職務ストレス

職場にはさまざまな潜在的ストレッサーがある。就職，退職，昇進，異動などの一過性のストレッサーもあるが，仕事の量，労働時間，仕事上のプレッシャー，人間関係，ハラスメント（パワハラ，セクハラ）など何週間も，場合によっては何年も続く負荷がある。最近では，接客など自分の素直な感情を出すことを抑えて，常に快活に，あるいは冷静な態度で働かなければならない感情労働者のストレスも注目されている。

厚生労働省の調査によると，「現在の仕事や職業生活に関することで強い不安，悩み，ストレスになっていると感じる事柄がある労働者」の割合は約6割にのぼる。その内容は，仕事の質・量，対人関係，仕事の失敗な

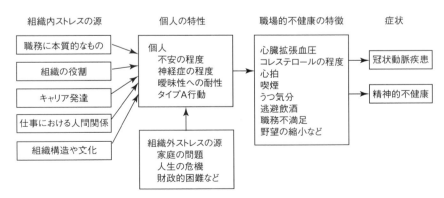

図 11-2　職務ストレスモデル（Cooper & Marshall, 1976；金井, 2007 を簡略化）

どとなっている（厚生労働省，2018a）。

クーパーとマーシャルは，文献レビューをとおして職務ストレスの要因を，職務の本質的なもの，組織の役割，キャリア発達，仕事における人間関係，組織構造や風土の5つに分類し，これらと組織外ストレッサーとが個人の特性を介して職場的不健康，ストレス症状にいたるモデルを提唱した（図 11-2，Cooper & Marshall, 1976）。彼らは，組織構造の再設計，職場と家庭のギャップを埋めること，職場内対人スキルアップのための有効なプログラム開発の必要性を提起している（金井，2007）。

3. メンタルヘルスケア

うつ病は，身体的や精神的ストレスが重なることなど，種々の理由により脳の機能障害が起きている状態である（厚生労働省，2010）。診断基準としては，抑うつ気分，あるいは，興味または喜びの喪失が不可欠であり，しばしば，易疲労性，罪責感，思考力や集中力の減退，不眠または睡眠過多，食欲の減退または増加，自殺念慮または自殺企図を伴う（DMS-IV）。躁うつ病は双極性障害が正式な診断名であり，抑うつ状態と躁状態が繰り返される疾病である。

厚生労働省によると日本のうつ病・躁うつ病は年々増えており，2016 人の患者総数は 112 万人にのぼる（厚生労働省，2017）。自殺者は漸減傾向にあるが，それでも 2 万人以上が自殺しており，そのうち 6,432 人が被雇用者・勤め人である（厚生労働省・警察庁，2018）。

職務ストレス（職業性ストレス）が発症に関連しているいないに関わらず，精神疾患患者の増加は，労働安全衛生上も大問題である。そこで，労働者の精神的健康（メンタルヘルス）をよい状態に保つ（精神健康保健）の取り組み，すなわちストレスマネジメントが重要な課題となっている（個人によるストレス対処行動をストレスマネジメントと呼ぶこともある）。

まず厚生労働省は 1988 年に改正された労働安全衛生法に基づいて，「トータル・ヘルス・プロモーション・プラン（THP）」を策定し，産業

医を中心とする保健スタッフによる健康作りプランを推進することを事業者に求めた。その主な目標は，生活習慣病予防，高齢化対策，そして精神健康保健（メンタルヘルスケア）である。しかし，その後もメンタルヘルスの問題が一層深刻化したため，2000年に「事業場における労働者の心の健康づくりのための指針」を策定した。指針はその後数次にわたって改訂されたが，働く人のメンタルヘルスケアが以下の4種類のアプローチによって行われる点は変わっていない。

〈セルフケア〉
　労働者自らが行うストレスへの気づきと対処であり，事業者は労働者に対し，セルフケアに関する教育研修，情報提供等を行うとともに，労働者が自ら相談を受けられるよう，必要な環境整備を行う。
〈ラインによるケア〉
　管理監督者が行う職場環境等の改善と相談への対応であり，管理監督者は過度な労働時間，過重な疲労，心理的負荷，責任等が生じないよう配慮するとともに，日常的に労働者からの相談に応じる。事業者は管理監督者に対し，心の健康に関する教育を行う。
〈事業場内産業保険スタッフによるケア〉
　産業医，衛生管理者等の産業保険スタッフは，管理監督者と協力して職場環境の改善を図るとともに，労働者のストレスや心の健康問題を把握し，保健指導，健康指導等を行う。
〈事業場外資源によるケア〉
　産業保険推進センター等の事業場外の機関や専門家によるケアであり，事業者は必要に応じて事業場外資源を活用する。

　事業場外資源として，一般に病院やクリニック，心理カウンセラーが想定されるが，EAP機関と契約するケースもある。EAPとは従業員援助プログラム（Employee Assistance Program）の略で，事業場内のEAPスタッフと事業場外の，つまり会社から独立したEAP機関がありうるが，わが

国では EAP は社外の独立した法人であるのが一般的で，援助内容もおもにメンタルヘルスに関わることが多い。相談を受ける従業員にとっては，会社や上司に知られずに相談が受けられるという利点があり，利用する企業にとっては自前で専門職を抱えずにアウトソーシングすることができるというメリットがある。

4. ストレスチェック

2015 年に労働安全衛生法が改正されて，従業員 50 人以上の事業場は年 1 回，全従業員のストレスチェックを行うことが義務づけられた。ストレスチェックとはストレスに関する質問票に労働者が自ら記入し，自分のストレスがどのような状態にあるのかを調べる検査である。

ストレスチェックの実施者（実施の企画をし結果を評価する人）は産業保健や精神保健に関する知識を持つ医師，保健師，必要な研修を修了した看護師，精神保健福祉士に限定されていたが，2018 年より，研修を終了した歯科医師と公認心理師が追加された（厚生労働省，2018c）。

ストレスチェックの結果は受診者にフィードバックされ，ストレスが高いと診断された者は希望により医師の面談指導を受けることができる。ストレスチェックのねらいは，うつ病の予防，早期発見にあることは言うまでもないが，事業場全体や，特定の部署で得点が平均的に高い場合，ストレス低減のための職場改善を行うことが望まれる。

COLUMN ⑨

ストレッサーとしてのライフイベント

　失恋をしたり，配偶者に先立たれたりしたら大きなストレスとなり，立ち直るまでに多くの時間を要するし，場合によってはなかなか立ち直れずに深刻なストレス症状を発症する人もいるだろう。

　ホルムズとラーエ（Holms & Ruhe, 1967）は人生に起きるさまざまな事件が引き起こす変化の大きさと，その変化に適応するまでにかかる時間がストレス性疾患の要因（ストレッサー）になると考え，社会再適応評価尺度（Social Readaptation Rating Scale: SRRS）を作成した。この尺度（というよりライフイベントの一覧表）には43の項目と，それぞれのストレス評価点がリストアップされている（下表）。

　このリストを見て一見奇妙に感じられるのは，結婚，夫婦の和解，休暇，クリスマスなど，精神的苦痛にはならないようなイベントが含まれていることである。

　ライフイベントが引き起こす情動の種類や，社会的望ましさには関係なく，その前までの生活様式を変化させる程度が大きければ，新しい環境に適応して，再び平穏な生活様式を確立するまでに多くの時間とエネルギーを要するだろう。それがストレッサーとしての大きさであり，ストレス性疾患と関連しているとホルムズとラーエは考えたからである。

　ラザルス（Lazarus, R. S.）はこの考えを，変化指向型で，生きていく上での慢性的な圧力や要求が無視されているなどとして批判したが（金井，2007），産業現場のストレスやメンタルヘルスの問題を考える上では，たしかに慢性的，すなわち持続的なプレッシャーや負荷にこそ，目を向けるべきであろう。

表　ホルムズとラーエの社会再適応評価尺度（抜粋）

ライフイベント	ストレスの評価点	ライフイベント	ストレスの評価点
1. 配偶者の死	100	18. 職種替または転職	36
2. 離婚	73	25. 優れた業績を上げる	28
3. 夫婦の別居	65	30. 職場の上司とのトラブル	23
7. 結婚	50	32. 転居	20
8. 失業	47	40. 食習慣の変化	15
9. 夫婦の和解	45	41. 休暇	13
12. 妊娠	40	42. クリスマス	12

第12章 作業と職場をデザインする

■ 第1節 ■

作業設計と作業研究

　作業設計とは，作業の方法，手順，人数，役割分担，作業量，作業時間と休憩時間の組み合わせなどを決めることである。新しく工場を建てるときでなくとも，技術革新，外注化，新製品の投入，製品デザインの変更，新しい生産設備の導入などに応じて，作業設計の修正，変更が頻繁に行われる。

　作業設計に必要な研究データを提供するのが作業研究である。この分野は，おもに生産工学あるいは管理工学と呼ばれる工学系の学問領域で行われているが，心理学者であるリリアン・ギルブレス（Lillian Gilbreth）の貢献を忘れることはできない。

　彼女はコロンビア大学のソーンダイク（Thorndike, E.）のもとで心理学を学び，1915年にブラウン大学から経営心理学の論文で学位を授与されている。1904年に技術コンサルティング会社を経営していたフランク・ギルブレス（Frank Gilbreth）と結婚し，二人三脚で作業動作の研究（動作研究）に打ち込んだ。彼ら（日本では「ギルブレス夫妻」と呼ばれることが多い）は，映画フィルムに作業を記録して分析するなどして，作業における「唯一最善の方法」を探った。そして，作業動作と作業場のレイア

ウトを次の原則に従って設計することで唯一最善の方法に到達すると主張した。

①最も疲労の少ない動作をなすこと
②不必要な動作を省くこと
③最短距離の動作をなすこと
④動作の方法を円滑にすること

これを「動作経済の原則」という（Gilbreth & Gilbreth, 1918）。
　当時の作業研究の中心はテイラー（Taylor, 1911）の「科学的管理法」であった。テイラーは作業動作を小さな要素に切り分けて時間を測定し，無駄な時間を排除することで能率を高める「時間研究」を開発した。ギルブレス夫妻の動作研究は作業研究に新たな，そして重要な方法論を付け加えた。この両者は，のちに，バーンズ（Barnes, 1949）によって「動作・時間研究」として統合され，現在に到るまで作業設計の基本となっている。

■第2節■

作業負担

1. 負荷と負担

　重いものを持ち上げたり運んだりすると負担を感じる。しかし，個人の体格や筋力，作業環境（気温や湿度）などによって，同じ重さでも感じる負担は異なる。要求される作業の量，速さ，難しさを作業負荷，作業負荷を受ける人の反応を作業負担という。国際標準化機構（ISO）によると，作業負荷（work stress）は「作業システムにおいて，人の生理的・心理的状態を乱すように作用する外的条件や要求の総量」，作業負担（work strain）は「作業負荷が個人の特性や能力と関連して与える影響」と定義

されている（芳賀, 2001）。

　作業負荷は作業者およびそのパフォーマンス（作業の質や量）にさまざまな影響を及ぼす。適度な負荷はよい影響（促進的効果）を生む。覚醒水準や注意力の高まり，作業意欲の増大，練習効果などである。一方，過度な負荷は悪い影響（減退的効果）をもたらす（芳賀, 2011）。筋肉痛，腰痛，目の疲れ，全身疲労，エラーなどである。小さすぎる負荷も同様に，単調感や集中力低下，眠気などの減退的効果を生む。

　作業負担を測定することで適切な範囲の作業負荷を決めることが，作業設計にも，機械・装置の設計にも必要である。

2. メンタルワークロード

(1) メンタルワークロードとは何か

　筋作業の負担は筋電図で，全身労働の負担は作業中の酸素消費量，心拍率などで測定できる。しかし，身体活動が少なく，座ったまま計器やコンピュータスクリーンを監視する仕事が増えるにつれ，メンタルワークロード（mental workload）を測定・評価することがシステム設計にとって重要な課題となった。たとえば，電子化，自動化が進んだ航空機では，緊急時の作業負担を軽くしなければパイロットがエラーをおかして，事故に至る可能性がある。軍用の戦闘機やヘリコプターでは緊急時ならずとも乗員は高度な情報処理と，それに基づく操作やコミュニケーションが求められる。化学プラントや原子力発電所のプロセス制御をする運転員なども同様である。

　メンタルワークロードは一般に「精神的作業負荷」と訳されるが，外的条件や要求（負荷）の面と，内的反応（負担）の面の両方を含む意味に使われることが多い。負荷の面は，作業を遂行するために必要な情報処理の速度，難しさ，量などがそれにあたる。一方，負担の面は作業の遂行に必要な情報処理資源（注意リソース）の量や精神的努力である。

(2) NASA-TLX

メンタルワークロードを主観的に測定する手法の一つに，米国航空宇宙局（NASA）が開発したNASA-TLXがある。これは，知的・知覚的要求（mental demand），身体的要求（physical demand），タイムプレッシャー（temporal demand），作業成績（own performance），努力（effort），フラストレーション（frustration）の6尺度（尺度名の訳語は，芳賀・水上，1996による）について，目盛のない直線上（visual-analog scale）で評価する。最初の3つは作業負荷，後の3つは作業負担に関する項目である。

作業前または作業後には，尺度の重要度に関する一対比較を行って各尺度の重みづけ係数を評定者ごとに算出しておく。そして，6尺度に対するワークロード評価を重みづけ加算平均したものを「加重平均作業負荷得点」（Mean Weighted Workload score: WWL得点）と呼んで，作業のメンタルワークロード指標とする（Hart & Staveland, 1988）。NASA-TLXには日本語版もある（芳賀・水上，1996；芳賀，2001）。

NASA-TLXを用いれば，WWL得点による作業の総合的ワークロード評価を得ることができるだけでなく，6つの下位尺度の評定から作業のワークロード特性を分析することもできるし，作業者個人にとって，どのワークロード要因が全体に対して大きな影響を持っているのかなどが分析できる。

(3) 二重課題法

作業の困難度が非常に高くなれば課題成績が落ちたり，エラーが増えたりするが，ある程度の負荷までは努力によって作業水準を維持することができるので，作業成績は，必ずしもメンタルワークロードを反映しない。

そこで，本来の作業（主課題）とは異なる課題（副次課題）を作業者に与えて，副次課題の成績で主課題の余裕度（スペア・キャパシティ）を測る手法が考案された。これが二重課題法である。カーネマン（Kahneman, 1973）の注意理論によれば，作業遂行に必要な情報処理資源量がメンタルワークロードとみなすことができる。主課題に多くの心的資源を割り当て

ると，副次課題に使うことができる資源が乏しくなり，副次課題成績が悪くなる。したがって，副次課題成績をメンタルワークロードの逆の指標とすることができるのである。

　作業遂行の妨害にならず，かつ，作業負荷を測定したい課題と心的資源が競合する副次課題の選定を適切に行うことができれば，二重課題法は比較的簡便で，非侵襲的で，かつ信頼性の高いメンタルワークロード測定法となる。

(4) 生理的測定手法

　課題の困難度が増し，集中をしたり，努力を傾けたりすると覚醒度が上がり，交感神経系の活動が活発になる。これを心拍率変動（Heart Rate Variability: HRV），脳波の事象関連電位（Event-Related Potentials: ERP），皮膚表面の電気抵抗反射（Skin Regestance Reflection: SRR）や皮膚電位水準（Skin Potential Level: SPL）などで評価する手法が研究されているが（芳賀，2001），メンタルワークロード以外の要因で変化する成分との分離が難しく，測定に高価な装置と高度な技能が必要なため，あまり実用的ではない。

■ 第3節 ■

ヒューマンファクターズ

1. ヒューマンファクターズとは何か

　第10章第2節では，多くの事故に人的要因（ヒューマンファクター）が関わっていると述べた。この人的要因を研究する分野がヒューマンファクターズ（human factors）である。ヒューマンファクターズを人的要因の複数形と区別し，研究分野の名前であることを明示するため，日本ではヒューマンファクター工学と呼ぶこともある。また，人間工学と同義語で

あるとみなして，人間工学と訳すこともある。

　人間工学を表す言葉には他にエルゴノミクス（ergonomics）があり，米国以外ではこれに類する呼称が使われている。エルゴノミクスとヒューマンファクターズの間に厳密な区別はなく，同じ研究分野を表す2つの名前と考えてよいが，日本では，エルゴノミクスは使いやすいモノをデザインするイメージ，ヒューマンファクターズは安全に関連する人的要因を解明するイメージを持たれている。

　ヒューマンファクターズの最初の教科書はチャパーニス（Chapanis, 1949）によって書かれた『応用実験心理学：工学デザインにおける人的要因』と言われている。ここではヒューマンファクターズを，「生産性が高く，安全で，快適で，効率的な使用のために，人間の行動，能力，限界，その他の特性に関する知見を研究して，道具，機械，システム，課業，職業，環境のデザインに応用する」ものと記述している。つまり，ヒューマンファクターズとは，①人間の特性を研究すること，②それをシステムや作業や環境のデザインに応用すること，そして，③その目的は生産性，安全性，快適性，効率性の増進であること，である。

　ヒューマンファクターズは工学，生理学，生体力学，労働科学，心理学からなる学際的領域であるが，最初の教科書のタイトルに「心理学」の語が使われていることにも留意してほしい。

2. SHEL モデル

　ヒューマンファクターズの基本原理は人間中心主義である。人がモノに合わせるのでなく，モノを人に合わせて作るという考え方だ。この思想を端的に表したのがSHELモデルである（図12-1）。

　このモデルはオランダのKLM航空の機長でヒューマンファクターズの研究者でもあったホーキンズ（Hawkins, 1987）によって提唱されたもので，システムを構成する要素を，ソフトウェア（Software），ハードウェア（Hardware），環境（Environment），人間（Liveware）とし，中央の

図 12-1　SHEL モデル（Hawkins, 1987）

L（作業者）と他のシステム要素の間の関係をよくすることで作業パフォーマンスが上がり，エラーも減ると考える。

　作業者，オペレータ，パイロットは中央のLであり，彼らのパフォーマンスは他のシステム要素との関係次第で決まる。事故やエラーは人間とシステムのミスマッチによって起きるので，安全は個人の努力によるのでなく，システム全体を改善すること，特に人間とのインターフェイスをよりよいものにすることで達成すべきものという思想が反映されている。

　SHEL モデルは，ヒューマンエラー事故の分析にも利用されており，中央のLのエラーについて，SとL，HとL，EとL，L（上司や同僚）とLの間の問題点を抽出して，事故の再発を予防するためのシステム改善策を検討するために役立てられている。

　なお，現在では SHEL にマネジメントの要素であるm（マネジメント）を加えた m-SHEL モデルが使われることが多い。

3. HMI と HCI

　SHEL モデルの中央のLとその他の要素の間が波線になっているのは，人とそれらの要素がうまくかみ合っている必要があることを含意している。

　人間工学には古くから人間・機械系，すなわちヒューマン・マシン・システム（Human-Machine System）という概念があり，人と機械が協働し

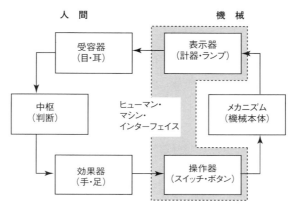

図12-2 ヒューマン・マシン・システムとヒューマン・マシン・インターフェイス
（横溝・小松原, 2013）

て目的を達成するために，両者のインターフェイス，すなわちヒューマン・マシン・インターフェイス（Human-Machine Interface: HMI）を適切に設計することを重視してきた。計器や表示灯，警報音（表示器と総称される）は機械の状態を人に知らせるもの，スイッチやハンドル（操作器と総称される）は人間の意思を機械に伝えるものである（図12-2）。

近年では，コンピュータに向かって作業をする仕事が増えており，機械の中にもコンピュータが組み込まれているのが普通である。したがって，人にとってわかりやすく使いやすいコンピュータのソフトウェアやディスプレイ上の表示デザインの設計，すなわち，人とコンピュータのインターフェイス（Human-Computer Interface: HCI）が，安全にとっても，使い勝手にとっても非常に重要になっている。

4. エラーを防ぐデザイン原則

ここでは，モノと情報のデザインについてエラーしにくい安全な設計原理を列挙する。

①フール・プルーフ：間違った操作を受け付けない設計。たとえば，内釜をセットしないとスイッチが入らない炊飯器など。

②標準化：どの機械も同じ場所に同じ機能を持つ表示器や操作器を配置する，操作方向を同じにする，表示の色や形を同じルールでデザインするなど。たとえば，多くの国で，水道の蛇口は，水の出る方が青で，湯の出る方が赤で示されている。

③ビジビリティ（可視性）：機械の状態や運転モードが明示されること。たとえば，エアコンが冷房運転しているときは青ランプが，暖房運転しているときは赤ランプが点くなど。音を使う場合（電話の保留音など）もビジビリティという。

④リダンダンシー（冗長性）：同じ情報を複数のチャンネルや感覚モダリティで伝えること。たとえば，緊急走行するパトカーはサイレン（音）と屋根の上の回転灯（光）の両方で周囲の道路利用者に道を空けるよう伝えている。

⑤コンパティビリティ（整合性）：人間の感覚，直感的認知に合わせること。コンパティブルなカラーコーディングは，前述の水と湯の蛇口の色分け，冷房と暖房のランプの色分けに見られる。コンパティブルなマッピングは，操作される機器と操作するスイッチの位置関係が整合していることなどである。コンパティブルな操作方向とは，レバーを上げれば吊り荷が吊り上がり，レバーを下げれば吊り荷が下りる，ハンドルを右に回せばクルマは右に曲がり，左に回せば左に曲がる，というような関係を示す。

⑥ポピュレーション・ステレオタイプ：慣習的に多くの人が同じように感じる感じ方に従ってデザインする。青色は男性用，赤色は女性用など，特にそうでなければならない理由もルールもないが，あえて逆らわないほうが誤解されない。

⑦アフォーダンス：生態心理学者のギブソン（Gibson）が提唱した概念を認知心理学者のノーマン（Norman, 1988）がモノのデザインに応用したもの。人はモノのデザインから直感的に操作可能性を知覚する。

第12章 作業と職場をデザインする

水平の板（机の天板やベンチの座面など）はモノを置くことや座ることだけでなく，上に立つというアフォーダンス，十分に長ければ寝るというアフォーダンスも知覚されるので，設計者が想定しなかった使い方をされることがある（図12-3）。逆にアフォーダンスを上手に組

図12-3　ベンチのデザインとアフォーダンスの例
座ることも寝ることもアフォードするベンチ（左上），座ることををアフォードするが寝ることはアフォードしないベンチ（左下），寄りかかって休むことしかアフォードしないベンチ（右）

図12-4　アフォーダンスを上手に使ったドアノブのデザイン
外側には押すことだけをアフォードする平らな板が付いていて（左），内側には引くことを強くアフォードする縦の引き手が付いている（右）。

163

み込んで設計すると，余計な（効果の弱い）表示をしなくても正しい操作をしてもらえる（図 12-4）。

⑧フェイルセーフ：故障したときに安全な側に停止する設計。たとえば，踏切制御装置が故障したら遮断機は閉まった状態のままになる。二重系，三重系にしてシステムの一部が故障しても安全に動き続けることもフェイルセーフに含めることがある。

⑨バリアフリー：障害を持つ人の使用・利用を阻むバリアを取り除き，誰もが使えるようデザインすること。単に利用できるだけでなく，利用する障害者の安全に配慮しなければならないことは言うまでもない。健常者も含め，誰もが使いやすい設計をユニバーサルデザインという。スマートフォンやタブレット端末，高度で多機能な家庭電気製品（ビデオデッキ，電子レンジ，炊飯器など）を高齢者にも使いやすいよう設計することは，高齢化した日本社会において特に重要な課題である。

5. ユーザビリティ

仕事で使う道具や機械が使いやすいことは作業の能率や安全性に直結する。製品の使いやすさは売れ行きを左右する。

ユーザビリティを評価する際には，まず，ユーザの範囲を特定し，彼ら彼女らの特性を把握するところから始める。大人にとって使いやすいものが子どもにとって使いやすいとは限らないし，若者には問題なく使えるものでも高齢者には使い方すらわからない場合がある。ユーザの知識や経験も重要である。外国からの労働者や旅行者が多くなれば，日本語だけの表示では使い方がわからない。表示できる言語の種類には限りがあるので，ピクトグラムを用いたり，表示がなくても使い方がわかるようなデザインにする必要がある。

ユーザが特定されたら，ユーザビリティテストを行う。製品を実際に使っているところをビデオに撮って，タスクを完成するまでの時間を計測したり，途中で戸惑っているところを同定する。操作の意図や考えていること

を発声しながら使って貰う「発話思考法 (think-aloud protocol)」を用いて，課題遂行中の認知過程を解明する手法もある。発話データを分析する手法を「プロトコル分析」という（海保・原田，1993）。また，使用後に質問紙調査を行って主観的な評価を求めることも有効である。

最近では商品の注文，チケットの予約，製品に関する問合せなどをインターネットで行うことが増えているので，ウェブサイトのユーザビリティテストが盛んに行われており，これを専門とする業者もある。

■ 第 4 節 ■

快適な職場環境

労働安全衛生法が1992年に一部改正され，事業者は快適な職場環境の形成に努めることとされた。それまでは，労働者が劣悪な環境で働かされることを防ぐために，最低限の労働環境を定めるのが法律の考え方だったが，これ以後は，働く環境を快適にすることが事業者の義務となったのである。

この法律の規定に基づいて，厚生労働大臣は「事業者が講ずべき快適な職場環境の形成のための措置に関する指針」（快適職場指針）を定めた。その内容は次の4点にまとめられる。

①作業環境を快適な状態に維持管理すること
②労働者の従事する作業について，その方法を改善すること
③作業に従事することによる労働者の心身の疲労を回復するための施設・設備の設置・整備をすること
④労働者の職場生活において必要となる施設・設備の設置・整備をすること

①に関しては，照明，騒音，粉じんなど直接的に作業効率，健康に被害を及ぼす物理的作業環境だけでなく，採光，壁や床の色彩，観葉植物，パーティション，BGMなど心理的影響に配慮した環境設計が求められる。喫煙対策（禁煙，分煙など）も重要な課題である。②は作業負荷・負担の適正化に加え，作業姿勢の改善，重筋作業の軽減，緊張作業の短縮などが必要である。③に該当する施設は，休憩室，仮眠室，スポーツ施設，シャワールーム，相談所などであり，④には洗面所（男女別，LGBTに配慮した「誰でもトイレ」），更衣室，食堂，飲み物の自動販売機などが該当する。

第 12 章　作業と職場をデザインする

COLUMN ⑩

ユーザ・エクスペリエンス

　認知工学の先駆者であり，先述のアフォーダンス概念の提唱者でもあるノーマン（Norman）は 2004 年に『エモーショナル・デザイン』という本を著し，ユーザの心理，特に情動に着目する必要性を説いた（Norman, 2004）。これに着想を得て，近年の消費者製品やサービスの開発においては，ユーザビリティに加え，使い心地，満足感，楽しさ，さらには，革新性に対する驚きや感動，上質な製品を使用しているという充足感，使用後に期待される嬉しい経験，といったユーザ・エクスペリエンス（UX）の観点が導入され，重視されている。

　あるメーカでは「エクスペリエンス・デザイン」を「製品システムやサービスのご利用を通じて，お客様の経験価値を高めるソリューションをデザインするもの」と位置づけて推進している。別のメーカでは UX のプロセスを使用前の予感，使用の体験，使用後の経験の 3 段階に分けて，これらを充足させるためのデザインを目標に製品開発をしている。

　UX デザインの評価には従来のユーザビリティ評価の手法に加え，感情，信頼感，満足感，楽しさなどを測る必要がある。UX はまた，使用中だけではなく，使用後に何日，何か月もかけて形成される部分があるため，長期にわたる追跡調査や参与観察，インタビューなどを行うことが望ましい。

　しかし，UX は本質的に個人的な体験であり，個人の過去の経験や，それに基づく期待，さらに文化的，社会的文脈にも影響される（Roto et al., 2011）。

図　ユーザ・エクスペリエンスデザインの例
（NEC マネジメントパートナー，2014 より一部抜粋）

第4部

豊かな消費生活
―消費者行動部門―

現代社会に生きるわれわれ人間は例外なくその一人ひとりが消費者であり，自身の生活を営むために市場に出回る商品やサービスを購入することは欠かせない課題である。
　生命体として存続するために必要な飲食物の購入は人間にとって欠かせない日常的課題であり，また衣料品や装飾品，高価な耐久消費財などを含めると，それらを入手し利用する過程において「期待感」や「よろこび」，そして「満足感」や「充実感」といったより積極的な心理的効果をもたらしてくれる。さらに商品やサービスの購入は，家族間や友人間の社会的関係の形成，維持に欠かせない場合があるし，自身がやり遂げたい仕事や課題に必要な道具を購入したり，自身の能力を高めるための教育的サービスを受けることで自己達成や自己実現といった高次の欲求の充足をもたらしてくれる場合がある。
　このような「人間としての消費者」が営む消費という行為は，個人の心理的プロセスが消費という行動として具現化されたものであり，そこには必然的に欲求，認知，感情，動機づけ，学習，パーソナリティ，社会性といった人間が持つ種々の心理的特性が反映されることになる。消費者行動に関する心理学的研究の必要性はそこにあるといえる。
　具体的には，消費という応用的テーマについて，知覚心理学，学習心理学，認知心理学，人格心理学，あるいは社会心理学といったさまざまな基礎的分野を踏まえた包括的で統合的な心理学的アプローチが必要となる。また消費行為を単に「勘と経験」により理解するのではなく，実証的データを踏まえた心理学的方法論により論理的に説明することには重要な意義があると考える。
　消費という概念は，商品の購買からその使用，廃棄，または家計における収入と支出といった幅広い意味内容を含むが，第4部では特に消費者が行う商品の購買を中心にして，購買に至る過程や購買後に生起する過程を含めて説明するための心理学的理論を中心に紹介していきたい。
　購買という行為を幅広く捉えると，たとえばメーカーが製品の原材料を購入するといった，いわゆるBto B（企業・法人間での購買）の関係の中での購買といったことも含まれるが，一般的に消費者行動研究，消費者心理学の対象になるのはBto C（企業・法人と消費者の間での購買）の枠組みで想定される個

人としての一般消費者，あるいは最終消費者（エンドユーザー）であり，この視点から述べることにする。

以上の説明からもわかるとおり，心理学的な立場から消費者の心理・行動特性を把握することは「客観的で中立的な消費者理解」を実現することになる。このことは企業にとっては消費者をターゲットとして展開されるマーケティング活動（商品の企画・立案や広告宣伝活動など）の遂行に大いに役立つであろう。

同時に消費者にとっては企業戦略や悪徳商法に惑わされないための自己理解にも役立つ。このことは冒頭に述べたように消費という行為が個人の存続を左右する重要な意味を持つことを考慮すると極めて重要なテーマであると考えられる。

特に近年では消費者の心理的弱点につけ込んだ商法（いわゆる悪徳商法や詐欺的商法）の事例も多くみられ，消費者保護や消費者教育といったテーマは近年の消費者行動研究において非常に重要なテーマである。第4部では以上のような視点に立って心理学的理論をとおして消費者行動の過程やメカニズムを考察する。

第13章 消費者行動への心理学的アプローチとその意義

■ 第1節 ■

消費者行動研究の目的

　心理学研究の目的は，実証的方法論（実験，調査，行動観察など）を用いて消費者の行動や主観的経験の「記述（description）」「説明（explanation）」「予測（prediction）」そして「制御（control）」である。

　「記述」とは，ある状況において一定の行動をとったことをデータに基づいて書き表すことである。「説明」とは，なぜそのような行動をとったのかという理由をデータに基づいて論理的に示すことである。また「予測」とは，記述や説明の内容に基づいて，将来的にどのような行動をとるのかを示すことであり，「制御」とはそれらの内容を踏まえて，ある状況において一定の行動をとらせるということである。これらは「記述」を踏まえて「説明」を行い，それに基づいて「予測」をした上で，最終的目標として「制御」に到達するという階層性を有する（図13-1）。そしてこれらを達成するためには，各場面での行動を規定する知覚，認知的判断，主観的解釈，感情といった人間の内的要因を踏まえる必要があり，これらの内的要因も含めてトータルな形で人間の行動理解を促進することが現代心理学の目標といえる。

図 13-1　心理学の4つの目標

　このような心理学の4つの目標を消費者行動研究に当てはめると次のようになる。まず「記述」とは，消費者の行動を客観的に書き表すということである。たとえば，ある店舗において来店者を対象とした面接調査を行い，購入品目や購入金額，個々の商品の購買についての計画性（来店前から買うことを計画していたかどうか）を調べたとする。それを統計的な数値（購入品目数，金額の平均や計画購買の割合など）により客観的に表すことが「記述」に該当する。

　次に「説明」とは，消費者の行動が生じた理由を述べることである。たとえば，この店舗の来店者は一般的な店舗に比べて計画購買（来店前から計画されていた購買）の割合が低かったとする。来店者の内訳を調べたところ，他店舗に比べて単身者（一人住まい）の割合が多いことがわかった。単身者は計画的に商品を購入する割合が低いとすれば，非計画購買率の高さはそれが反映された結果であると説明される。

　このような説明を踏まえて「予測」が可能になる。たとえば，他の地域に新規に店舗を出店した場合の計画購買率は，その地域に住む人々の人口構成（単身者の割合）から予測することができる。

　以上に基づいて消費者の行動を「制御」することもできる。非計画的な購買をする傾向の強い単身者が来店者の多くを占めるのならば，非計画購買の対象となりやすい商品（単品で利用可能な総菜類など）を陳列するとか，夕食の献立を提案したうえでの関連陳列（鍋物の具材を近接して陳列するなど）により来店者の購買行動を引き出す（制御する）ことが可能になる。

　このような消費者行動の制御は，企業が進める製品開発や販売促進などのマーケティング活動の目標と一致することになり，このことが消費者行

動に関する研究の応用面での有用性ということになるであろう。

■第2節■

消費者行動を理解する枠組み

　レヴィン（Lewin, 1935）は，人間行動の理解の枠組みとしてB = f（P・E）という図式を提案した（図 13-2）。B（Behavior）は行動，P（Person）は行動する主体である個人が持つ特性，そしてE（Environment）は個人が置かれている環境や状況を表す。消費者行動の文脈で述べると，この式は人間の行動は個人の特性（パーソナリティ，価値観，ライフスタイルなど）と，個人がそのときに置かれている状況（どのような店舗でどのような商品を買うかといったことなど）の関数として表されるということである。

　このレヴィンの図式からは，人間行動に関する3つの基本的原理を引き出すことができる。第1の原理は「同一の環境に置かれていたとしても，個人特性が異なれば，その環境下でとられる行動は異なる」というものである。第2の原理は「置かれた環境が異なれば，同じ個人特性を持つ者であってもそこでとられる行動は異なる」というものである。第3の原理は「ある特性を持つ個人に対する一定の環境の影響の仕方は，別の特性を持つ個人への影響の仕方と異なる（個人特性と環境条件との間に相互作用

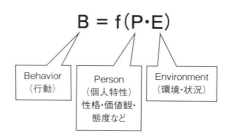

図 13-2　レヴィンの図式（Lewin, 1935）

（interaction）がある）」というものである。

　これらの原理を消費者行動に当てはめると，たとえば仲の良い友人との間で持ち物を比べたら，全くタイプの異なるものばかりであったという出来事は第1の原理に該当する。また通常は慎重に買い物をする人が，何らかの状況的な要因がはたらいた（必要性に迫られたなど）ために，良くない商品を買ってしまった，という出来事は第2の原理に該当するであろう。さらに第3の原理に当てはまる出来事としては，販売促進の一環として異なる媒体による商品広告を見た人のうち，ある人はテレビ広告に影響を受けて商品を購買し，別の人はインターネット広告に影響を受けて商品を買うといったことである。

■ 第3節 ■

消費者行動の研究法

　心理学研究における最も重要な手続きは実証性（データに基づいて事実を明らかにすること）である。一般的な心理学研究においては，実験，調査，観察，ケーススタディ（事例研究）の4つが研究法としてあげられている。消費者行動研究においても基本は同様であるが，消費者行動研究分野における固有の方法も含めながら具体的に説明をする。

1. 質問紙調査法

　一般的にアンケートと呼ばれる手法である。調査の手法としては，調査用紙を配布して記入をさせるもの（集合調査法など）や，調査員が一つひとつの質問項目を口頭で伝えて記入していくというもの（訪問面接調査法）までいろいろな形がある。最近では紙と鉛筆を使うのではなく，インターネットによる調査が多用されている。大規模な範囲に調査依頼と調査項目

の配布が可能で，大量のデータを集めることができる。また収集されたデータはそのままコンピュータに蓄積されるので，データ入力などの作業が不要で，手間をかけず処理できるという利点がある。短所としては，特定のホームページに興味を持ち，かつインターネットを利用できる環境やスキルを持った人にしか回答ができないために，対象者（サンプル）の偏りが避けられないといった問題がある。

2. 面接法

　質問紙調査法では消費者の行動や意識について収集される情報は限定されるが，より詳細な情報が必要な場合には面接法が使われる。たとえば消費者が製品に対してどのようなメリットや不満を感じているのか？や，今後新しい製品が出るとすればどのようなものが欲しいのか？といったことを聞き出すために使われる。一人の人間を対象にインタビューを行う「個人面接法」と複数の人に集まってもらうという「集団面接法（いわゆるグループインタビュー）」がある。後者では司会者がいろいろなきっかけをつくり，参加者の相互のやり取りの中で自由に話をしてもらい，消費者の本音をつかんで製品開発のヒントを得るといったことなどが可能になると考えられる。

3. プロセス分析法

　消費者の情報探索行動や購買意思決定過程を明らかにするためのデータ収集の方法である。情報モニタリング法やプロトコール法，またはアイカメラによる測定方法が代表例としてあげられる。

(1) 情報モニタリング法
　複数の商品から特定の商品（ブランド）を選択する場合には，それぞれが持つ特性（価格や性能といった商品属性）を網羅して，それらを踏まえ

	商品A	商品B	商品C
価格	28900円	27000円	26000円
画素数	1820万画素	1800万画素	1700万画素
オート	10シーン	15シーン	12シーン
液晶サイズ	3インチ	2.5インチ	3.2インチ
重量	119g	125g	130g

図 13-3　情報モニタリング法で提示される情報のイメージ

た上で選択を行うという前提に立ち，そのプロセスを分析するための実験法である。たとえばデジタルカメラについて商品A，商品B，商品Cという3つの選択肢があり，それぞれについての特徴（価格などの商品属性についての特性）が示されているとする。それらの情報をどのような順番で入手しながら，最終的な選択肢の決定に至るのかを測定するために実験的場面をつくるという手法が情報モニタリング法である（図14-3）。

(2) プロトコール法

実験協力者にスーパーマーケットなどで実際の購買の場面を体験してもらい，購買意思決定過程において考えたことすべてを声に出してもらい，その内容をボイスレコーダーに記録した情報（プロトコール）を分析するという方法である。質的データの分析に該当する。

(3) アイカメラによる測定

近年の消費者行動研究においては，上記のような店頭での情報探索行動や，購買意思決定時における商品属性情報の取得パタン分析をするためにアイカメラを使った測定が用いられることが多い（村上ら，2018）。

4. 観察法

観察法は心理学の重要な研究法の一つであるが，消費者行動研究におい

てもよく用いられる。質問紙法や面接法では，実験参加者にとって社会的に望ましいと判断される回答が優先して呈示されるために事実が把握しづらい場合がある。このような場合に用いられる手法である。たとえば衣服の流行の実態を客観的に把握するために街頭での観察を行い，一定数の通行者におけるアイテムやブランドの着用数を計測する（「定点観測」と呼ばれる）。

また店頭での消費者の行動をありのままに観察し，それを分析するという行動観察法がよく使われている。これは一定の場面において人間がとる行動の内容を客観的に観察し，その行動場面での生活者の潜在意識を人間工学，環境心理学，社会心理学などの視点により客観的に分析する手法である。面接法や調査法ではわからない潜在的なニーズや言語化しにくい知識を共有化する手法として注目されている。

5. POS データ

POS（Point Of Sales）は「販売時点情報管理システム」の略称である。コンビニエンスストアやスーパーマーケットで商品を買って精算したときに発生する情報をコンピュータ上に蓄積したもので，店頭での商品流れや消費者の購買動向が客観的データとして取得される。さらにポイントカードやクレジットカード上に含まれる個人情報との関係性を分析して，消費者の購買実態を把握することが可能になる。企業側から見れば非常に重要な情報であるが，消費者からみれば個人情報が取り扱われることになり慎重な取り扱いが必要となる。

6. 心理生理学的方法

測定機器の進歩に伴い，fMRI，GSR（皮膚電位反射），瞳孔測定などの生理的データが分析に使用される。これらは人間の認知活動の活性化や感情の変化などを生理的指標を使って測定するというものである。たとえば，

瞳孔測定については一般に人間はある対象に対して興味を持つと瞳孔が拡大すると言われ，それによって目の前にある商品にどれだけ興味を持っているかがわかる。

■ 第4節 ■
消費者行動における研究成果の応用

企業がすすめるマーケティング戦略（製品開発や販売促進活動など）においては，消費者の心理特性や行動特性を十分に知ることがまず重要になる。ここでは前述したレヴィンの図式を基本にして，消費者の行動に対して消費者の個人特性（P）と環境（E）がどのように影響するのかを検討しながら，心理学的研究の成果がどのように応用されるかについて説明をする。

1. 消費者行動の規定要因（個人差要因）の分析と応用

消費者のタイプは極めて多様であり，価値判断や行動の様式には個人差がある。このことを前提として，市場（消費者の集合体）を均質なものとして捉えるのではなく，それを形成している個人の特性を把握してグループ分け（細分化）することで，それぞれのグループ（セグメント）のニーズに応じた適切な商品開発や，効果的で無駄のない広告戦略を進めることが可能になる。このような考え方を「市場細分化（マーケット・セグメンテーション）」という。

この戦略の立案，実施においてはターゲットとなる消費者を適切にグループ分け（区分）したうえで，その心理的特性，行動的特性を理解することが何よりも重要である。消費者を区分する手法としては性別，年齢などの人口統計学的指標に基づくデモグラフィック・セグメンテーションや

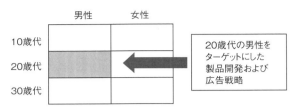

図 13-4 市場細分化（マーケット・セグメンテーション）の例

ライフスタイルに基づくライフスタイル・セグメンテーションなどがある（図 13-4）。

　デモグラフィック・セグメンテーションは性別や年齢といったデモグラフィック（人口統計学的）特性に基づいて消費者を区分するという伝統的な細分化の方法である。たとえば，衣服は性別や年齢によって体型や嗜好が大きく異なると仮定できるので，それぞれの性別，年代に応じた衣服がデザインされ生産されている。またその性別，年代の消費者をターゲットとした広告宣伝活動がとられる。

　その一方で同一の性別・年齢集団内での価値観や嗜好の多様化が進み，消費傾向の差違を識別する他の指標が必要になってきた。その中で注目されたのが「ライフスタイル（life style）」という概念である。ライフスタイルは人々の生活行動や事物への関心に反映されるものであり，消費性向や様式の差異を根本で規定する要因（つまり消費者行動の個人差を説明する要因）として重要な概念とされている。

　ライフスタイルに基づく消費者の類型化の一例として国生（2001）を紹介する。ここでは 16 ～ 69 歳の男女 1,500 名を対象にした質問紙調査を実施し，生活意識・価値観を捉えるための 60 項目を用いた測定を行った。これを因子分析により「おしゃれ（おしゃれ全般への関心）」「健全（健康維持や環境への志向）」「自信（自分自身の知識やセンスに対する自信）」「カルチャー（音楽や美術といった文化芸術活動への関心）」「努力（課題達成と目標達成への意欲）」「コミュニティ（人間関係の重視）」という 6 因子を抽出し，その因子得点に基づいてクラスター分析（個人間の類似性に基

表 13-1 ライフスタイルの類型 (国生, 2001 に基づいて作成)

クラスターの名称	ライフスタイルの特徴	属性の特徴
ファミリー	健康や環境に配慮するなど「健全」の傾向が高く, 人との付き合いや地縁など「コミュニティ」を重視している。何よりも"ファミリー"を大切にする人たち	男性29%・女性71% 平均年齢49歳 主婦が多い
マイルド	「おしゃれ」は高め, 「自信」は平均的, 「健全」, 「カルチャー」, 「努力」, 「コミュニティ」の傾向が低め。生活全般へのこだわりがあまり強くない, ちょっと"マイルド"な人たち	男性61%・女性39% 平均年齢39歳 勤め人が多い
チャレンジャー	「自信」, 「努力」の傾向は高め, 「おしゃれ」, 「健全」, 「コミュニティ」の傾向は低め。自分の目標に向かって努力を惜しまない"チャレンジ"する人たち	男性78%・女性22% 平均年齢34歳 勤め人・学生が多い
マイウェイ	「自信」がとりわけ高く, 「健全」, 「コミュニティ」の傾向は低め。人からどう見られるかを気にしない"マイウェイ"な人たち	男性56%・女性44% 平均年齢44歳 自営・自由業が多い
エンジョイ	「カルチャー」の傾向が高く, 「健全」, 「自信」が低め。音楽や映画を楽しみ, 外国での生活にあこがれるなど生活を"エンジョイ"している人たち	男性35%・女性65% 平均年齢31歳 学生・主婦が多い
パワフル	「健全」だけは平均的, 他の「おしゃれ」, 「自信」, 「カルチャー」, 「努力」, 「コミュニティ」の傾向がすべて高め。何ごとにも"パワフル"に取り組む人たち	男性48%・女性52% 平均年齢35歳 学生が多い

づいてグループ化するための統計的分析方法)を実施し6つのクラスター(消費者のグループ)を見出した。各クラスターについての特徴を表13-1に示す。

2. 消費者行動の規定要因（状況要因）の分析と応用

伝統的なマーケティング活動は「どのような商品・サービスを必要とするどのような消費者が存在するのか？」を明らかにするために，上記のように消費者の個人特性（P）に着目して進められてきたが，近年においては購買時点やそこに至る過程で消費者が置かれた環境が購買行動に強く影響するということが示されている。それらは以下の3つの要素から構成される。過去の研究から得られた知見を列記しながら説明をする。

(1) 情報環境

　消費者が購買場面で利用可能な製品関連データの全体的な配置に関するもので，それは消費者が意思決定を行う際の行動の決定因となる。情報環境を構成する主要な要素は，情報の利用可能性，情報負荷，情報フォーマット，情報形態から構成される。

(2) 店舗内環境

　店の雰囲気を構成する物理的特性のことである。マーケティングの視点からは，店の雰囲気は，消費者が向ける注意の方向と持続時間をコントロールし，その店がどのような商品を揃えどのような顧客を念頭においているのかを伝え，販売促進に必要な特定の情緒的反応を引き起こす，といったマーケティング遂行上望ましい効果を生み出すという点で重要である。

　店舗内環境は，店舗内の配置，通路の幅，ディスプレイの配置と形態，色彩，照明，店舗内音楽の有無と音量，におい，そして温度などによって構成される。

　実証研究の結果からは以下のことが指摘されている。たとえば，スーパーマーケットの店内でテンポの遅い音楽をかけた場合，速いテンポの音楽をかけた場合より買物時間と買物の量が多く（Milliman, 1982），店舗の内装には寒色を用い，外装には暖色を用いることが適切であり（Bellizzi et al., 1983 など），また店内の混雑度（売り場面積当たりの顧客数）が買物時間の短縮，必要でない買物の延期，店員との相互作用の減少につながる（Harrell et al., 1980 など）といったことなどである。

(3) 時間の影響

　消費者行動への影響要因として，時間に関するさまざまな側面が含まれる。1年のうちの季節は製品の消費に大きな影響を与えるし，意思決定に際して利用できる時間の量や，時間的なプレッシャーがあるかどうかは商品選択の様式や結果に影響を及ぼす。特に食品の場合などには前回の購買からの経過時間も購買行動に影響を与えるし，広告効果はそれを呈示する

時間帯によって異なるという知見がある。

3. 近年の動向

　前述したように，従来のマーケティング活動においては，上記の個人特性（P）に重きを置いて，消費者をどのように区別するかということ（市場細分化）に焦点を当てた政策がとられてきたが，近年の動向としては，環境要因（E）を重視した上で消費者の購買を引き出すための環境をどのようにつくるのかということに重点が置かれるようになっている。これについては心理学的研究に基づくいくつかの根拠があげられる。

　一つは特に社会的影響を含む場面では，一般に考えられている以上に人間の行動が状況（環境）の影響を受けやすいということがその根拠である（Milgram, 1974 など）。この前提に立てば，購買行動を引き出すという行動の変容を目的とした場合に，個人特性（たとえば，企業や商品に対する好意的態度）を変えるためには多大の労力を要するが，状況を変えることにより行動を引き出すことは容易に実現できるということである。

表 13-2　店舗内で利用される販売促進の考え方や技術（大槻, 1991）

販売促進技術	内　容
大量陳列	とくに値引きをしていない商品であっても，売場内に大量に積み上げておくことで注目度が高まり売り上げが増大する
商品の左右の位置	商品は消費者から向かって左側に置くよりも右側に置いたほうがよく売れることが経験的に分かっている（右側優位の法則）。利益率の高い商品や容量が大きい商品を右側に置く
エンド陳列	商品を置く棚の位置によって売り上げは異なる。一般にエンド（端）の部分に置かれた商品は目にとまりやすくよく売れる
パワー品目の活用	購入頻度が高い品目（肉類，野菜，鮮魚，卵，牛乳など）を店舗内に分散配置して動きをコントロールしたり動線（歩く距離）をのばす
バーチカル（垂直）陳列	同一ブランドの同一品目を上中下段すべてタテ（垂直）に統一して陳列することで，消費者の視線の流れをタテの線で区切るので目にとまりやすくなる

183

またカーネマンとトゥベルスキー（Kahneman & Tversky, 1979）により創始され近年において著しい進歩がみられる行動経済学の視点からは，人間が置かれた環境下で一定の行動を引き出すための仕組み（行動経済学においては「ナッジ（nudge）」と呼ばれる）に強い影響を受けて行動を決定することもあげられる（Thaler & Sunstein, 2008）。このような視点から企業はスーパーマーケットやコンビニエンスストアなどの店頭における消費者の行動の仕組みを解明したうえで，そこを起点としたマーケティング活動を重要視する傾向が強い。大槻（1991）はこのことを「店頭マーケティング」と定義し，消費者の購買行動を引き出す店頭での陳列方法として表 13-2 に示すような考え方や技術を提案している。

COLUMN ⑪

店舗内の消費者行動

　スーパーマーケットやコンビニエンスストアといった店舗内での購買行動は，陳列方法や価格表示などの店舗内での状況要因を受けやすい。比較的安価な食品や日用品は，店舗に入る前にどの商品をどれだけの量を買うのかといった計画性がなく，店舗内で決定することが多いからである。

　入店前に商品購買に関する何らかの計画がある場合，これを「計画購買」といい，何を買うかについての決定（購買意思決定）が入店後になされるものを「非計画購買」というが，青木（1989）は，これらについてさらに詳細な分類を試みている。

　まず「計画購買」は「狭義の計画購買（来店前に銘柄レベルでの購入予定があり，実際に購入されるというもの）」，「銘柄選択（来店前には商品レベルでの購入予定しかなく，店舗内での意思決定の結果として特定の銘柄が選択されるというもの）」，「銘柄変更（来店前に特定の銘柄の購入を予定していたが，店舗内での意思決定の結果として予定とは異なる銘柄が購入されるというもの）」の3つがあげられる。

　また非計画購買は「想起購買（店頭で商品や広告を見て来店時には潜在化していた商品の必要性が認識されて購買に至る）」「関連購買（購入された他の商品との関連性から商品を購入する）」「条件購買（来店時に明確な購買意図は持っていないが，特定の商品の必要性を漠然と頭に描きつつ，価格やその他の条件が整えば購入しようとする）」「衝動購買（非計画購買の中で上記の3つの類型のいずれにも属さないもので商品の新奇性に起因する購買や真に衝動的な購買）」の4つがあげられる。

　これらの非計画購買の様式に対応した販売方法も提案されている（表参照）。

表　非計画購買を促進するための店頭での販売促進の方法

非計画購買のタイプ	販売促進（消費者への働きかけ）の方法
想起購買	買い忘れを注意したり商品の必要性を喚起させるPOP広告（売り場内広告）の設置
関連購買	機能的に関連性のある商品同士（たとえば刺身と練りわさび）を近接させて陳列する（関連陳列）
条件購買	「本日限りの特価」であることや「できたてのおいしさ」を強調する
その他（衝動買いなど）	売り場で調理し「できたてのおいしさ」を強調することで食欲を刺激したり，商品の新奇性や希少性をPRする

第4部 豊かな消費生活——消費者行動部門

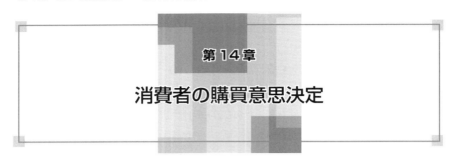

■ 第1節 ■

消費者の購買意思決定過程とその影響要因

　消費者行動研究の流れの中では，第13章で述べたような心理学的構成概念を相互関連的に組み入れて消費者行動を定式化するモデルの構築が

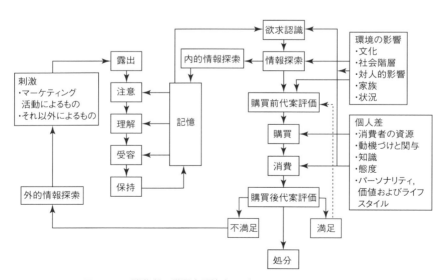

図 14-1　消費者の購買意思決定モデル（Blackwell et al., 2001）

試みられてきた。この代表例がブラックウエルら（Blackwell et al., 2001）による購買意思決定の過程を図式化したモデルである（図14-1）。

このモデルでは，消費者の購買意思決定過程を，欲求認識→情報探索→購買前代案評価→購買→消費→購買後代案評価→処分，という段階で捉え，さらにその過程に対する影響要因を記述している。このモデルに示されている各段階を追って，消費者の購買意思決定過程について述べてみよう。

(1) 欲求認識

「就職活動のためにスーツを買おう」とか「空腹なので食事をする必要がある」といったように，消費者が何らかの欲求を認識する段階のことである。マズロー（Maslow, 1970）による欲求階層説に従うと，日常生活の中での商品やサービスの購買は表14-1のように説明されるであろう。このような欲求を認識し，商品やサービスを購入することで欲求を充足するという問題解決の過程が購買意思決定過程であるということができる。

(2) 情報探索

人間が何らかの問題解決をしようとするときにはまず情報が必要であり，

表14-1 マズローの欲求階層説と商品・サービス購買との対応 （Maslow, 1970に基づいて作成）

欲求の種類	定　義	商品・サービスの購買の例
生理的欲求	食欲，睡眠などの生命維持に関する基本的欲求	飲食物一般や睡眠用具
安全欲求	危険や恐怖を避け，安定，依存を求める欲求	防寒着，ヘルメット，生命保険
所属・愛情欲求	他者との友好・愛情関係や集団への所属を求める欲求	親しい人への贈り物や所属集団に同調した衣服
承認・自尊欲求	自己に対する高い評価や自尊心を維持したいという欲求	高級ブランドの装身具，衣服やステータスシンボルとなる所有物（外車，別荘など）
自己実現欲求	自己の成長や発展の機会を求め，自己の能力を最大限に発揮したいという欲求	自己の能力を高めるための教育サービス，能力を最大限に発揮するために必要な道具

その入手のための情報探索が行われることになる。情報探索は「内的情報探索」と「外的情報探索」に分けられる。前者は企業や商品に関して消費者が内部に蓄えている情報（つまり知識や記憶）を引き出すことである。この情報だけでは不十分な場合には外的情報探索が行われる。これは商品広告を見たり，店舗に出向いて商品を直に見ることにより，あるいは家族や友人を介して，新たな情報を取得することである。

(3) 購買前代案評価

情報探索の結果，選択の候補となった代案（ブランド）を評価する段階である。たとえば情報探索の結果，着心地は良いがデザインが悪いAという衣服と，着心地が悪いがデザインの良いBという衣服の存在が明らかになったとする。そこでそれらが消費者の欲求に基づいた選択基準（着心地を重視するのかデザインを重視するのか）に基づいて比較検討され評価される。

(4) 購買

代案の評価に基づいた商品の銘柄，量，購入場所（店舗）などを決定し購買する段階である。

(5) 消費

購買された商品が実際に使用される段階である。ここでは購買した商品やサービスの品質や機能が期待に一致したものかどうかの認知がなされる。

(6) 購買後代案評価

購買した商品を使用することによりさまざまな評価が生まれる。購買後の評価が購買前の商品への期待を上回る場合には「満足」となり，下回る場合には「不満足」となる。図14-1の流れでは「満足」の場合は同一商品（銘柄）の再購買へとつながり，また「不満足」の場合には新たな商品（銘柄）の探索へとつながっているが，このように代案評価の結果（満足か不満足

か）は次回以降の購買に影響を及ぼすことになる。この結果が他の消費者に伝達されることで（いわゆるクチコミ），広範囲にわたる影響力を持つ場合もある。

(7) 処分

使用されなくなった商品は何らかの形で処分される。廃棄，リサイクル，あるいは再販売といった方法が考えられる。

■第2節■
消費者のブランド選択過程

　消費者の購買意思決定過程の中で最も重要な局面は以上の購買意思決定モデルにおける「購買前代案評価」（複数のブランド（銘柄）などをどのように評価して，そのうちのどれを選ぶか，という商品の認知・評価）である。この点については消費者行動研究における重大な関心事であり説明のための理論は多いが，ここでは代表的なものとして多属性態度モデルを紹介する。
　このモデルは消費者が持つ態度次元（好き－嫌い）上で最も「好き」とされるブランドが最終的に購買されると仮定した上で，態度を複数の商品属性についての評価や信念から説明しようとするものである。代表的モデルであるフィッシュバイン・モデルは図14-2に示した一般式で表される（Fishbein, 1963）。
　これについて3種類の乗用車（ブランド）から1つを選んで買うという場合を想定して説明する。ある消費者が5つの商品属性に基づいて乗用車A，B，Cから1つを選ぶ場合，各属性について評価（それが備わっていることを「良いと思う」か「悪いと思う」か）を行う。そして，それらが各機種に備わっているかの信念（「あると思う」か「ないと思う」かの主

$$A_j = \sum_{i=1}^{n} a_i \cdot b_{ij}$$

A_j：ブランドjに対する全体的態度（好き－嫌い）
a_i：属性iの評価的側面（良い－悪い）
b_{ij}：ブランドjが属性iを有することについての信念の強さ（ありそうだ－なさそうだ）

図14-2　多属性態度モデル（フィッシュバイン・モデル）の一般式（Fishbein, 1963）

表14-2　3種類の乗用車（ブランド）に対するある人の態度（Fishbein, 1963に基づいて作成）

商品属性	評価（a_i） （良い＋2～悪い－2）	各車種に対する信念（b_{ij}） （ありそうだ＋2～なさそうだ－2）		
		乗用車A	乗用車B	乗用車C
加速性能が良いこと	＋1	＋1	＋2	－2
価格が安いこと	－1	0	＋1	－1
燃費が良いこと	＋2	＋2	0	－1
室内が広いこと	0	＋2	－1	＋2
運転操作がしやすいこと	＋1	＋2	＋2	＋1
態度（A_j）（好き－嫌い）		＋7	＋3	－2

観的確率）を乗算し，それらを総計したものが全体的態度（「好き」か「嫌い」か）になる。これらの関係は表14-2に表される。

　フィッシュバイン・モデルに従うと，この消費者の乗用車Aについての態度得点（A_j）は（＋1）×（＋1）＋（－1）×0＋（＋2）×（＋2）＋0×（＋2）＋（＋1）×（＋2）＝＋7であり，同様に計算すると乗用車Bは＋3，また乗用車Cは－2となる。この数式で得られた指標は乗用車Aについて＋7で最も高い，すなわち，乗用車Aに対して最も好意的な態度を持っている。したがってこれらの3つの中では乗用車Aが購入される可能性が高いといえる。

　フィッシュバイン・モデルのように商品のすべての属性を見て厳密に総合評価を行うというやり方は「良い商品を正しく選択できる」という点で

理想的なものだと思われる。しかしこれをすべての購買場面で用いることは時間的，労力的に無理があり，消費者は現実の購買場面では適合するブランドを直観に依存して，より簡便な方法で見出そうとすることが多いと考えられ，選択ヒューリスティックスという観点から説明を試みた理論も存在する。これについて以下で説明を行う。

■ 第3節 ■
選択ヒューリスティックス

「ヒューリスティックス（heuristics）」とは，人が意思決定をしたり判断を下すときに，論理的に物事を考えて行うのではなく，経験により学習された直観的判断で素早く解に到達する方法のことをいう。ベットマン（Bettman, 1979）をはじめとした研究者は商品選択の際に用いる簡便な方法（選択ヒューリスティックスと呼ばれる）として以下のようなものをあげている。

(1) 態度参照型（affect referral）
その人の過去の購買・使用経験からみて最も好意的な態度を持つブランドを選ぶやり方である。ブランド・ロイヤルティの高い消費者がお気に入りのブランドであるという理由だけで選ぶといった場合があてはまる。

(2) 加算差型（additive difference）
任意の一対の選択について，商品属性ごとに評価値の差に着目して比較を行うというものである。

(3) 連結型（conjunctive）
商品属性に対しそれぞれ「必要条件」を設定し，あるブランドの中で1

つでもそれを満たさないものがあれば，そのブランドは他の水準がいかに高くても拒絶されるというものである。

(4) 分離型 (disjunctive)

連結型とは逆に，商品属性について「十分条件」を設定し，あるブランドの属性の中で1つでも条件を満たせば，そのブランドは他の商品属性の評価とは関係なく選択されるというものである。

(5) 辞書編集型 (lexicographic)

その消費者が重要だと考える順番に各ブランドを比較するというやり方で，まず最も重要とみなされる商品属性について比較が行われ，そこで選択するブランドが決定できなければ，さらに次に重要な商品属性について同様のことが繰り返されるというものである。

(6) 逐次的削除型 (sequential elimination)

候補にあがっているブランドを並べて，商品属性ごとに必要条件を満たしているか否かをチェックし，条件をクリアしないものを拒絶していくというもの。「連結型」と似ているが，銘柄単位ではなく商品属性単位に処理が進められていくという点が異なっている。

■ 第4節 ■

購買後の評価

消費者が商品やサービスを購入してそれを消費したり使用したあとには満足・不満足の感情が生まれたり，その性能や機能について何らかの評価を行う。消費者の購買行動は学習的要素が強く反映されるものであり，この内容は以降の購買意思決定に大きな影響力を持つと言えるので，その仕

組みについて心理学的な立場から理解することは重要と思われる。ここではその仕組みを説明する3つの理論を紹介する。

1. 期待不一致モデル

　消費者は多くの場合，商品やサービスに対して，購入前に何らかの期待を抱く。そして購入後に感じた機能や効能がこの期待を上回る場合（プラスの不一致）に満足するだろうし，それを下回る場合（マイナスの不一致）には不満足が生じる。このモデルからは，商品の機能や効用が同一であっても，期待の持ち方によって，満足・不満足の程度が変化することが指摘される。

　マーケティング上の示唆として，企業が消費者に事前情報を与えて「元来この種の製品はこの程度の機能しか持たない」といったように製品一般への期待を低くしておくことで不満足の生起を回避できるし，それとは逆に「この種の製品にしては意外なほどこのブランドはすばらしい」といった飛び抜けた満足感を与えることも可能になるであろう。

2. 衡平モデル

　報酬の分配に関して，個人が公正なものであるか不公正なものであるか判断する際の仕組みを説明するモデルである。アダムズ（Adams, 1965）によれば，AおよびBという2人の当事者の間で分配された報酬に対して感じられる公正さの程度について，以下の関係が成立する場合に「衡平関係」が成立する（図14-3）。

　この関係が維持される場合には，A，B双方にとっての公平感が保証されるが，もし均衡が崩れた場合（すなわち「＝」ではなく「＜」や「＞」になる場合）には，不公平感が生じることになる。

　上式のA，Bに商品の売り手（企業）と買い手（消費者）をあてはめて考えてみると，消費者から見た場合，典型的には「程度の低い（売り手が

$$\frac{O(A)}{I(A)} = \frac{O(B)}{I(B)}$$

O(A), O(B)：二者の関係のなかでA, Bが得た利益や恩恵
I(A), I(B)：二者の関係のなかでA, Bが負担した時間や労力

図 14-3　衡平モデル（Adams, 1965）

コストや手間をかけていない）商品を高いコストを支払って購入した」場合に不公平感を生起させ，結果的にそれは消費者の不満足へとつながる。

3. 認知的不協和理論

　これはフェスティンガー（Festinger, 1957）により提唱された有名な理論である。たとえば，ある人が身体に悪いことを十分に承知しながら糖分の高い食事をとり続けているといった矛盾した状況は，個人の認知の中での不整合（この状態を認知的不協和という）を生み出す。そのような不整合は不快感をもたらすので，このような認知的不協和を生じさせないか，もし生じた場合にはそれを解消する方向に人間の意識や行動が展開していくことが指摘されている。

　たとえば，この人が糖分と病気との因果関係を指摘した新聞記事を読んだならば，顕在化した認知的不協和を，①自分と同様の食生活を送っていても元気な人はたくさんいるので記事は信用できないと考える，②「もし病気になっても特効薬があるから大丈夫」といった別の情報を付加して記事を無視する，③その記事を受け入れて食習慣を変える，といったやり方で解消するであろう。

　認知的不協和理論は，消費者の心理や行動にも広く適用することができる。エールリッヒら（Ehrlich et al., 1957）は，新たに自動車を買った人々と，以前に購入した古い車を持っている人々に面接調査をして，最近どん

な自動車の広告を読んだのかを調べたところ,新たに自動車を買った人々は,自分が買った車の広告を多く読む傾向があることが明らかになった。彼らはこの結果について認知的不協和理論を用いて以下のような説明を試みている。

高価な新車を買うという重大な意思決定を行ったあとには,自分がベストと思って買ったその車も難点があり,また購買の際に候補にあがった他の車にも数々の長所があり,自分の決定が必ずしもベストではなかったという認知的不協和が生じやすい。しかし買ったばかりの新車をすぐに買い換えるわけにはいかないので,この不協和を解消するためには,自分の選択は正しかったという確信を強める必要が生じる。それは自分が買った車の長所だけが掲載されている広告を繰り返し読むことで実現できるであろう。

消費者のさまざまな行動は,不協和の生起を予測して,それを回避できるような手段を用いたり,不本意にも生じてしまった不協和を解消するという方向で進展していくことが多い。有名ブランドの商品の購入は,もし不満があっても「有名なブランドなのだから」という理由で納得できることや,人気のランチを食べるために,長い行列に1時間待ってようやく食べることができた場合は,もしそれがおいしくないとすれば「長い時間待ったのにまずいものしか食べられなかった」と考えることは認知的不協和を発生させるので,その食事がおいしかったというプラスの方向にバイアス（歪み）を与える可能性がある。

■ 第5節 ■

購買意思決定と関与

アサエル（Assael, 2004）は製品の類型によって消費者の購買行動が異なるとし,製品を4つに類型化したうえで,それぞれに適したマーケ

表14-3 製品の4つのタイプとそれに対応した購買行動の類型 (Assael, 2004)

	ブランド間の知覚差異大	ブランド間の知覚差異小
高関与	複雑な購買行動	不協和低減型購買行動
低関与	バラエティ・シーキング型購買行動	習慣的購買行動

ティングを実施することがその効率を高めると提案している。彼は「関与(involvement)」という概念を取り入れたモデルを提案している。関与は「ある対象,事象,活動に対して消費者が知覚する重要性や関連性」と定義される (Peter & Olsen, 2011)。アサエルは「関与水準(消費者が製品に対して持つ重要性や,こだわり,思い入れの強さ)」と「ブランド間の知覚差異(消費者がそのカテゴリー内のブランドの違いを知覚できる程度)」という2つの次元を設定した。それらの高低を組み合わせて4つのカテゴリーがつくられるが,それぞれにあわせた4つの消費者の購買行動が示されている(表14-3)。これらの4つの購買行動の特徴は以下の通りである。

1. 複雑な購買行動

関与水準が高くブランド間の知覚差異が大きい場合に消費者は複雑な購買行動をとる。たとえば,乗用車のような製品を購入するときがこれに該当する。このような場合,消費者はまずいろいろなブランドに関する情報を収集することによって購買の候補となるブランドの特徴を把握する。それらに基づき各ブランドに対する評価を行い,最終的に購買するブランドを決定することになる。

2. 不協和低減型購買行動

関与水準が高くブランド間の知覚差異が小さいときには消費者は不協和

低減型の購買行動をとる。たとえば，冷蔵庫は高価格で毎日使用するため，一般に消費者は高い関与度を持つと考えられる。ところがブランド間での大きな差は感じにくい。このような製品では消費者は自分の選択が正しいという確信を持つことが難しく購買後に認知的な不協和を覚える可能性がある。このため購買後の不協和の生起を回避できるような購買行動がとられやすくなる。一流メーカーで一般的にみて評判の良い製品であれば安心といった考えが選択の基準となるだろう。

3. バラエティ・シーキング型購買行動

関与水準が低いがブランド間の知覚差異が大きい場合，消費者は「いろいろな商品を買ってみて試す」というバラエティ・シーキング型の購買行動をとる。たとえば，スナック菓子のような製品を購入するとき，消費者の関与水準は低いが，ブランド間の知覚差異は大きい。この場合にはいろいろな味を試してみるために買う度に他のブランドに乗り換えるという購買行動が起こりやすい。

4. 習慣的購買行動

関与水準が低くブランド間の知覚差異が小さい場合には消費者は習慣的な購買行動をとる。たとえば，ティッシュペーパーなどの製品を購入するとき，多くの消費者の関与水準は低く，かつブランド間の知覚差異は小さいだろう。このような場合に消費者はあまり深い情報処理を行うことがなく，普段から購入しているブランドを習慣的に購買するという買い方がとられることになる。

COLUMN ⑫

心理的財布理論

　心理的財布理論は小嶋（1959）が提唱したもので，消費者行動に関する古典的理論といえるが，人間が持つ特有の主観性が客観的行動を規定しているという視点は前述の行動経済学と類似しており，「財布」という具体的な概念を使い一般化することで人間の判断における主観的な特性をわかりやすく説明したものといえる。

　小嶋は消費者が購入する商品やサービスの価値を，それを入手したり利用したりした際の「心理的満足感」や，出費による「心理的痛み」という側面で捉えた。そのうえで価値の大きさは必ずしも支払った金額に規定されて一義的に決まるとは限らず，買ったものの種類や，それが買われた状況に応じて相対的に変化する場合があると説明している。このような「価格をめぐる商品の評価・判断」を小嶋は心理的財布という概念を用いて以下のように説明している。

　われわれは通常1つの財布（物理的財布）を持ち歩いているが，購入商品・サービスの種類や，それを買うときの状況に応じて別々の異なった財布（心理的財布）から支払っていると考える。これらの心理的財布は，それぞれが独自の異なった価値尺度を持っているので，同じ金額を出費した場合でも，出所の財布が異なれば得られる満足感や心理的な痛みも異なることになる。

　このように消費者が潜在的に所有している心理的財布の種類を明らかにするために小嶋ら（1983）は，質問紙により各種の商品について「購入にともなう痛みをどれくらい感じるか？」をたずね，その結果を因子分析にかけて以下の表に示すような9つの因子を抽出した。これらの因子は一般に消費者が所有している心理的財布に対応していると考えられる。

表　心理的財布の因子分析結果（小嶋ら，1983）

因子名（心理的財布）	含まれる商品・サービスの例
ポケットマネー因子	目薬　週刊誌　チューインガム　チョコレート
生活必需品因子	冷蔵庫　洋服ダンス　洗濯機　ハンドバッグ
財産因子	分譲土地　分譲マンション　別荘用土地
文化・教養因子	絵・彫刻の展覧会　音楽会　観劇　映画鑑賞
外食因子	友人との外食　買い物先・勤務先での外食
生活水準引き上げ因子	電子レンジ　ルームクーラー　百科事典
生活保障・安心因子	保険料　ヘアセット代　お歳暮
ちょっとぜいたく因子	自動食器洗い機　ビデオレコーダー　乗用車
女性用品因子	ペンダント　ブローチ　外出用のワンピース

第15章
企業活動と消費者行動

■ 第1節 ■

消費者行動とマーケティング

　企業活動の内容は多岐に渡るが，基本的には消費者に商品やサービスを提供することで利益を得ることが中心になる。消費者に向けてのさまざまな活動を進めるための重要な概念が「マーケティング」である。広義には企業が消費者を念頭において「商品やサービスが売れる仕組み」をつくることがマーケティングであると考えられ，このような視点からマッカーシ（MaCarthy, 1960）はマーケティングの構成要素として製品（Product），価格（Price），流通経路（Place），販売促進（Promotion）という4つの要素（4P）をあげている（コラム⑬）。

　これらの4Pを組み合わせて効果的なマーケティング戦略を進めていくことをマーケティング・ミックスというが，その構成要素のいずれについても消費者に対する心理学的理解が役立つ。すなわち「製品」については前述のマズロー（Maslow, 1970）の欲求階層説など，人間の基本的欲求を考慮したうえで消費者のニーズ（欲求）を把握することが可能である。「価格」については「安さ」の感じ方への工夫（端数価格の設定や割引価格の表示方法など）や品質イメージに与える「高価格」の心理的影響について，また「流通経路」に関しては購入利便性の認知や小売店のイメージ知

199

覚についての理解を促進する。「販売促進」については効果的な広告メッセージの伝達方法を社会心理学的研究（説得や社会的影響過程）を基礎として立案することが可能となる。サービスを提供する分野や，飲食業のように製品だけではなくサービスをあわせて提供する業態においては4PにPeople（従業員の雇用や訓練，動機づけなど），Physical evidence（施設や備品などの物的環境要素），Process（顧客に対するサービスの手順などを含めた提供過程）を含めた7Pという考え方などもある。

マーケティングの遂行においては前述の市場細分化（market segmentation）は重要な戦略であるが，また製品差別化（product differentiation）も重要な概念である。これは自社製品に新機能や付加価値を備え付け，包装やデザイン，サービスなどに特徴を持たせて他社製品との差別化をはかり市場での自社製品の優位性を獲得する方策である。このために「製品コンセプト」を明確にし，他社製品を含めた既存商品の中での位置づけ（製品ポジショニング）を確立することで新奇性や独自性を持たせることが重要である。また既存製品との差異を消費者に対して明確に訴求するための広告表現手法も重要である。

今日的なマーケティングの定義はアメリカ・マーケティング協会（AMA, 2007）が「マーケティングとは，顧客，依頼人，パートナー，社会全体にとって価値のある提供物を創造・伝達・配達・交換するための活動であり，一連の制度，そしてプロセスである」としている。この定義ではマーケティングを行う主体が企業だけではなく政府や自治体などの「非営利組織」を含んでおり，その内容も営利活動に限定されない幅広い活動を含み社会全体の相互利益を最終目標にしていることが特徴である。特に既存のマーケティング技術を行政機関の運営や社会変革に活用したり，企業が自社の利益だけを考えずに社会全体の利益や福祉を意識して活動するという考え方をソーシャル・マーケティング（social marketing）という。

以上の流れを受けて，近年のマーケティング活動は消費者利益に重点を置いたうえで企業と消費者との長期的・継続的な信頼関係の中で進められる必要性が強調される。この視点から商品購買と使用の過程で付随す

るサービスを含めて消費者が獲得する顧客満足（Customer Satisfaction: CS）が最も重要と考えられている。

　このような心理的指標をできる限り客観的に測定する必要があり，実証科学としての心理学はマーケティング・リサーチ（市場調査）において利用される方法論（調査，面接，行動観察などのデータ収集および分析の手法）の提供において重要な役割を果たしている。特に最近ではサービスに対する顧客満足を科学的に捉えることを目的としたサービス・サイエンスなどの分野も成立している。心理学を中心にして構築された消費者行動研究は，特に消費者個人のパーソナリティ，認知・判断過程や感情などに焦点を当てたものといえるが，その一方で消費者をより大きな社会・集団的視点から捉えることも必要であり，流行・ファッションに関する理論や消費者文化理論などの社会学的なアプローチも重要である。

■第2節■
消費者行動の規定要因（マスメディアの影響）による効果

　アメリカ・マーケティング協会（AMA, 2004）によれば，広告は「メッセージの中で識別可能な営利企業や非営利企業または個人が，特定のオーディエンスに対して，製品，サービス，団体またはアイデアについて，伝達または説得をするために，さまざまな媒体をとおして行う，有料の非人的コミュニケーション」と定義される。広告は企業のマーケティング戦略における重要な手段であり，その一方で消費者にとってはさまざまな商品やサービスについて知識を得るための重要な手段となる。

　広告媒体としてテレビ，新聞，ラジオ，雑誌（マスコミ四媒体）が代表的なものとされ，それらが持つ性質（媒体特性）を活かして販売促進活動を行うことが重要とされてきたが（表15-1），近年ではインターネットが主要な媒体になりつつある。

表 15-1　広告4媒体の媒体特性（小林・嶋村，1997 より抜粋）

媒　体	主な特性
テレビ	・番組提供の場合，継続的に視聴者をつかむことができる ・視聴者が画面を注視しているので広告の注目率が高い ・視覚と聴覚の双方に訴えるので印象が残りやすい
新聞	・広い地域，広い階層に伝達が可能である ・記録性，反復性がある ・新聞への信用度のために広告の信頼性と説得力が高い
雑誌	・1冊が複数の人物によって回覧される可能性が高い ・読者層が明確なのでターゲットを定めることができる ・商品の品質や性能について詳細な説明が可能である
ラジオ	・仕事中や家事での「ながら聴取」が可能である ・聴覚に訴えるので，想像性や情緒性が強い ・伝達が迅速でタイムリーな情報発信が可能である

広告が持つ機能として以下の5項目があげられる。

(1) 情報伝達機能

商品，サービスの品質，性能，機能，企業に関する情報などを正確かつ詳細に伝える。また耳慣れない新たなブランド名を広告の中で繰り返し呈示することで覚えてもらうといったものも該当する。

(2) 説得（態度変容）機能

情報伝達を踏まえて，商品，サービスや企業に対する考え方を変えさせることである。心理学的には説得または態度変容と言われるものである。

(3) 信頼性形成機能

(2) と関連するが，企業やブランドに対して消費者がより強い信頼性を形成するための働きを持つ。

（4）差別化機能

他社の製品やサービスと異なってより優れていることを伝える機能である。たとえば，薬品のコマーシャルでは，これまでの製品にない成分や効能が強調されるといった例である。

（5）需要喚起機能

たとえば，飲み物の宣伝でゴクゴクと飲み干し満足な表情をする，といったシーンがしばしばあるが，それを見た人も飲み物を飲みたいと思う，つまり需要が喚起されるということである。

これらはいずれも広告の受け手である消費者の心理的特性に大きく依存することから広告心理学はスコット（Scott, 1903）による著書である『広告の理論』を起源とし，知覚心理学，認知心理学，社会心理学などを基礎とする応用分野として発展してきた。

広告が消費者に与える心理的・行動的影響を説明するために多くのモデルが提案されてきた。この代表例である AIDMA（アイドマ）モデルは広告呈示から購買行動に至るプロセスを Attention（広告への注意），Interest（広告内容への興味・関心），Desire（広告で伝えられた商品への欲求の生起），Memory（広告内容や商品の記憶），Action（実際の購買行動）という5つの段階で説明するものである。また店頭で POP（Point of Purchase）広告などを見てその場で商品を購入した場合は，上記の M（記銘）の段階がないので AIDA（アイダ）モデルで説明がされる。

広告の説得機能については1950～60年代を中心にアメリカの社会心理学者たちが取り組んだ説得的コミュニケーション研究（態度変容研究）がその理論的基礎になる。ここでは何らかの態度変容や行動変容を期待して行われる情報伝達の仕組みが実験的手法を用いて解明された。

たとえば，ホブランドとワイス（Hovland & Weiss, 1951）は同一の情報を呈示する場合であっても，情報源（情報の送り手）の信憑性（credibility）が高いほど説得の効果が高まることを明らかにしている。こ

の信憑性は送り手の専門性（expertness；専門的知識の有無）と信頼性（reliability；人間としての信頼性）によって規定されることを示しているが，このことは推奨広告（テレビCMなどで特定の人物が商品を勧める広告）における出演タレントの人選を考える場合の参考になる。

また強い恐怖心の喚起が必ずしも態度変容につながらないというジャニスとフィッシュバック（Janis & Fishbach, 1953）が行った恐怖喚起コミュニケーションに関する研究なども広告表現の方法を考えるうえで示唆を与えてくれる。さらに有名タレントを起用した広告により生じる商品への好意の形成の影響はハイダー（Heider, 1958）のバランス理論により説明できるだろう。

広告が消費者に与えた効果（広告効果）を客観的かつ定量的に測定することも重要な課題であるが，テレビ広告に関する指標として「リーチ」（ターゲットとなる視聴者のうち何パーセントが広告を見ているのか）や「フリークエンシー」（一人あたりが何回見ているのか）などの接触の程度や範囲を測るマクロ的な指標も利用される。

■ 第3節 ■

消費者の説得過程

1. 販売場面における消費者の説得過程

消費者の説得（態度変容や行動変容）は広告だけではなく，店頭において販売員を介して行われる場合も多い。このときに使われる説得のテクニックとして販売員の間で一般的に有効とされるものには以下の4つがある。

(1) フット・イン・ザ・ドア・テクニック（foot-in-the-door technique）
「段階的要請法」とも呼ばれる。街頭でのキャッチセールスにおいて，

商品をすすめる前に「アンケートの依頼」を行うといったように，簡単に応じることができる依頼をして応諾をさせたうえで本命の依頼をするという手続きを踏むと，より依頼に応じやすくなることが実証されている（Freedman & Fraser, 1966）。この効果を説明する心理的メカニズムとして，はじめの依頼を受け入れたことで「自分は親切な人間だ」という自己知覚（self perception）が形成され，これに反するような行動をとることへの心理的抵抗が生じるので断れないとされる。

(2) ドア・イン・ザ・フェース・テクニック（door-in-the-face technique）

「譲歩的要請法」とも呼ばれる。高額の商品の購入を促すなど，まずはじめに応諾が困難な依頼をして，いったん断らせたうえで本命の依頼（より安価な商品の依頼など）をするというやり方である。「相手が譲ってくれたのだからこちらも譲るべき」という社会規範の存在によって説明が可能とされる。このテクニックの有効性についてはチャルディーニら（Cialdini et al., 1975）が実証している。

(3) ロー・ボール・テクニック（low-ball technique）

「承諾先取要請法」と呼よばれる。間取りが広いわりに家賃が安い物件への契約を決定させてから，高額の保証金などの悪い条件を伝えるといったように，魅力的な条件や商品を示しておいて，消費者に購買の決定をまずさせてから，契約までの間に悪い条件を加えたり，良い条件を取り下げる。消費者はいったん行った購買の決定を取り消さないことが多い。このテクニックの有効性についてもバーガーとペティ（Burger & Petty, 1981）が実証している。

(4) ザッツ・ノット・オール・テクニック（that's-not-all technique）

「特典付加法」とも呼ばれる。たとえば500円の品物を買おうとしているときに店員が近づいてきて「もうすぐ閉店なので400円でいいですよ」と言われると買う気になるというものである。この効果はドア・イン・ザ

フェース・テクニックと同様に「譲歩した相手（店員）には自分も譲歩（購入）しなければならない」という社会規範の存在から説明できる。また最初に提示された高い値段を基準に判断をするので，はじめから値引きされた値段を見たときよりも安く感じることによる影響もあるだろう。このテクニックの有効性についてはバーガー（Burger, 1986）により実証がなされている。

2. 説得を規定する心理的要因

　上記のように店頭において店員が消費者に購買に向けて働きかける場面や，広告による情報伝達を含めた影響を説得と定義したうえで，その仕組みを支配している心理的メカニズムについてはチャルディーニ（Cialdini, 2009）が詳しく述べて理論化を図っている。彼は説得に際してはたらく6つの心理的要因をあげている。

(1) 返報性（reciprocation）
　他者が自分に恩恵を与えてくれた場合に自分も同様の恩恵を他者に与えなければならないと考える社会規範による影響力のことである。店頭での景品の配布や試食の提供を受けた場合に「商品を買わなければ相手に悪い」と思う気持ちから購買が引き起こされるといった事例も当てはまるだろう。

(2) コミットメントと一貫性（commitment and consistency）
　いったん他者に対して表明した意見を変えようとしない，またそれに類似した行動を一貫してとろうとする傾向である。たとえば，少額の商品購入をさせたうえで高額商品の購入をすすめるといった販売方法はこの要因に基づいている。

(3) 社会的証明（social proof）
　ある事物について社会一般の人々がどのように考えているかに基づいて

自身の態度を決定することである。消費者が行う商品やサービスの評価はこの要因に影響されていることが多い。たとえば，健康食品の通信販売などでの「使用経験者」による効能の報告を広告の中で取り入れる事例がこれに該当する。

また近年においてはSNSの発達などで，商品を購買し使用した消費者の評価情報を他の消費者が容易に入手することが可能となり，いわゆるクチコミが商品購買に影響するケースが増えている。企業・消費者間の情報伝達だけではなく，消費者間の情報伝達やその結果としての消費者間相互作用という視点で消費者の行動の仕組みを解明することは今後における重要な研究課題といえる。

(4) 好意（liking）

自身が好意を持つ人物や，身体的魅力が高く好感度が高い人物の意見は正しいと信じてそれに従う傾向が強いということである。知人・友人関係のネットワークを利用した商品販売方法や，好感度の高いタレントを利用したテレビ広告や身体的魅力度の高い販売員などがこれに該当する。

(5) 権威（authority）

科学者，政治家など，権威のある人々からの意見に影響されやすいということである。著名な医師や研究者が効能を推奨する薬品や健康食品のCMはこれによる効果を想定したものといえる。

(6) 希少性（scarcity）

数が少なく入手困難な事物に対しては価値を感じ，また入手が困難であることが購入のモチベーションを強める傾向のことである。

この理論は実際の販売促進活動においてさまざまな場面で活用されている（表15-2）。

表 15-2 説得の効果を規定する心理的要因と広告や販売場面での応用例
(Cialdini, 2009 に基づいて作成)

心理的要因	説 明	広告や販売場面での応用例
返報性	他者が自分にメリットとなるような行為をとってくれた場合に自分も同様の行為を他者に与えなければならないと考える	「馴染みのお客様への感謝」と銘打った値引きや景品の配布
コミットメントと一貫性	いったん他者に対して表明した意見を変えようとしない。また類似した行動を一貫してとろうとする	街頭でのキャッチセールスで，はじめに「アンケートへの依頼」をする
社会的証明	ある事物について他者（社会一般の人々）がどのように考えているかに基づいて自身の態度を決定する	薬品や健康食品の通信販売などでの「使用経験者」による効能の報告
好意	自身が好意を持つ人物や，身体的魅力が高く好感度が高い人物の意見は正しいと信じてそれに従う傾向が強い	知人・友人関係のネットワークを利用した商品販売
権威	専門家や科学者，政治家など，権威のある人々からの意見に影響されやすい	医師や研究者が効能を推奨する薬品や健康食品の CM
希少性	希少で入手困難な事物に対しては価値を感じ，また心理的リアクタンスが生じることで入手の欲求が高まる	「期間限定」や「数量限定」を強調した商品販売（いわゆる限定商法）

■ 第4節 ■

消費者問題と消費者保護

1. 悪徳商法の実例

　消費行為は現代社会に生きる人間にとって不可欠で死活問題であるがゆえに，消費者の心理や行動のメカニズムを理解することは，企業がすすめるマーケティング活動においてだけではなく，消費者自身にとっても重要である。企業が行う営利活動は消費者の利益と相反するので，それによって消費者が何らかの損失を被る可能性が存在する。その典型が昨今しばしば問題になる悪徳商法である。

　悪徳商法とは，企業または販売者が不当な利益を得るために行う違法ま

たは社会通念上問題のある商法の通称である。昨今特に問題になるのは，一般消費者を対象にして組織的かつ計画的に行われる商法で，消費者の誤認を利用した商品販売などにより，個人に多額の損失を負わせるものである。代表的なものとして，点検商法（家などを無料点検したあとで修理が必要と伝え，高額の工事契約をとりつける），マルチ商法（知人を入会させると高収入が得られると伝えて高額の入会費を支払わせる），催眠商法（街頭で無料で商品を配り，これをきっかけとして高額の商品を売りつける），利殖商法（必ず儲かると高額の投資を呼びかけるが，結果的に多額の損失を被る）などがある。これらはいずれも消費者の心理的弱点を巧みに利用したものといえ，特に高齢者が被害者となる場合が多くみられ，消費者保護のための法整備（クーリングオフ制度など）の強化が必要とされる。

　中谷内（1993）は，このうち「催眠商法」についての研究を行っている。中谷内によれば催眠商法は「人集め段階」と「追込み段階」の2つの段階からなる。はじめは「人集め段階」で，業者の若い男性が5人程度で一組となり，街角の一角にダンボール箱を並べ「宣伝のため商品を無料で進呈している」と歩行者（主に主婦）を20人前後集める。そして品物を配りながら独特の話術で誘導し「もっと良い品をあげるから」とそのまま近くのビルの一室へ移動させる。次は「追込み段階」で，品物の配布を続けながら雰囲気を盛り上げ，話題を徐々に健康問題に移す。そして羽毛布団や健康食品を登場させて，最終的に高額商品（数十万円の羽毛布団など）を購入するように説得するのである。

　中谷内は観察によるデータ収集を踏まえ，この商法のプロセスを詳細に分析した結果，商品を購入させるために人々の行動を適切にコントロールするための巧妙なテクニックが用いられていることを指摘している。たとえば「人集め段階」において，常に冗談をとばして愉快な雰囲気をつくり上げ，興奮を引き起こして業者への親密感を形成する，などである。

2.「限定表示」における問題

　このような悪徳商法だけではなく，一般的な販売促進技法においても同様の問題を含む場合がある。たとえば，昨今においては前述の「希少性」を高めるために，「期間限定」や「数量限定」を強調した商品販売（いわゆる限定商法）が頻繁に使われている。これは以下のような心理的効果が形成されると指摘できる。

(1) 商品の品質評価への影響

　消費者が商品に対して行う品質評価は客観的事実よりは主観的判断に基づいており，しばしば商品それ自体の品質ではなく商品の外部的情報や購買の文脈に影響を受ける。「限定商品」と言われると「手に入りにくい商品」であることが「品質が高いはず」という信念（思い込み）を形成してしまう。「高価な商品は良い商品である」と単純に考えるのも同様の仕組みといえる。

(2) スノッブ効果

　「限定＝手に入れにくい商品」であることが商品の価値（いわゆる希少価値）を高めて購買の欲求を引き上げたり，それに対して支払う代価の上限を高めることで，このような影響のことを「スノッブ効果」と言う。手に入れにくい商品を所有することが個人を他者から差別化し自尊心を高めるという働きがあるためと考えられる。

(3) チャンスを逃したくないという思い（認知的不協和の低減）

　たとえば「期間限定」と書かれた商品を買わなかった場合には，後日になってから「手に入れるチャンスがあったのに，なぜそれを買わなかったのか？」という「後悔」にとらわれるかもしれない。前述のように，人間は行動の結果と自身の判断が適合していない場合には不快感（認知的不協和）を持つために，それが生じないような行動をとる傾向がある。このような先々の予測を踏まえて不協和を生じさせないための判断をするために

「限定」がついた商品を買わずにはいられなくなるのである。

(4) リアクタンス効果

「限定商品なので手に入れられない」と言われて自分自身の行動が制限されると心理的抵抗（リアクタンス）が生じて（Brehm, 1966），それを振りほどこうとする行動（つまり商品を手に入れるという行動）が生じる。「自分の自由にならない」ことは不快感を喚起するのでそれを避けようとするからだと言われている。

3. 消費者保護のための消費者研究へ

上記のような理論的説明に基づくと，「限定」という表示は，購買者自身による商品の品質評価を攪乱してしまい，客観的で正確な商品の評価を妨げる可能性があり，結果的に消費者の不利益を生み出す可能性が十分にある。最近ある組織が根拠のないまま「期間限定」を強調した広告を掲載し，景品表示法に違反するとして業務停止処分を受けるという事例が生じたが，これはまさにこのような手法が消費者利益に反することを明確にしたという点で重要であると考える。

このことは消費者保護を重要視するという社会全体の当然の流れであると同時に，学問的発展とも無縁ではない。従来であれば「言葉に影響を受けてだまされてしまう」ことは個人の能力の欠落であると判断されていたことが，行動経済学などの学問の展開により「日常場面でヒューリスティクスを多用するために，誤った認知判断をとることは人間の本性である」という考え方に移行しており，そのような商法は人間の弱点につけ込んだものであるという判断の根拠になったと考える。消費者行動研究の成果は特定の企業の利益のためだけではなく，消費者利益の拡大・強化を目指して，結果的には社会全体の健全な発展に利用されるべきと考える。

菊池（2007）は，特に消費者に不利益をもたらす悪質商法について，①商品情報自体を偽装して，不当に情報をコントロールすることと，②消費

者側の心理をコントロールして購入や契約へ追い込む，という2つの特徴がみられることを指摘し，これらに対抗するためには消費者自身が「クリティカル・シンキング（批判的思考）」を身につけて実践することが重要であると述べている。クリティカル・シンキングとは「主張を無批判に受け入れるのではなく，その根拠を批判的に吟味し，論理的に意思決定を行うことを目指した一連の思考技術と態度のこと」としているが，研究成果に基づき個々の消費者にこれを実現するための知識や理論を付与することも消費者行動研究の重要な役割であることを最後に強調しておきたい。

COLUMN ⑬

マーケティングの4P

マッカーシ（MaCarthy, 1960）は，マーケティングは製品（Product），価格（Price），流通経路（Flace），販売促進（Promotion）の4つの要素から構成されていると述べている（下表参照）。

表　マーケティングの構成要素：4つのP（MaCarthy, 1960）

構成要素	意　味
製品 （Product）	性能やスタイル，パッケージなども含めてどのようなコンセプトの製品をつくり，ブランドを育成していくかということ
価格 （Price）	小売価格の設定，値引きや，流通業者へのリベートなども含む
流通経路 （Place）	卸売り，小売り，通信販売なども含めて，どのような経路を経て消費者に商品を供給するかということ
販売促進 （Promotion）	広告や広報（パブリシティ）などによる消費者へのコミュニケーションや人的販売，イベントなどの狭義の販売促進も含む

　これらの4つの要素を組み合わせて効果的なマーケティング戦略（これらの頭文字から4P戦略という）を進めていくことが可能であると述べている。これらの構成要素のいずれについても消費者を中心にして心理学的理解をする必要がある。「製品」については前述したマズローの欲求階層説（Maslow, 1970）など，人間の基本的欲求のメカニズムを理解したうえで消費者ニーズを把握し，またブランドへの態度形成の仕組みについて理解する必要があるだろう。「価格」については「安さ」の感じ方への工夫（980円などのいわゆる端数価格や割引価格の表示方法など）や品質イメージに与える「高価格」の影響といった心理的影響について理解しなければならない。また「流通経路」については，購入に際しての利便性の認知や，小売店の立地や品揃えについての知覚，あるいは店舗イメージといったことが問題になる。さらに「販売促進」については効果的な広告メッセージの方法立案のために消費者（人間）についてのコミュニケーションのメカニズムを理解しなければならない。また特に飲食業などサービスを提供する業態においては，これらに3つのP（People；従業員の雇用やそれに対する訓練や動機づけなど，Physical evidence；施設や備品などの物的環境要素，Process；顧客に対するサービスの手順などを含めた提供過程）を含めた7Pという考え方もある。マーケティングを具体化する基本的戦略として製品差別化戦略や市場細分化戦略などがあげられる。

Appendix

Appendix 1

シラバス案

産業・組織心理学会　公認心理師大学カリキュラム
標準シラバス案について

　産業・組織心理学会では，公認心理師の大学カリキュラムがスタートする際，公益社団法人日本心理学会が作成した「公認心理師大学カリキュラム　標準シラバス（案）」のうちの科目 20「産業・組織心理学」について，全学会員に呼びかけて意見を集め，標準シラバス案を作成しました。公認心理師の活動の実質化に，産業・組織心理学の知見は大いに役立つものと考えております。この標準シラバス案が，公認心理師の皆さんの産業・組織心理学を学ぶ指針となれば幸いです。

　本書では，公認心理師の教科書として使っていただけるよう，この標準シラバス案と用語集を対応付けています。用語集は五十音順となっていますので，シラバスでわからない用語が出てきたときには用語集を参照してください。

産業・組織心理学会　公認心理師標準シラバス案

産業・組織心理学	①職場における問題（キャリア形成に関することも含む）に対して必要な心理に関する支援	A	産業・組織心理学とは何か	目的　歴史　対象　方法　社会的意義　組織観の変遷　オープン・システム・アプローチ
		B	産業・組織分野の制度・法律・職種	労働基準法　労働契約法　労働安全衛生法　過労死等防止対策推進法　男女雇用機会均等法　労働基準監督官　産業安全専門官・労働衛生専門官　産業医
		C	産業・組織分野での活動の倫理	産業・組織分野での活動の倫理　個人情報と守秘義務
		D	作業改善・安全衛生	作業能率　作業研究　労働災害　ヒューマンエラー　安全文化　人間工学　職場の快適性　安全マネジメント　安全衛生活動　リスクアセスメント
		E	職業性ストレスとメンタルヘルス	作業負担　疲労・過労　職業性ストレスとメンタルヘルス　バーンアウト　感情労働　ワークエンゲイジメント
		F	人事・ヒューマンリソースマネジメント	募集と採用　人事評価・処遇　職業適性　福利厚生　働く人の多様性（ダイバーシティ）
		G	キャリア形成	職業選択理論　キャリア発達　能力開発　ワークライフバランス
		H	消費者行動	消費者行動とマーケティング　消費者の購買意思決定過程　消費者行動の規定要因（個人差要因，状況要因，マスメディアの影響，消費者間相互作用）消費者問題と消費者保護　リスクコミュニケーション　企業活動
		I	産業・組織分野における心理学的アセスメント	ストレスチェック　職業適性のアセスメント　人事のアセスメント　組織風土および労働環境のアセスメント
		J	産業・組織分野における心理学的援助	産業カウンセリング　労働環境の改善　職場のストレス予防とストレスマネジメント　就労支援（復職支援含む）　キャリア支援　キャリアカウンセリング　ハラスメント　EAP（従業員支援プログラム）
	②組織における人の行動	A	職場集団のダイナミックスとコミュニケーション	グループ・ダイナミックス（集団力学）　組織内・組織間のコミュニケーション　集団意思決定　集団の生産性　チームワーク　組織開発　組織変革　コンプライアンス
		B	リーダーシップ理論	集団目標の達成　特性論　行動記述論　状況適合論　フォロワーシップ
		C	組織成員の心理と行動	パーソナリティと適性　能力とパフォーマンス（業績）　職務満足　ワークモチベーション　コミットメント　定着意識　職場適応　職場における葛藤

217

Appendix 1　シラバス案

【参考資料】

公認心理師大学カリキュラム　標準シラバスの改訂

2018年8月22日
公益社団法人　日本心理学会
公認心理師養成大学教員連絡協議会

公益社団法人日本心理学会では，2017年12月に「公認心理師大学カリキュラム　標準シラバス（案）」を作成し，会員からのパブリックコメントを求めました。2018年3月末までに23通のコメントをいただきました。コメントをお寄せいただいた先生方にはたいへん感謝いたします。
いただいたコメントを検討し，修正を加えた結果，「公認心理師大学カリキュラム　標準シラバス」を作成いたしましたので，ここに公開いたします。
大学等で授業を担当している本学会会員の教育指針としてご利用いただければ幸いです。なお，この標準シラバスは，授業に含まれる項目やキーワードを例示したものであり，各大学での授業内容を拘束するものではありません。また，本学会が認定する認定心理士の方の学習指針としてご利用いただければ幸いです。

（中略）

いただいたパブリックコメントに対する対応

（中略）

20「産業・組織心理学」
　この科目については，産業・組織心理学会より，学会で作成したシラバス案をいただきましたので，ご提案をそのまま受けいれて修正しました。
　そもそも公認心理師カリキュラムやシラバス，ブループリント（出題基準）については，専門家集団である学会が作成することが望ましいと思われます。その点で産業・組織心理学会が率先してシラバスを作成されたことに対して深い敬意を表します。このような動きが広まって，各専門学会が公認心理師カリキュラムやシラバス，ブループリント（出題基準）などを作成して公表することを願うものです。公認心理師養成大学教員連絡協議会においても，そのような動きを後押ししていきたいと考えています。

（以下略）

公益社団法人 日本心理学会 公認心理師大学カリキュラム　標準シラバス
https://psych.or.jp/qualification/shinrishi_info/shinrishi_syllabus（2018年12月10日閲覧）

Appendix 2

用語集

● **安全衛生活動**

労働災害を予防するために事業場内で行われる活動の総称。発生した労働災害やヒヤリハット報告の分析と対策、日常的な安全衛生管理などを含む。労働条件、労働環境の衛生的改善と疾病の予防処置等を担当し、事業場の衛生全般の管理をするのが「安全衛生管理者」で、一定規模以上の事業場については、衛生管理者免許、医師、労働衛生コンサルタント等の免許、資格を有する者からの選任が労働安全衛生法で義務づけられている。

● **安全文化**
　⇨本文第 10 章第 4 節参照

● **安全マネジメント**
　⇨本文第 10 章第 3 節 5. 参照

● **アンダーマイニング現象**
　⇨本文 p.105 参照

● **オープン・システム・アプローチ**

カッツら（Katz & Kahn, 1966）によって理論化された組織観の一つ。彼らによれば、オープン・システムとは、環境からエネルギーを取り入れ、それらを変換して環境にアウトプットするシステムである。主に組織内の要素に着目した、テイラーの科学的管理法に代表される合理的システム観、ホーソン研究などに代表される自然システム観に対して、組織の外的要素との関係に着目した点が特徴的であり、現代の組織観の中核に位置づけられる。

● **科学的管理法**
　⇨本文 p.5 参照

● **葛藤（コンフリクト）の 3 類型**

レヴィン（Lewin, K.）の葛藤 3 類型は、個人空間の中に接近欲求を強める魅力的な対象と、回避欲求を強める不快な対象とが併存する場合に生起することが仮定されている。レヴィンによれば、2 つの魅力ある対象が同時に存在し一方しか選択できない場合は接近 - 接近葛藤、不快な対象が併存し一方から離れることが他方に近づくことになってしまう場合は回避 - 回避葛藤、一つの対象が快と不快の両側面と持つ場合には接近 - 回避葛藤が生じる。例については本文 p.95 参照。

● **過労**
　⇨本文第 11 章第 2 節参照

● **過労死等防止対策推進法**

過労死等が、本人はもとより、その遺族又は家族のみならず社会にとっても大きな損失であることから、過労死等に関する調査研究等について定めることにより、過労死等を防止しようとする法律（2014 年）。

● **環境型と対価型セクハラ**
　⇨本文 p.120 参照

219

Appendix 2　用語集

● 感情労働

職務上必要な感情表現をしなければならない職業がある。客室乗務員，医師，看護師，葬儀会社の従業員，介護職，接客業などである。彼ら，彼女らは，自分自身の感情とは反対の感情を外に表さなければならない場合もあるし，顧客の理不尽な怒りにも反論せずに耐えなければならないときもある。実際の感情を抑圧したり，実際でない感情を装ったりすることは強いストレッサーとなり，メンタルヘルスに悪影響を及ぼす可能性がある。近年はサービス産業に従事する労働者の割合が大きくなっている背景もあり，感情労働とその影響に関する研究が注目されている。

● 企業活動

⇨本文第15章参照

● キャリアカウンセリング

個人のキャリア発達支援を目的として，キャリアの問題に焦点を当てて行うカウンセリング。このカウンセリングを行うカウンセラーをキャリア・カウンセラーと呼ぶが，わが国では国家資格化されており，キャリアコンサルタントの名称で活動している。キャリアというと仕事や進学先に限定して考えられがちであるが，経済環境の影響を直接的に受けるとともに，人生全体を背景とするキャリアを支援するため，キャリア・カウンセラーにはキャリア理論のほか，産業・組織心理学，発達心理学，社会経済状況に関する知識等，幅広い知識が必要とされる。

● キャリア支援

キャリアの語源は，cart, chariot（荷車や戦車），あるいは cararia（荷車や戦車が通過する道，わだち）と言われており，日本語訳では経歴や生涯，生き方などが当てられている。ここからわかるように，キャリアは人生全体を示しており，キャリア支援は広義では生き方支援ということになる。しかし，キャリアの多くを占める職業の問題は，経済環境の影響を大きく受け，個人の発達的な問題も絡み，時に非常に大きな問題となり，抑うつなどを引き起こす可能性がある。その人らしいキャリアを実現するという理想を持ちつつ，現在を生きていくものとしての現実に寄与するキャリア支援が期待される。

● キャリア発達

⇨本文第3章第1節3.参照

● クチコミ

家族や友人などの知人やそれ以外の他者を介した情報伝達のことをいう。広告とは異なり企業以外の第三者による情報であるために消費者からみた信頼性は高く，製品やサービスの購買意思決定に大きな影響力を持つとされる。特に近年ではインターネットやSNS（ソーシャル・ネットワーキング・サービス）の普及に伴い，クチコミは発生しやすく，また大規模なものになりがちである。上記の理由により，クチコミ情報の管理・統制は現代の企業における重要な課題とされている。

● グループ・ダイナミックス（集団力学）

レヴィン（Lewin, K.）によって創始され，理論と実践の双方から集団を研究する，心理学の主要な研究領域の一つとして今日に至っている。名称からも推察できるように，集団成員相互の関係性によって生まれる集団の力動性（ダイナミックス）への関心が，研究の基本にある。小集団を対象とする実験的なアプローチを中心に，集団が成員に及ぼすさまざまな影響を明らかにするとともに，理論と実践の統合をはかる「アクション・リサーチ」と呼ばれる手法により，研究成果を実践の場に適用することにも重点が置かれる。集団意思決定や集団生産性，集団規範，リーダーシップなどに始まり，その研究領域は現在も

広がっている。日本では1949年に日本グループ・ダイナミックス学会が設立され，現在も活動中である。

● 限定合理性

サイモン（Simon, H.）によれば，人の行動は最適化ではなく，むしろ満足化（satisficing）に向かおうとする傾向が強くみられる。このサティスファイシングという用語は，satisfy（満足させる）とsuffice（十分である）を組み合わせた，サイモンの造語であり，「もういい」「このあたりでいい」という決定反応を意味する。日本語では「最小限化」と訳されることもある。すなわち，人はすべての可能性を走査した上で合理的に意思決定しているのではなく，どこかで合理性の限界に折り合いをつけ（限定された合理性），現実には「このあたりでいい」という自己満足のできる水準で意思決定する傾向がある。

● 広告効果
⇨本文 p.204 参照

● 広告と広報

広告の定義は本文 p.201 に示したとおりで基本的には有料であるが，広報はマスコミ（新聞，テレビなど）が第三者の立場で企業や製品を消費者に伝えるものである。企業にとっては経費がかからないというメリットがある。意図的に発信される広告に比べて広報のほうが消費者への信頼性が高いことが指摘される。よって広報を適切に活用することは現代の企業にとって非常に重要な課題である。

● 広告の機能
⇨本文第15章第2節参照

● 公式集団と非公式集団
⇨本文 p.71 参照

● 個人情報と守秘義務
⇨本文 p.12 参照

● コーチング

能力開発の方法の一つであり，指導者（コーチ）は，被指導者（クライアント）に働きかけて，クライアントが到達すべき目標，その目標と現状とのギャップ（現状では不足している知識・技能など），目標に至るのに必要な手段，などについてクライアントに気づきを与え，自主的に解決することを助けることとされている。

スポーツのような場面で目にする積極的な働きかけや手取り足取りの指導ではなく，あくまでも間接的な働きかけによりクライアントが能動的に取り組むように働きかけることが重視され，リスニング（傾聴）が重要視される。

メンタリングのように人間関係の中で自然発生的に行われるキャリア発達支援というよりは，キャリア発達が明確に意図されている関係である。

● コミットメント

組織の目標と価値を受容・支持し，組織のために努力しようとする意思を持ち，メンバーとして組織に留まり続けたいという強い願望を意味する。組織コミットメントが強い場合には，自分が組織の一員であることを周囲に明示し，組織の利益になるよう振る舞う態度を強める。仕事へのモチベーションとも強く関わる心理的特性である。コミットメントに影響する要因としては，上司や仲間との信頼関係，自らの価値観と組織の価値観との適合，貢献と見合うものを組織が与えてくれるという互恵的関係などがある。

● コンピテンシー
⇨本文 p.21 参照

Appendix 2　用語集

● コンプライアンス

企業コンプライアンスのこと。法令遵守と訳されることもあるが，法令だけでなく，さまざまなルール，業務命令，服務規程，行動規範，社会的規範，倫理的規範などに従うことである。消費期限書き換え，原材料の偽装，検査データ改ざんなど，1人の従業員の違反ではなく，組織ぐるみのコンプライアンス違反は企業不祥事として大きな社会問題になることがある。企業コンプライアンスはコーポレート・ガバナンス（企業統治）の重要な目的の一つである。

● サーバント・リーダーシップ
　⇨本文第7章第2節3.参照

● 作業研究
　⇨本文第12章第1節参照

● 作業能率と効率

能率という言葉は一定の時間にできる仕事の量，効率とは一定の労力や資金に対して得られる成果の量などと説明されることもあるが，英語ではどちらも efficiency であり，大きな違いはない。どちらかといえば，効率のほうがコストを意識した表現といえる。作業の能率や効率を高めるための科学的アプローチが作業研究である。

● 作業負担
　⇨本文第12章第2節参照

● 産業安全専門官・労働衛生専門官

産業安全専門官は産業安全に関する事務で専門的及び技術的な事項について指導援助を行い，労働衛生専門官は労働衛生に関する事務で専門的及び技術的な事項について指導援助を行う。労働安全衛生法（第93条）で設置が定められている。

● 産業医

健康診断，面接指導，健康教育，健康相談，労働衛生教育，健康障害の原因の調査及び再発防止など，労働者の健康管理を行うため，選任される医師。常時50人以上の労働者を使用する事業場では必ず選任される必要がある。

● 産業カウンセリング

働く人が抱える問題を自らの力で解決することを支援する相談業務であり，対象とする主な問題は，メンタルヘルス，キャリア形成，そして職場の人間関係である。資格を持って相談にあたるカウンセラーとしては，日本産業カウンセラー協会が試験をして認定する「産業カウンセラー」のほか，臨床心理士，国家資格キャリアコンサルタント，キャリアコンサルティング技能士，国際EAP協会公認の Certified Employee Assistance Professional，中央労働災害防止協会が認定する心理相談員，2018年から国家資格として発足した公認心理師などがいる。

● 産業・組織心理学の社会的意義
　⇨本文 p.9 参照

● 産業・組織心理学の対象
⇨本文 p.1 参照

● 産業・組織心理学の方法
　⇨本文 p.10 参照

● 産業・組織心理学の目的
　⇨本文 p.1 参照

● 産業・組織心理学の歴史
　⇨本文 p.4 参照

● 産業・組織分野での活動の倫理

産業・組織分野においても，個人情報の管理

や守秘義務など，個人の人権への倫理的な配慮が必要なことは言うまでもない。さらに産業・組織分野の特徴として，社会的な配慮が必要とされることから，法律関連の視点が求められ，法務室等との連携が欠かせない。

● 自己啓発（支援）
⇨本文 p.38 参照

● 仕事の意味づけ
働く人々のキャリア・アップに不可欠なOJTは，単に仕事の効率的な進め方について指導・助言・情報提供を行うだけでなく，仕事の割り当てを通して学習する機会を提供することも含まれる。

しかしながら，いつも段階を追ってステップアップに適当な仕事を与えることは可能でない。そのため，たとえ同じような仕事を繰り返し割り当てるときでも，その都度，その仕事を通してどのようなことを身につけることを期待しているのか，それがその人にとってどんな意味を持つのか，ということをレベルアップしながら明確に示すことが大切である。

● 市場細分化（マーケット・セグメンテーション）
⇨本文 p.179 参照

● 社会的手抜き
1964年のニューヨークで，キャサリン（キティ）・ジェノヴィーズという28歳の女性が，仕事を終えた夜に帰宅途上で暴漢に襲われ刺殺された。3カ所で40分近くにわたり襲撃を受け，その間繰り返し助けを求めて悲鳴を上げたが，彼女が死亡するまでの間，周囲の住民は誰も警察に通報せず助けにも行かなかった。事件後の調べでは38人の住民が彼女の悲鳴と助けを求める叫びを聞いていた。この事件はその後大きな反響を呼び，社会的手抜きに関する心理学の研究では，現在でも必ずといってよいほど言及される。

● 集団意思決定
⇨本文 p.73 参照

● 集団規範
⇨本文 p.73 参照

● 集団凝集性
集団凝集性は，メンバーを集団にとどまらせるように作用するすべての力の合成されたものである。ただし集団から離れることで被る損失のゆえに集団にとどまろうとする力は含めない。たとえば，集団を抜けることで制裁を加えられる，金銭的なペナルティを課されるといった恐れがあり，それがメンバーを集団に留め置く力として働いている場合がある。これは不利益の回避であり，集団凝集性とは呼べない。

● 集団浅慮
⇨本文 p.75 参照

● 集団の生産性
集団の生産性にはさまざまな基準が考えられるが，一般には最終的に生み出される成果や業績を意味する。集団の生産性に影響を与える要因としては，集団構造や作業手順などの物理的ならびに環境的要因，集団への帰属意識や忠誠心といったメンバーの態度などがあげられる。1920年代から30年代にかけて行われたホーソン実験では，職場における非公式な仲間関係（インフォーマル・グループ）の存在が生産性に大きな影響を持つことが明らかにされた。リーダーが発揮するリーダーシップのありようも生産性に影響する要因として重要である。生産性は集団のまとまり（凝集性）が強い場合に高まるが，一方で凝集性が強いがために集団で作業を忌避するといっ

Appendix 2　用語集

た行動も生まれ，その場合には結果として生産性は低下する。このように，生産性への影響は多くの要因が介在する。

● 集団目標の達成
目標は個人のみならず，組織目標やチームとしての目標など，集団場面においても日常的に設定される。これまでの研究では，集団目標が設定されたときのほうが，個人単独での目標が設定されたときよりも，目標への関与度（目標コミットメント）が高くなり，業績も高まることが見出されている。このことは，集団目標が設定されたときには，達成に関してメンバーが責任を共有することになり，結果として達成に向けての努力が高まることを示している。さらに，集団目標とそれに基づく個人目標が設定された場合には，両者に関するフィードバックが可能になり，成績改善に向けて複数の情報を得ることが可能になる。目標設定理論の提唱者であるロックとレイサム（Locke & Latham, 1984）も，個人と集団の両側面から成績を測定することが目標設定の効果を高めることを指摘している。

● 就労支援・復職支援
〈就労支援〉一般的には，障害者総合支援法のもとで，通常の事業所への雇用に関する就労移行，それらが困難な人への雇用契約に基づく就労，それが困難な人の就労，また，すでに雇用されている人への就労定着，などへの支援などを指す。具体的には，就労の機会の提供や，就労のための知識能力の訓練などの支援，事業者や医療機関との連絡調整などが行われる。その意味で，就職支援とは異なる。
〈復職支援〉主にメンタルヘルス不調に陥った人が，休業後職場に復帰するときに行われる支援であり，近年のメンタルヘルス不調者の急増に伴い，復職（支援）プログラムが用いられることが多い。

復職に際しては，主治医の判断だけでなく産業医による職場復帰の判断が不可欠であり，それをもとに，人事部等を中心にした復職支援プログラムの運用に入る。その際，いきなり元の職場や職務への復帰ではなく，段階を踏んで，徐々に仕事や職場に慣れるように進めることが必要になる。

● 消費者行動とマーケティング
⇨本文 p.181 参照

● 消費者行動の規定要因（個人差要因）
⇨本文 p.179 参照

● 消費者行動の規定要因（状況要因）
⇨本文 p.181 参照

● 消費者行動の規定要因（消費者間相互作用）
⇨本文 p.207 参照

● 消費者行動の規定要因（マスメディアの影響）
⇨本文 p.201 参照

● 消費者の購買意思決定過程
⇨本文 p.186 参照

● 消費者問題と消費者保護
⇨本文 p.208 参照

● 情報モニタリング法
⇨本文 p.176 参照

● 職業性ストレスとメンタルヘルス
⇨本文第 11 章第 3 節参照

● 職業選択理論
キャリアガイダンス（職業指導・職業紹介）の背景となっている理論である。

この理論の中には，個人の適性・能力・興味などの諸特性と，仕事に関する情報（資格要件，成功の条件，長所，短所，将来性）のマッチングに関する特性・因子理論，職業選択の意思決定の要因やプロセスを重視する意思決定・期待理論，職業選択は学習の結果であるという社会的学習理論があるとされている。

ホランド（Holland, 1997）は，多くの人は現実的（R），研究的（I），芸術的（A），社会的（S），企業的（E），慣習的（C）の6つのパーソナリティ・タイプのいずれかに分類され，それらは，さまざまな問題や課題に対処するときの姿勢やスキルに特徴がある。そして，職業的な満足，安定性，業績は個人のパーソナリティとその人の働く環境（同じく6つのタイプがある）の一致度によって決まる，としている。

● 職業適性
⇨本文第2章第1節3.参照

● 職業適性のアセスメント
職業適性とは，本文でも見たように，その仕事の要求する水準（課業：task）を満たし，それを効率的に行う個人の特性ということができる。それを測るためには，標準化された信頼性や妥当性の高い適性検査（フォーマルアセスメント）と，面接法などで得られた客観的な指標によらない行動レベルの情報である非標準化検査（インフォーマルアセスメント）がある。

一般的なアセスメントの基準には，以下のようなものがあるとされている。
①人並み以上に仕事ができること
②職務の要件を最低限でもよいから備えていること
③教育訓練などにより，今の能力よりも高い水準に到達できること
④成長しようという意欲があり職場環境に適応していること
⑤個人の属性や背景が職務の資格要件に適応していること

● 職場適応
適応とは，個人が自己の要求と環境からのさまざまな要求を，うまく調整して，生き延びていくことである。環境には物理的なものと社会的，心理的なものがある。

そのため，職場適応とは，職務や職場が要求するさまざまな事柄（課業や目標）と自己の要求を調整しながら，生活できている状況を指すということができる。

一般的にはうまく適応できない，すなわち，職場不適応が問題にされることが多い。職場不適応には，無断欠勤やミスを繰り返したり，飲酒などで早退・遅刻などの問題行動を起こす客観的不適応と，仕事中毒的な己を無くして職場や仕事に尽くしてしまうケースや，自分で悩んで自信喪失から退職などに至る主観的不適応がある。また，職務やそれを取り巻く人間関係に起因するストレスが原因になり，職場不適応になることもある。

職場適応がうまくいかないと，働く人の可能性は発揮されず，離職，転職，事故などの不適応行動を起こすとされている。

● 職場における葛藤
⇨本文 p.96 参照

● 職場の快適性
⇨本文第12章第4節参照

● 職場のストレス予防とストレスマネジメント
「職場のストレス予防」とは職務ストレス（職業性ストレス）に起因するメンタルヘルスの不調を予防する取り組みのうち，「ラインによるケア」と「事業場内産業保険スタッフによるケア」を指すと考えられる。また「ストレスマネジメント」はメンタルヘルスケアの

225

Appendix 2　用語集

取り組みと同義である。したがって，どちらも本文第11章第3節3.を参照されたい。ただし，個人が上手にストレスコーピングを行う技法のことをストレスマネジメントと呼ぶ例もある。

● 職務診断論

ハーズバーグ（Hertzberg, F.）の職務充実の考えが提唱されたのち，それでは内容の充実した仕事とは何かという研究が盛んになった。その中でもハックマンとオルダム（Hackman & Oldham, 1975）の職務診断調査（Job Diagnostic Survey: JDS）は，大きな影響力を持った。

　JDSは，技能多様性，課業重要性，課業同一性，自律性，フィードバックという中核的な次元を当該の仕事はどの程度含んでいるかということを測定している。従業員の成長要求を媒介として，これらが高ければ，仕事の意味を実感でき，動機づけ，労働達成（生産性），職務満足感が高まり，ターンオーバー（離・退職）やアブセンティイズム（無断欠勤）が低くなるとしている。

● 職務分析

　⇨本文 p.19 参照

● 職務満足

仕事場面において，人が感じる満足を職務満足と呼ぶ。職務満足が得られれば，さらに仕事に取り組み，職務満足が得られなければ仕事のやる気がなくなるといったように，ワーク・モチベーションと関係が深い。時にはその仕事を辞めてしまうこともある。このため，職務満足が得られるかどうかということは個人にとっても，組織にとっても重要である。職務満足を高める要因としては，賃金などの労働条件や職場の人間関係，仕事のやりがいなどが検討されている。職務満足理論にはハーズバーグ（Hertzberg, F.）の動機づけ−衛生理論などがある。

● 人事のアセスメント

人事（人的資源管理）の活動である。人事の採用，人事配置，昇進，退職や解雇の一連の活動や，人材育成，能力開発，人事評価，モチベーション管理，報酬管理，労使関係の調整や安全衛生，健康管理，メンタルヘルス管理などの活動においては，人に関するアセスメントが非常に重要な位置を占める。的確にアセスメントするために，職業適性検査，採用面接手法，アセスメント・センター方式，360度多面評価，コンピテンシー評価などのツールの開発が行われている。

● 人事評価・処遇

　⇨本文第2章第2節参照

● 人的資源管理

働く人々の入社から退社までを扱う人事管理，賃金・労働時間などを扱う労働条件管理，働く人々の動機づけや職務満足感に関わる上司−部下関係を中心にした人間関係管理，そして，労使の協調を指向した労使関係管理など，かつて労務管理や人事管理と呼ばれていたものが，今日，人的資源管理HRMと呼ばれている。

　この変化は，単なる名称変化だけでなく，内容の変化を伴っている。その一つは，人を資源とみなし，その効用を最大限に引き出そうという志向である。もう一つは，そのため，働く人々は同質の集団ではなく，一人ひとり全く別の管理対象と捉えられ，集団としての労働者を管理するというよりは，個別管理的な志向が高いものになってきたという点である。そのため，労使関係管理を中心にした主として集団としての労働者の管理を志向する労務管理という色彩がきわめて薄くなっている。

● ストレスチェック
⇨本文第 11 章第 3 節 4. 参照

● セクシュアル・ハラスメントの定義
米国雇用機会平等委員会（The Equal Employment Opportunity Commission: EEOC）では，セクハラを「相手の望まない性的な誘い，性的行為の要求，その他性的な性質をもつ言葉あるいは身体的な行為が以下の基準の一つにでも合致した場合には，その行為はセクシュアル・ハラスメントとみなされる」として，次のような基準をあげている。
1. そうした行為への服従が，明示的あるいは暗黙裏であるにもかかわらず 個人の雇用条件に入っている
2. そうした行為への服従や拒否が，本人の雇用を決定する理由に用いられる
3. そうした行為が，本人の仕事に対する不当な妨害や脅迫，敵意，あるいは不快な仕事環境を生み出す目的や効果を持つ。

● 組織開発
組織の持っている価値観や文化，そして，そこから派生する仕事の仕方などを，環境や組織の事業内容の変化などに合わせて，職場ぐるみ，組織ぐるみで組織全体で変えてしまうこと，もしくは，その手法を組織開発・組織変革と言う。わが国では，能力開発の考え方の一つとして位置づけられることも多い（職場ぐるみ訓練など）。

　基本的な考え方は，環境と自組織の不適合に気づく，それに対応するために自組織の価値観や文化などを解体する（解凍といわれる），新たな環境に適合する組織文化を作る，そしてそれを定着させる（同再凍結）というステップをとる。

　訓練としては，地位の如何を問わず全員がそのプロセス・プログラムに参加するので，全体が共通の理解のもとに進行し，新しい文化が定着しやすいという利点がある。

● 組織観の変遷
⇨本文 p.6 参照

● 組織市民行動
organizational citizenship behavior の日本語訳である。citizenship は日本語では市民権や公民権と訳される。市民としての資格と説明されることもある。organizational citizenship なので，組織における市民権あるいは市民としての資格ということになるが，2 つの語はそのままでは理解が難しい。組織市民行動の日本における代表的研究者である田中（2012）は，組織市民行動の代表的な定義として「自由裁量的で，公式的な報酬体系では直接的ないし明示的には認識されないものであるが，それが集積することで組織の効率的および友好的機能を促進する個人的行動」というオーガンら（Organ et al., 2006）による定義を紹介している。

● 組織内・組織間のコミュニケーション
コミュニケーションには大きく分けて，コミュニケーションの内容（情報）とコミュニケーションの伝達方法や経路の要因がある。前者については，組織目標や課題に対する共通の認識，基本的な専門用語や技術的知識の共有などが前提にあり，それらを交換しながら必要な情報を蓄積・発展させて組織効率を高めていく。後者については，組織内の地位や役割，部門などの組織構造，インターネットなどの通信手段を通じて情報を正確かつ効率的に移転し交換していく。しかし情報の共有や交換は決して簡単なことではない。仕事量や仕事の形態，就業規則，対人関係，地位や役割，年齢や世代差など，多くの要因が複雑に絡んでくる。近年は各種のハラスメントや就業形態など，組織内コミュニケーションの円滑化に向け解決せねばならない問題も多くなっている。同一組織の中にも部門など下部組織間でのコミュニケーションで同様の課

227

題が存在する。また，グローバル化に伴い文化的背景を異にする企業・組織間のコミュニケーションも求められるようになり，異文化間コミュニケーションへの理解が重要な課題になってきている（本文第6章，第8章参照）。

● 組織風土
　⇨本文 p.79 参照

● 組織風土および労働環境のアセスメント

アセスメントとは，評価あるいは査定を意味する。組織風土や労働環境は幅広い概念であり，どのような観点からアセスメントを行うかを考える必要がある。たとえば，組織風土は明確な制度や構造を持つ概念ではなく，組織の構成員や組織を取り巻く外部の人々によって主観的に評価され，組織の特色として共有されるイメージである。しかし人々にとって組織風土は実在するものともいえ，組織風土をどのように測定・評価するかについてはこれまでにも研究が重ねられている。古くは，リトビン（Litwin, G. H.）とストリンガー（Stringer, R. A. Jr.）は組織風土を9つの下位風土に分け，それぞれについて具体的な質問項目を用意して組織風土の測定を試みている。またキャンベル（Cambell, J. P.）らは組織風土を4つの下位次元に分類しているが，わが国では田尾雅夫がこの4次元をもとに作成した質問項目を用いて調査を行い，因子分析によってほぼ同様の次元を確認している。

　労働環境についても，アセスメントの対象となる領域は非常に広い。1992（平成4）年には労働安全衛生法が改正され，快適職場づくりが事業者の努力義務となったが，そこでは快適職場指針のポイントとして，作業環境，作業方法，疲労回復支援施設，職場生活支援施設があげられ，考慮すべき事項として，継続的かつ計画的な取り組み，労働者の意見の反映，個人差への配慮，潤いへの配慮があげられている。この他にも，CSR（企業の社会的責任）や衛生環境など，官民ともにさまざまな視点からのアセスメントが実施されている。

● 組織風土とセクハラ

フィッツジェラルド（Fitzgerald, L. F.）らは，セクハラに寛容な組織風土，男性優位の職務状況要因をとりあげ，これらの変数がセクハラを引き起こす先行要因になると考え，セクハラの統合過程モデル（Integrated Process Model）を提唱している。このモデルでは，セクハラを放置する組織風土と男性優位の職務状況がセクハラを助長し，職務満足や心身の健康状態に深刻な結果を引き起こすことが示されている。さらに被害者の個人要因がこのプロセスに影響することが仮定されている。このモデルを用いた角山ら（2003）の研究では，組織風土がセクハラの発生に影響を及ぼすことが確認され，部分的にではあるがモデルが日本でもあてはまることが示された。

● 組織文化
　⇨本文 p.79 参照

● 組織変革
　⇨本文 p.109 参照

● ソーシャルサポート

人がストレスに対処して精神的健康を維持するためには，本人の資質や，ストレスコーピングのスキルだけでなく，家族，友人，職場の同僚や上司など，周囲の人々からの援助が重要な役割を果たす。ソーシャルサポートには情緒的，評価的，道具的，情報的という4つの機能がある。情緒的サポートは愚痴を聞いたり，なぐさめてもらったりすることでストレスを和らげること，評価的サポートは本

人やストレッサーとなっている相手の行動を社会的規範に基づいて評価すること，道具的サポートは具体的な行動で本人を助けること，情報的サポートは誰に相談すればよいか，どこへ行ったら援助が得られるのかなどについてアドバイスを与えることである。事業者も従業員がソーシャルサポートを受けやすい仕組みと組織風土を作ることが望まれる。

● **ダイバーシティ**
⇨本文 p.114 参照

● **男女雇用機会均等法**
法の下の平等を保障する日本国憲法の理念にのっとり雇用の分野における男女の均等な機会及び待遇の確保を図るとともに，女性労働者の就業に関して妊娠中及び出産後の健康の確保を図る等の措置を推進する法律（1972年）。1985年に女性への差別の撤廃を目的として改正が行われた。なお，女性の活躍をいっそう進めるため，「女性の職業生活における活躍の推進に関する法律」（女性活躍推進法）が2015年に10年の時限立法として成立している。本文 p.117 参照。

● **チームワーク**
目標達成やそのための課題の遂行に向けて，小集団が形成されることがある。たとえば，企業では部や課があるが，その中では仕事に応じてより小さな集団が形成されることも多い。こうした小集団はチームと呼ばれる。チームは，部門の目標につながる特定の課題（プロジェクト）を持ち，メンバー各自が明確な役割のもとに相互に協力関係を築いている。チームワークとは，こうした協力関係に基づき効果的かつ効率的に作業を遂行する努力を指す。課題についての理解や実際の行動だけでなく，メンバー相互の情緒的関係性やそこから生まれる感情など心理的側面も，チームワークに大きな影響力を持つ。メンバーの一致した努力が課題の解決や目標の達成を促進するという期待は，チームワークのプラスの側面であるが，バンデューラ（Bandura, 1986）はメンバーが共有するこうした期待を集合効力感（collective efficacy）と名づけている。

● **定着意識**
働く人々が所属している企業に留まろうとする意識を定着意識という。定着に関しては，リテンション（retention）という用語で研究されることも多い。

定着に影響を与える独立変数として職務満足感をあげる研究が多く，仕事の中で満足できれば，その組織に留まりたいという感情が高まるというモデルで論じられ，その意味では，組織コミットメントの議論との重なり合いが高いように思える。

また，職務満足感と並んで，企業のさまざまな施策も，リテンションに関係があることを示す研究や，離・退職の意向（定着意識の逆）と職務満足感や生活満足感の三者が関連しており，生活満足感を高めることで離・退職の意向を抑制する可能性を見出したとする研究もある。

● **道具性期待理論**
ヴルーム（Vroom, 1964）の道具性期待理論モデル自体については，いくつかの問題が指摘されている。誘意性（V）の測定に限界があることも大きな問題である。たとえば，Vの一つとして「友人をたくさん持つ」があるとする。その背景には，他者とよい人間関係を築くことへの魅力があるかもしれないし，それは充実した人生をおくることへの魅力からきているのかもしれない。このように，誘意性の根源を特定することは現実には困難である。ロウラー（Lawler, 1971）らは，ヴルーム・モデルの不備を補う新しいモデルを提唱しているが，モデルに含まれる要因も多くあ

り，複雑な状況下では現実的に測定は難しい。

● 特異性クレジット
⇨本文 p.88 参照

● 度数率と強度率
労働災害の頻度を産業別や企業別に比較したい場合に度数率が用いられる。度数率は100万労働時間あたりの死傷者数である。一方，強度率は労働災害の重篤度を加味した指標であり，1,000延べ労働時間あたりの労働損失日数を表す。労働損失日数とは労災による休業日数に365分の300を乗じた数で，死亡した場合は7,500日，身体障害が残る怪我については障害の等級に応じて定められた日数を適用する。

● 内発的モチベーション
⇨本文 p.105 参照

● 内容理論と過程理論
第8章参照。この他の分類として，ミッチェルとダニエルズ（Mitchell & Daniels, 2003）は，仕事場面での行動を活性化し，方向づけ，維持するような心理的要因（たとえば，欲求，意思決定プロセスなど）を明らかにする見方と，組織成員を動機づけるような仕事上の文脈（たとえば，報酬や文化など）に焦点を当てる見方に分けている。彼らは前者を内的（internal）モチベーション・モデル，後者を外的（external）モチベーション・モデルと呼んでいる。ただ，内容理論と仮定理論も含めて，仕事モチベーションへのアプローチについて普遍的に受け入れられているような分類方法は存在しない。

● 人間工学
⇨本文第12章第3節1.参照

● 人間性疎外
労働の場における人間性の疎外とは，人間が生産の手段とのみ見なされ，他者にコントロールされ，自分の考えを従事している仕事の中に反映することを奪われた状態を言う。ベルトコンベアーにおける流れ作業に代表される，細分化され，単純反復性が強く他律的な仕事の中で顕在化した。

ブラウナー（Buraune, 1964）は，自己の役割が全体の役割構造と有機的な関連を欠き仕事への目標感を持てない無意味性，自己の主体性がなく他者に統制されているという無力性，労働環境への帰属感がなく組織に同一化できない社会的疎外，そしてそれらの結果仕事への自我の没入が阻害される自己疎隔という4つの疎外現象を，産業場面での研究を通して提唱した。

● 能力開発
⇨本文第3章第2節参照

● 能力とパフォーマンス（業績）
個々の働く人々は，さまざまな能力を持っている。そのため一般的に高い能力を持ってるといわれる人が必ずしも高いパフォーマンスをあげるとは限らない。ホーソン実験におけるIQが高い人が高いパフォーマンスを示さなかったという報告がそのよい例である。

業績を規定するのは，能力よりはむしろ仕事に対するやる気・モチベーションやその背景にある働く人々の要求，そして仕事を取り巻く社会的・物理的環境などであるとしたほうがよいであろう。

両者が結びつくのは，能力の一部である職業的な適性とその人が担っている仕事の要求する資格要件や職務特性が結びついたときである。

● パーソナリティと適性
第2章第1節3.参照。職業への適性は，Y-G

性格検査をはじめとして，VPI 職業興味検査，内田クレペリン精神検査，GATB などのさまざまな性格検査や職業興味検査などで測定される。

パーソナリティと適性の関係に関しては，ビッグファイブ理論が，産業場面でのパーソナリティ検査の活用を一段と進展させる可能性がある（高橋，2006）とされ，ビッグファイブの個別の因子と適した職業や業務遂行の関係に関する研究も盛んで，両者の関係を検証する研究は少なくないとされている。

ビッグファイブの各因子と適職の関係は以下のようにされている（高橋，2006）。
外向性：営業成績，管理職適性
情緒安定：リーダーシップ，昇進の早さ
調和性：上司による人事評価
誠実性：信用，チームワークが必要な仕事
開放性：創造性が必要な R&D，商品開発

● **バーンアウト**

長期間全力で何かに取り組んだ後，「燃え尽きて」しまい，虚脱状態となって何事にもやる気が起きない状態を指す。特に，医療，福祉，教育などに従事する従事者は，サービスの受け手に対する優しさや献身と，仕事上の達成目標との間に葛藤があり，日常的に緊張とストレスにさらされているが，努力が必ずしも目に見える成果に結びつかないことも多く，達成感や自己効力感を得にくい。そして，ある時突然糸が切れたように情緒的消耗感に襲われ，ワークモチベーションの低下や離職や，メンタルヘルスの不調に至ることがある。

● **ハイ・コンテクストとロー・コンテクスト**
　⇨本文 p.117 参照

● **ハインリッヒの法則**
　⇨本文 p.134 参照

● **働く人の多様性**
　⇨本文 p.114 参照

● **ハラスメント**
　⇨本文 p.50, p.117 参照

● **ヒューマンエラー**
　⇨本文第 10 章第 2 節参照

● **ヒューマンファクターズ**

事故や品質上のトラブルの要因となるような人間の特性，判断，行動がヒューマンファクター（人的要因）で，その複数形がヒューマンファクターズである。しかし，この人的要因を研究する分野をヒューマンファクターズといい，これはフィジックス（物理学），エコノミクス（経済学），エレクトロニクス（電子工学）などと同様の英語表現である。ヒューマンファクターズとは何かについては第 12 章第 3 節 1. 参照。

● **評価基準**
　⇨本文 p.27 参照

● **評価の公平性・納得性**

処遇に直結することが多い人事考課は，評価バイアスの存在をはじめ，評価者そのものへの不信など，被評価者が評価に対して公平・公正感・納得感を持ちにくいのも事実である。しかし，評価を意味あるものとするためには，被評価者の不信をなるべく小さくしなければならない。

公平・公正感・納得感を確保するためには，評価の，目的，用途（評価項目ごとに異なる場合も多い），内容・評価項目，評価基準，方法，結果の開示と異議申し立ての方法などをあらかじめ公開し，透明性を高めることが必要である。さらに，評価者への不信を回避するために，評価者訓練を行うだけでなく，評価者を複数にする二重考課・多面考課

231

Appendix 2　用語集

を実施することなども試みられている。

● 評価バイアス
　⇨本文 p.28 参照

● 疲労
　⇨本文第 11 章第 1 節参照

● 不安全行動（不安全行為）
ハインリッヒの法則では労働災害の背景にある環境要因である不安全状態と対にして，労働災害の要因となる人間行動すべてを指している（本文図 10-3 参照）。リーズンも不安全行動に意図せぬ行動を含める（本文図 10-1 参照）。一方，意図しないエラーを除外して，意図的な違反やリスクテイキング行動のみを不安全行動とみなす用法もある。たとえば，芳賀（2000）は不安全行動を「本人または他人の安全を阻害する意図をもたずに，本人または他人の安全を阻害する可能性のある行動が意図的に行われたもの」と定義している。

● フィードバック
レイサムによれば，短期目標の設定は，情報のフィードバックが得られるだけでなく，長期的目標よりもモチベーションにつながりやすい（Latham & Locke, 2007）。短期目標の達成は自己効力感を高め，長期目標達成に向けてのコミットメントの増大につながる。ちなみに目標設定には，長期目標を短期目標に分割する方法の他に，上位目標をいくつかの下位目標に分割する方法もある。この場合，下位にいくほど目標は具体的なものになるが，上位目標との関連が見えにくくなることも出てくる。したがって実行者に対しては，それが上位目標とどのように関連づいているかを明確にすることが重要である。

● フィードラーのオクタント
フィードラー（Fiedler, 1978）がリーダーシッ

プの効果性発揮に関連して想定した 3 つの要因は以下のとおりである。「リーダーとメンバーの関係」は，メンバーがリーダーに対していだく信用，信頼，尊敬の度合いであり，リーダーの受容に関するグループの態度に関係する。「仕事構造の明確さ」は，メンバーの取り組む仕事や課題の範囲が明確に定義されている度合いであり，仕事・課題の目標や手順がはっきりと定義されているかどうかに関係する。「リーダーのもつ勢力の強さ」は，雇用，解雇，懲戒，昇進，昇級といったパワー変数に対してリーダーが持つ影響力の度合いであり，リーダーがメンバーに対して，どれくらい強い合法的な勢力を持っているかに関係する。それぞれを 2 値で表すと，2×2×2 で 8 つの状況が想定される。これをオクタントと呼ぶ（本文図 7-3 参照）。

● フールプルーフ
　⇨本文第 12 章第 3 節 4. 参照

● フェイルセイフ
　⇨本文第 12 章第 3 節 4. 参照

● フォロワーシップ
リーダーシップとはフォロワーへの影響のプロセスであり，そもそもフォロワーがいなければリーダーは存在しない。フォロワーはリーダーが示す方向性を具現化し，組織目標達成に向けてリーダーを支援する役割を担う存在である。この考え方は，フォロワーシップと呼ばれる。したがって，リーダーの視点に立って集団の効果性を論じる研究だけではなく，フォロワーの視点に立ち，リーダーとフォロワーの相互の影響関係から集団の効果性を理解することが必要である（本文第 7 章第 2 節参照）。

● 福利厚生
企業が，働く人々の心身の健康を維持しより

快適なものにするだけでなく，その家族も含めた私生活もより充実したものにするための制度や施策であり，賃金や労働時間，休日・休暇などの基本的な労働条件に対して，付加的な給付といわれている。

　福利厚生には，社会保険や労働保険など法律に基づいた法定福利と企業独自の施策（保養施設の提供やレクレーション行事の開催，各種の補助事業など）である法定外福利がある。

　福利厚生は，それらを通して従業員の企業への一体感や定着意識，生産性の向上にも役立ち，さらには，企業イメージの向上を通して，募集・採用へも影響を与える。

　なお，労働条件も含めた労働者の福祉をより幅広く捉えた労働福祉という概念もある。

● ブランドの機能
ブランドが持つ基本的機能としては，①同定化（特定の企業のブランドであることが正確に伝わり，他者のブランドと区別できること），②評価（特定のブランドであることに基づいて消費者が品質の評価を行うこと），③連想・感情喚起（特定のブランドに固有のイメージが伝わり，それによって一定の感情が喚起されること），④ロイヤルティ（特定のブランドに対する忠誠が，そのブランドの商品の継続的な反復購買を生み出すこと）があげられる。

● フロー体験
　⇨本文 p.106 参照

● 文化的なコンテクスト
　⇨本文 p.97 参照

● 変革型と交流型リーダーシップ
　⇨本文 p.90 参照

● 変革のエージェント
　⇨本文 p.110 参照

● ホーソン研究
　⇨本文 p.5 参照

● 募集と採用
　⇨本文第 2 章第 1 節 1. 参照

● ポリクロニックとモノクロニック
　⇨本文 p.116 参照

● マーケティング・リサーチ
製品開発などマーケティング戦略の遂行のために必要な情報を収集するための活動である。一般的には消費者を対象としており「マーケティング活動における問題の明確化→目標の設定→計画の決定→計画の実行→結果の報告」という段階で実施される。心理学に基づく人間の行動を客観的に測定するための方法論が多く利用される。調査的方法（質問紙調査，電話調査，郵送調査，インターネット調査など）や，観察法（街頭や店舗内での行動観察），面接法（グループ・インタビューや個人を対象にした面接など）が多用される。

● メンター
　⇨本文第 3 章第 3 節 2. 参照

● 目標による管理
　Management by Objectives: MBO は，ドラッカー（Drucker, P. F.）が名づけた用語である。内容を正確に表せば「目標による管理」であるが，日本では「目標管理」という呼び名が定着している。この名称からはしばしば，目標を管理することがその最終的な狙いであるという誤解が生じることがある。しかし "by" が示すように，目標設定を通じてその先にある成果・業績を管理することが本来の目的である。キャロル（Carroll, S. J.

Jr.）らは MBO を，各レベルでの目標達成が統合されて組織全体の目標が達成されるような目標設定を通じて，成員のモチベーションと努力を引き出そうとするシステムと位置づけている。

● **ユーザビリティ**
⇨本文第 12 章第 3 節 5. 参照

● **欲求階層説**
欲求階層という概念は，イメージとしてはわかりやすいが，階層性の測定が実際には困難である。その点で，検証不能説（non-testable theory）といわれることもあるが，それでもこれまでさまざまな方法を工夫しながら検証が試みられている。しかし，欲求の 5 つの階層が独立して明確に見出された研究はまだなく，階層性が見られてもマズロー（Maslow, A. H.）の区分とは必ずしも一致しないなど，実証的な検証には至っていない。仕事場面での欲求階層を測定する質問紙としては，ポーター（Porter, L. W.）による NSQ（Need Satisfaction Questionnaire）などがある。

● **ライフスタイル**
生活課題の解決および充足の仕方と定義され，企業のマーケティング活動の中では，消費者行動の差異を根本で規定しその個人差を説明するうえで重要な概念とされている。消費者のライフスタイルを測定するための尺度として，A（Activity：活動性），I（Interest：関心），そして O（Opinion：意見）という 3 つの次元で捉えようとする AIO アプローチや，アメリカで開発された VALS（Values and Lifestyles System）などが代表的なものとされる。

● **リーダーシップ行動記述論**
⇨本文 p.84 参照

● **リーダーシップ行動のスタイル**
オハイオ大学研究では「構造づくりと配慮」，ミシガン大学研究では「仕事中心と従業員中心」の 2 つのスタイルが見出されている。両研究の違いは，オハイオ大学研究では構造づくりか配慮のどちらか，あるいは両方が高いか低いかが論じられるが，ミシガン大学研究では仕事中心か従業員中心かのどちらか一方であり，両方が高いか低いかということは論じられていない。

● **リーダーシップ状況適合論**
⇨本文 p.86 参照

● **リーダーシップ特性論**
⇨本文 p.84 参照

● **リスクアセスメント**
⇨本文第 10 章第 3 節 4. 参照

● **リスクコミュニケーション**
企業，顧客，取引先，地域住民，行政といった関係者（ステークホルダー）の間でリスクに関する情報共有や意見交換を行い，合意をはかる取り組みを指す。消費者がある商品やサービスを購買し使用することが一定の利益損失や身体への悪影響（特に食品など）につながる場合があるが，企業が広報活動を通じてその可能性やそれを回避する方法を消費者に対して伝えることで損失や悪影響を未然に防ぐことができる。リスクコミュニケーションを進めることは現代の企業にとって重要な責務といえる。

● **レジリエンス・エンジニアリング**
2004 年にホルナゲルら（Hollnagel et al., 2006）によって提唱された新しい安全マネジメントの考え方。レジリエントな組織やシステムは，変化する状況の中で求められるパフォーマンスをできるだけ高い水準に維持す

ることができ，仮に，状況が悪化した場合でも，最良のパフォーマンスを維持し，システムの一部または全部が損なわれてもいち早く復元するポテンシャルを持つ。レジリエンス・エンジニアリングはシステムのレジリエンスを評価し，それを高める方策を探求することを目標にする。組織やシステムがレジリエントであるために，その中の個人や現場が自律的に判断し，柔軟に行動する必要がある。また，安全マネジメントは失敗を減らすことではなく，成功を続けることを目標とすべきであると主張する。

● 労働安全衛生法

労働基準法（1947年）と相まって，労働災害の防止のための危害防止基準の確立，責任体制の明確化及び自主的活動の促進の措置を講ずる等その防止に関する総合的計画的な対策を推進することにより職場における労働者の安全と健康を確保するとともに，快適な職場環境の形成を促進する法律（1972年）。2014年には，ストレスチェック制度を創設した。

● 労働環境の改善

⇨本文第12章第4節参照

● 労働基準監督官

労働基準関係法令に基づいて，あらゆる職場に立ち入り，法に定める基準を事業主に守らせることにより，労働条件の確保・向上，働く人の安全や健康の確保を図り，また，労働災害の業務を行うことを任務とする厚生労働省の専門職員。

● 労働基準法

労働者と使用者は基本的には契約自由の原則に基づき，当事者の自由な意思によって契約を行う。しかし，使用者のほうが労働者よりも強い立場であることが当然予想されるため，労働者を守るため，労働条件の最低基準を定めた法律（1947年）。具体的には賃金，解雇，労働時間（1日8時間，1週40時間）等について定めている。

● 労働契約法

労働者及び使用者の自主的な交渉の下で，労働契約が合意により成立し，又は変更されるという合意の原則その他労働契約に関する基本的事項を定めることにより，合理的な労働条件の決定又は変更が円滑に行われるようにすることを通じて，労働者の保護を図りつつ，個別の労働関係の安定に資することを定めた法律（2007年）。5条では，いわゆる使用者の安全配慮義務について立法上明らかにしている。

● 労働災害

⇨本文第10章第1節参照

● ワークエンゲイジメント

ワークエンゲイジメントとは，仕事に誇りや，やりがいを感じている（熱意），仕事に熱心に取り組んでいる（没頭），仕事から活力を得ている（活力）の3つが揃った状態であり，バーンアウトの対概念と位置づけられている。そして，ワークエンゲイジメントを支えるのは，自己効力感，希望，楽観主義，レジリエンス（精神的回復力）とされる。

● ワークモチベーション

⇨本文p.94参照

● ワーク・ライフ・バランス

ワーク・ライフ・バランス（WLB）は，仕事生活と非仕事生活（私生活）のバランス（のとれた状態）のことをいう。そこでは，仕事のみに時間と精神的なエネルギーを費やすことなく，趣味や地域社会，家庭生活のような仕事以外の生活の中でも，自己の能力を開花

させ，家庭的にも社会的にも，健全な"ひと"として充実した人生を享受すべきだという考え方である。

わが国での近年のWLBの議論の高まりは，少子高齢化を受け女性の仕事の場での戦力化のためには，既婚の女性が家庭役割に過度に縛り付けられることなく，仕事生活の中でも活躍できるようにするべきだという考え方があるように思える。そのためには，男も家庭役割を担えるよう過度の長時間労働から解放することが必要になる。逆に言えば，働く女性が"男並みに"働くということは，長時間労働を意味しないということである。

【欧文用語】

● **CDP: Career Development Program**

働く人々の長期的なキャリア発達を促進するために作成される，キャリアの方向と到達ステージに関するタイムスケジュールを含む計画のこと。

段階ごとに，次の段階に至るまでの時間的な幅や必要とされる知識・技能の量と質だけでなく，それらを習得するために必要な訓練や制度が設定されている。

● **EAP: Employee Assistance Program**

従業員支援プログラムと訳されるもので，第二次世界大戦以後，アメリカで誕生した。

もともとは，アルコール依存や薬物などの中毒に侵された企業業績に好ましくない影響を与える従業員への対策という側面が強かったが，次第に，労働生産性を阻害するさまざまな障害の克服への支援へと活動を広げ，医師やカウンセラーだけでなく，ソーシャルワーカー，弁護士や会計士・税理士，キャリア・カウンセラーなどの専門家をも含んだ広範な従業員支援となっている。

多くの場合企業の外にある事業者（外部EAP）であり，契約した企業の従業員で困難を抱えた人の相談に乗り，カウンセリングやコンサルテーションを行うことが多い。それだけでなく，契約した企業の相談への対応や社内教育への支援なども行う。

わが国では，バブル崩壊以後，注目が高まったとされ，主にメンタルヘルスの分野における事業場外資源としての活動が中心とされている。

● **Off-JT**
⇨本文 p.37 参照

● **OJT**
⇨本文 p.37 参照

● **PM理論**

Performance（課題遂行）は，集団目標の達成，課題遂行を志向する集団機能を意味する。例としては，メンバーを最大限に働かせる，仕事量を重視する，計画や手順をきちんと立てる，時間の無駄を省くなどの行動である。Maintenance（集団維持）は，対人関係の緊張を和らげ，集団を維持・強化する機能を意味する。例としては，部下を支持する，部下の立場を理解する，部下を信頼する，公平に扱う，よい仕事をしたときには認めてやるといった行動である。その働きが弱い（p/m）か強い（P/M）かによって4つの組み合わせが想定され（本文図7-2参照），生産性との関係が研究されている。日本発の世界的なリーダーシップ理論として知られている。

● **P-O適合**
⇨本文 p.111 参照

文　献

■ 第 1 章

Argyris, C. (1957). *Personality and organization: The conflict between system and the individual.* New York: Harper. 伊吹山太郎・中村　実（訳）（1970）．組織とパーソナリティー―システムと個人との葛藤―　社団法人日本能率協会

Argyris, C. (1964) *Integrating the individual and the organization.* New York: Wiley. 三隅二不二・黒川正流（訳）（1969）．新しい管理社会の探求―組織における人間疎外の克服―　産業能率短期大学出版部

Katz, D., & Kahn, R. L. (1966). *The social psychology of organizations.* New York: Wiley

警察庁（2016）．振り込め詐欺をはじめとする特殊詐欺の被害状況
　　http://www.npa.go.jp/safetylife/seianki31/higaijoukyou.html（平成 28 年 11 月 11 日閲覧）

Maslow, A. H. (1954). *Motivation and personality.* New York: Harper & Brothers. 小口忠彦（訳）（1987）．改訂新版人間性の心理学―モチベーションとパーソナリティ―　産能大出版部

Mayo, E. (1933). *The human problems of an industrial civilization.* Cambridge, MA: Harvard. 村本栄一（訳）（1967）．新訳産業文明における人間問題　日本能率協会

McGregor, D. (1960). *The human side of enterprise.* New York: McGrawHill. 高橋達男（訳）（1960）．新版企業の人間的側面　産能大学出版部

Münsterberg, H. (1913). *Psychology and industrial efficiency.* Boston and New York: Houghton Mifflin Company.

Roethlisberger, F J., & Dickson, W. J. (1939). *Management and the worker: An account of a research program conducted by the Western electric company, Hawthorne works, Chicago.* Cambridge, MA: Harvard University Press.

Scott, W. D. (1903). *The theory of advertising: A simple exposition of the principles of psychology in their relation to successful advertising.* Boston: Small, Maynard & Company.

Scott, W. D. (1908). *The psychology of advertising in theory and practice.* Boston: Small, Maynard & Company. 佐々木十九（訳）（1924）．スコット広告心理学　透泉閣書房

Taylor, F. W. (1911). *The principles of scientific management.* New York and London: Harper & Brothers. 上野陽一（訳）（1969）．新版科学的管理法　産能大学出版部

■ 第 1 部リード

本多壮一（1979）．労務管理　税務経理協会

文献

■ 第2章

Hough, L. M., & Oswald, F. L. (2000). Personnel selection: Looking toward the future-remembering the past. *Annual Review of Psychology, 51*, 631-664.

加藤恭子（2005）．人事考課とコンピテンシー　馬場昌雄・馬場房子（監修）産業・組織心理学　白桃書房　pp.119-135.

幸田浩文（2013）．賃金・人事処遇制度の史的展開と公正性　学文社

正田　亘（1979）．産業心理学　恒星社厚生閣

舛田博之（2007）．採用選考の設計　山口裕幸・金井篤子（編）よくわかる産業・組織心理学　ミネルヴァ書房　pp.48-49.

Münsterberg, H. (1913). *Psychology and industrial efficiency*. New York: Houghton Mifflin Company.

室山晴美（2008）．適性検査を活用する有効性について　日本労働研究雑誌，573, 58-61.

日本経営者団体連盟（1995）．新時代の「日本的経営」　日本経営者団体連盟

二村英幸（2000）．企業人能力構造モデルと人事アセスメント　大沢武志・芝　祐順・二村英幸（編）人事アセスメントハンドブック　金子書房　第2章　p.25.

岡村一成（2017）．募集・採用と適性　馬場昌雄・馬場房子・岡村一成（監修）小野公一・関口和代（編著）産業・組織心理学（改訂版）白桃書房　pp.92-107.

大沢武志（1989）．採用と人事測定　朝日出版社

大内裕和・大林裕司・菅　俊治・金井篤子・関口和代・小野公一（2018）．なぜブラック企業で働き続けるのか　産業・組織心理学研究，31（2），167-179.

定森幸生（2018）．業績管理とコンピテンシー　白木三秀（編著）人的資源管理の力　文眞堂　pp.59-79.

高橋　潔（2006）．採用と面接　山口裕幸・高橋　潔・芳賀　繁・竹村和久（著）産業・組織心理学　有斐閣　pp.1-17.

Taylor, F. W. (1911)．／上野陽一（訳・編）（1968）．科学的管理法　産業能率短期大学出版　pp.203-312.

栁澤さおり（2006）．人事評価　古川久敬（編）産業・組織心理学　朝倉書店　pp.55-71.

■ COLUMN ②

今野晴貴（2012）．ブラック企業―日本を食いつぶす妖怪―　文藝春秋

日本経済新聞（2014）．自殺部下にパワハラ，捜査2課長を戒告処分　福島県警（2014年6月28日付）

大内裕和・大林裕司・菅　俊治・金井篤子・関口和代・小野公一（2018）．なぜブラック企業で働き続けるのか　産業・組織心理学研究，31（2），167-179.

■ 第3章

Arthur, M. B. (1994). The boundaryless career: A new perspective for organizational inquiry. *Journal of Organizational Behavior, 15*, 295-306.

Dalton, G. W. (1989). Developmental views of careers in organizations. In M. B. Arthur, D. T. Hall & B. S. Lawrence (Eds.), *Handbook of career theory*. Cambridge University Press. Chap.5.

Hall, D. T. (1976). *Careers in organizations*. Scott, Foesman and Company.

服部泰宏（2011）．日本企業の心理的契約―組織と従業員の見えざる約束―　白桃書房

Hansen, L. S. (1997). *Integrative life planning*. Jossey-Bass.

Ibarra, H. (2003). *Working identity*. Harvard Business School Press.
金井壽宏（1999）．中年力マネジメント―働き方ニューステップ―　創元社
金井壽宏（2002）．働く人のためのキャリア・デザイン　PHP 研究所
加藤一郎（2004）．語りとしてのキャリア―メタファーを通じたキャリアの構成―　白桃書房
川端大二（1998）．Off-JT　二神恭一（編）人材開発辞典　キャリアスタッフ
川端大二（2003）．人材開発論―知力人材開発の論理と方策―　学文社
厚生労働省職業能力開発局（2017）．平成 28 年能力開発基本調査　29/3/31　報道発表
日本生産性本部（2017）．平成 29 年度新入社員　働くことの意識調査結果　2017/06/26　報道資料
小野公一（2010）．働く人々のキャリア発達と生きがい―看護師と会社員データによるモデル構築の試み―　ゆまに書房
小野公一（2011）．働く人々の well-being と人的資源管理　白桃書房
Phillips –Jones, L. (1982). *Mentor and protégés*. Arbor House.
労働政策研究・研修機構（2010）．成人キャリア発達に関する調査研究― 50 代就業者が振り返るキャリア形成―　労働政策研究・研修機構
Savickas, M. L. (1997). Career adaptability: An integrative construct for life-span, life-space theory. *The Career Development Quarterly, 45*, 247-259.
Savickas, M. L., & Inkson, K. (2013). Introduction: Careers as human experience. In K. Inkson & M. L. Savickas (Eds.), *Career studies*.vol. Ⅲ. SAGE. pp.i-xvii.
Super, D. E.（1957）．*The psychology of careers*. Harper & Brothers. 日本職業指導学会（訳）（1960）．職業生活の心理学　誠信書房
Super, D. E., Savickas, M. L., & Super, C. M. (1996). The life-span, life-space approach to careers. In D. Brown, L. Brooks & Associates (Eds.), *Career choice and development* (3rd.ed). Jossey-Bass. pp.121-178.
鈴木竜太（2001）．キャリア・ドリフト論序説　静岡県立大学　経営と情報，14（1），7-18.
若林　満（1988）．組織内キャリア発達とその環境　若林　満・松原敏浩（編）組織心理学　福村出版　pp.188-206.

■ 第 4 章

Argyle, M. (1972). *The psychology of work*. Allen Lane The Penguin Press.
馬場房子（1990）．モティベーション理論に関する一考察― B 理論の提唱―　亜細亜大学経営論集，26（1・2 号合併号），279-304.
Baruch, Y., & Bozionelos, N. (2011). Career issues. In S. Zedeck (Ed.), *APA Handbook of industrial and organizational psychology*. Vol.2. APA. Chap.3, p.87.
Coleman, J. S. (1988). Social capital in the creation of human capital. *American Journal of Sociology, 94*, S95-S120. In A. C. Coasta & N. Anderson (Eds.), 2013 *Trust and social capital in organizations. Vol.3*. Sage. pp.3-26.
Ferrer, E., Bousofo, C., Jorge, J., Lora, L., Miranda, E., & Natalizie, N. (2013). Enriching social capital and improving organizational performance in the age of social networking. *International Journal of Information,Business and Management, 5*(2), 94-109.
Herzberg, F., Musner, B., & Snyderman, B. B. (1959). *The motivation*. John Wiley & Sons.
本多壮一（1979）．労務管理　税務経理協会
House, J. S. (1981). *Stress and social support*. Addison-Wesley.

文献

House, J. S., & Wells, J. A. (1977). Occupational stress and health. In A. McLeah (Ed.), *Reducing occupational stress proceedings of a conference 1977*. U.S. Department of Health, Education, and Welfare and National Institute for Occupational Safety and Health. Chap.7.
稲葉陽二（2011）．ソーシャル・キャピタルとは　稲葉陽二・大守　隆・近藤克則・宮田加久子・矢野　聡・吉野諒三（編）ソーシャル・キャピタルのフロンティア　ミネルヴァ書房　pp.1-9.
石塚　浩（2010）．社会関係資本と企業業績　日本経営学会誌，26, 65-76.
石塚　浩（2013）．組織レベル社会関係資本　文教大学情報学部　情報研究，49, 1-17.
岩永　誠（2009）．ストレッサー　産業・組織心理学会（編）産業・組織心理学ハンドブック　丸善　pp.136-139.
小松優紀・甲斐裕子・永松俊哉・志和忠志・須山靖男・杉本正子（2010）．職業性ストレスと抑うつの関係における職場のソーシャルサポートの緩衝効果の検討　産業衛生学雑誌，52（3），140-148.
厚生労働省労働基準局　勤労者生活課（2017）．平成 28 年度　職場のパワーハラスメントに関する実態調査報告書
Maslow, A. H. (1943). A theory of human motivation. *Psychological Review, 50*, 370-396.
中井智子（2015）．職場のハラスメント　労務行政
小野公一（2003）．キャリア発達におけるメンターの役割　白桃書房
小野公一（2011）．働く人々の well-being と人的資源管理　白桃書房
大和田敢太（2018）．職場のハラスメント　中央公論新社
Putnam, R. D. (1993). *Making democracy work*. Princeton University Press. 河田潤一（訳）（2001）．哲学する民主主義　NTT 出版
Putnam, R. D. (2000). *Bowling alone*. Simon & Schuster. 柴内康文（訳）（2006）．孤独なボウリング　柏書房
高谷知佐子（2008）．職場のハラスメント対処法　労政時報，3726, 70-87.

■ COLUMN ③
毎日新聞（2010）．自殺・うつ　経済的損失 2.7 兆円　厚労省が初調査（2010 年 9 月 7 日付）
日本経済新聞（2017）．ワタミ，脱「和民」で客戻る　4 年ぶり経常黒字（2017 年 4 月 14 日付）

■ 第 5 章
Hackman, J. R., & Oldham, G. R. (1975). Development of the job diagnostic survey. *Journal of Applied Psychology, 60*,159-170.
Herzberg, F. (1976). *The managerial choice: To be efficient and to be human*. Dow Jones-Irwin. 北野利信（訳）（1978）．能率と人間性　東洋経済新報社
今野晴貴（2012）．ブラック企業―日本を食いつぶす妖怪―　文藝春秋
熊野道子（2003）．人生観のプロファイルによる生きがいの 2 次元モデル　*The Japanese Journal of Health Psychology,16*(2), 68-76.
内閣府（2017a）．平成 29 年度「国民生活に関する世論調査」
内閣府（2017b）．平成 29 年版「男女共同参画白書」
小野公一（1997）．"ひと"の視点からみた人事管理―働く人々の満足感とゆたかな社会をめざして―　白桃書房
小野公一（2010）．働く人々のキャリア発達と生きがい―看護師と会社員データによるモデル構築

の試み― ゆまに書房
太田　肇（2007）．承認欲求　東洋経済新報社
大内裕和・大林裕司・菅　俊治・金井篤子・関口和代・小野公一（2018）．なぜブラック企業で働き続けるのか　産業・組織心理学研究, 31（2）, 167-179.
Shein, E. H. (1980). *Organizational psychology* (3rd ed.). Prentice-Hall. 松井賚夫（訳）（1981）．組織心理学〈原著第3版〉岩波書店
総務省（2017）．「平成28年度労働力調査」　総務省ホームページ

■ 第2部リード

Barnard, C. I. (1933). *The function of the executive*. Harvard University Press. 山本安治郎・田杉　競・飯野春樹（訳）（1968）．経営者の役割　ダイヤモンド社

■ 第6章

Cialdini, R. B. (1988). *Influence: Science and practice* (2nd ed.). Scott, Foresman and Company. 社会行動研究会（訳）（1991）．影響力の武器―なぜ，人は動かされるのか―　誠信書房
Janis, I. L. (1972). *Victims of groupthink*. Boston: Houghton Mifflin.
角山　剛（1986）．目標およびフィードバックの効果性に及ぼす集団凝集性の影響　国際商科大学論叢・教養学部編, 33, 41-48.
Katz, D., & Kahn, R. L. (1978). *The social psychology of organizations*. John Wiley & Sons.
城戸康彰（2008）．組織文化　経営組織心理学　第8章　ナカニシヤ出版　pp.143-160.
Kipnis, D., Schmidt, A., & Wilkinson, L. (1980). Intraorganizational influence tactics: Explorations in getting one's way. *Journal of Applied Psychology, 65*, 440-452.
Latham, G. P. (2005). *Work motivation: History, theory, research, and practice*. Sage Publications. 金井壽宏（監訳）依田卓巳（訳）（2009）．ワーク・モティベーション　NTT出版
Lewin, K. (1947). Frontiers in group dynamics: Concept, method and reality in social science; Social equilibria and social change. *Human Relations, 1*, 5-41.
Shein, E. H. (1985). *Organizational culture and leadership*. Josey-Bass Inc. 清水紀彦・浜田幸雄（訳）（1989）．組織文化とリーダーシップ　ダイヤモンド社
豊原恒男（1972）．産業心理学　共立出版
梅澤　正（1988）．組織開発の課題　組織の行動科学　第15章　福村出版　pp.247-293.

■ COLUMN ⑤

Bandura, A., Barbaranelli, C., Caprara, G. V., & Pastorelli, C. (1996). Mechanism of moral disengagement in the exercise of moral agency. *Journal of Personality and Social Psychology, 71* (2), 364-374.
角山　剛・松井賚夫・都築幸恵（2009）．企業不祥事発生の心理学的メカニズム―社会的認知理論に基づく実験的検証―　韓国東儀大学校経営経営戦略研究所『経済経営研究』第4巻2号, 149-156.

■ 第7章

Bass, B. M. (1990). *Bass & Stogdill's handbook of leadership: Theory, research, and managerial applications* (3rd ed.). New York: Free Press.

Bennis, W. (2003). *On becoming a leader.* New York: Basic Books. 伊藤美奈子（訳）（2008）．リーダーになる〈増補改訂版〉海と月社

Blake, R. R., & Mouton, J. S. (1964). *The managerial grid.* Houston: Gulf.

Butler, J. K. (1991). Toward understanding and measuring conditions of trust: Evolution of a conditions of trust inventory. *Journal of Management, 17*, 643-663.

Dirks, K. T., & Ferrin, D. L. (2002). Trust in leadership: Meta analytic findings and implications for research and practice. *Journal of Applied Psychology, 87*, 611-628.

Fiedler, F. E. (1978). The contingency model and the dynamics of the leadership process. In L. Berkowitz (Ed.), *Advances in experimental social psychology*, Vol. Ⅱ. NY: Academic Press. pp. 60-112.

French, J. R. P., Jr., & Raven, B. (1959). The bases of social power. In D. Cartwright (Ed.), *Studies in social power*. Oxford, England: Univer. Michigan. pp.150-167. 千輪　浩（編訳）（1962）．「社会的勢力の基盤」社会的勢力　誠信書房　pp.193-217.

Graen, G. B., & Uhl-Bien, M. (1995). Relationship-based approach to leadership: Development of leader-member exchange (LMX) theory of leadership over 25 years: Applying a multi-level multi-domain perspective. *Leadership Quarterly, 6*, 219-247.

Greenleaf, R. K. (1991). *Servant leadership: A journey into the nature of legitimate power and greatness.* Paulist Press. 金井壽宏（監訳）金井真弓（訳）（2008）．サーバントリーダーシップ　英治出版

Hersey, P., & Blanchard, K. H. (1993). *Management of organizational behavior: Utilizing human resources* (6th ed.). NJ: Prentice Hall.

Hollander, E. P. (1978). *Leadership dynamics: A practical guide to effective relationship*. NY: Free Press.

House, R. J. (1971). A path-goal theory leader effectiveness. *Administrative Science Quarterly, 16*, 321-338.

角山　剛・都築幸恵・松井賚夫（2007）．上司への信頼感が部下の勤続意思に及ぼす影響　産業・組織心理学会第23回大会発表論集

三隅二不二（1984）．リーダーシップ行動の科学　有斐閣

Robbins, S. P. (2005). *Essentials of organizational behavior* (8th ed.). Prentice-Hall. 高木晴夫（訳）（2009）．〈新版〉組織行動のマネジメント　ダイヤモンド社

Stogdill, R. M. (1974). *Handbook of leadership: A survey of theory and research*. New York: Free Press.

山口裕幸（1994）．企業組織の活性化過程　齋藤　勇・藤森立男（編）経営産業心理学パースペクティブ　第7章

■ 第8章

Alderfer, C. P. (1972). *Existence, relatedness, and growth: Human needs in organizational settings*. New York: Free Press.

Csikszentmihalyi, M. (1990). *Flow: The psychology of optimal experience*. New York: Harper and Row. 今村浩明（訳）（1996）．フロー体験―喜びの現象学―　世界思想社

Deci, E. L. (1975). *Intrinsic motivation*. NY: Plenum Press. 安藤延男・石田梅男（訳）（1980）．内発的動機づけ　誠信書房

Dweck, C. S. (1986). Motivational process affecting learning. *American Psychologist, 41*, 1040-1048.

Erez, A., & Isen, A. M. (2002). The influence of positive affect on components of expectance motivation. *Journal of Applied Psychology, 87*, 1055-1067.

角山　剛（1987）．フィードバックの効果に及ぼす目標受容の影響　東京国際大学論叢教養学部編，36, 139-143.

角山　剛（1991）．フィードバック要因としての頻度とタイミングの効果に関する実験的研究　「島津一夫先生喜寿記念　現代心理学の諸研究」　シーダーカンパニー

Latham, G. P., & Pinder, C. C. (2005). Work motivation theory and research at the dawn of the twenty-first century. *Annual Review of Psychology, 56*, 485-516.

Lawller, E. E. Ⅲ. (1971). *Pay and organizational effectiveness: A psychological view*. McGraw-Hill. 安藤瑞夫（訳）（1972）．給与と組織効率　ダイヤモンド社

Lewin, K. (1935). *A dynamic theory of personality*. New York: McGraw-Hill. 相良守次・小川　隆（訳）（1957）．パーソナリティの力学説　岩波書店

Locke, E. A., & Latham, G. P. (1984). *Goal setting: A motivational technique that works!* Englewood Cliffs, NJ: Prentice-Hall. 松井賚夫・角山　剛（訳）（1984）．目標が人を動かす—効果的な意欲づけの技法—　ダイヤモンド社

Maslow, A. H. (1943). A theory of human motivation. *Psychological Review, 50*, 370-396.

Matsui, T., Okada, A., & Inoshita, O. (1983). Mechanism of feedback affecting task performance. *Organizational Behavior and Human Performance, 31*, 114-122.

Mitchell, T. R., & Daniels, D. (2003). Motivation. In W. C. Borman, D. R. Ilgen & R. J. Klimoski (Eds.), *Comprehensive handbook of psychology: Industrial organizational psychology, Vol.12*. New York: Wiley & Sons pp.225-254.

Pinder, C. C. (1998). *Work motivation: Theory, issues, and applications*. Upper-Sadddle River, NJ: Prentice-Hall.

Robbins, S. P. (2005). *Essentials of organizational behavior* (8th ed.). Prentice-Hall. 高木晴夫（訳）（2009）．〈新版〉組織行動のマネジメント　ダイヤモンド社

Vroom, V. H. (1964). *Work and motivation*. John Wiley & Sons, Inc. 坂下昭宣・榊原清則・小松陽一・城戸康彰（訳）（1982）．仕事とモティベーション　千倉書房

■ COLUMN ⑥

Seligman, M. E. P., & Schulman, P. (1986). Explanatory style as a predictor of productivity and quitting among life insurance sales agents. *Journal of Personality and Social Psychology, 50* (4), 832-838.

角山　剛・松井賚夫・都築幸恵（2010）．営業職員の楽観・悲観的思考が販売成績に及ぼす影響　産業・組織心理学会第26回大会発表論集

松井賚夫・角山　剛・都築幸恵（2010）．"Three Good Things" が生保営業員の職務コミットメントに与える影響—異常に多い早期離職者対策？—　産業・組織心理学会第26回大会　大会発表論文集，49-52.

■ 第9章

Bretz, R. B., & Judge, T. A. (1994). Person organization fit and the theory of work adjustment: Implications for satisfaction, tenure, and career success. *Journal of Vocational Behavior, 44*, 32-54.

Caplan, R. D. (1987). Person-environmental fit theory and organizations: Commensurate dimensions,

time perspectives, and mechanisms. *Journal of Vocational Behavior, 31*, 248-267.
Connor, P. E., Becker, B. W., Kakuyama, T., & Moore, L. (1993). A cross national comparative study of managerial values: United States, Canada, and Japan. *Advances in International Comparative Management, 8*, 3-29.
Dose, J. J. (1997). Work values: An integrative framework and illustrative application to organizational socialization. *Journal of Occupational and Organizational Psychology, 70*, 219-240.
Fitzgerald, L. F., Gelfand, M. J., & Drasgow, F. (1995). Measuring sexual harassment: Theoretical and psychometric advances. *Basic and Applied Social Psychology, 17*, 4, 425-445.
Hall. E. T. (1976). *Beyond culture*. Garden City, NY: Anchor Press.
Hall, E. T., & Hall, M. R. (1987). *Hidden differences: Studies in international communication, Japan for American*s. Bungei Shunju. 國弘正雄（訳）（1987）．摩擦を乗り切る―日本のビジネス アメリカのビジネス― 文藝春秋
Johns, G. (2006). The essential impact of context on organizational behavior. *Academy of Management Reviews, 31*, 386-408.
角山　剛・松井賚夫・都築幸恵（2001）．個人の価値観と組織の価値観の一致―職務態度の予測変数およびパーソナリティー職務業績関係の調整変数としての効果― 産業・組織心理学研究，14（2），25-34.
角山　剛・松井賚夫・都築幸恵（2003）．セクシュアル・ハラスメントを生む風土―統合過程モデルの検証― 産業・組織心理学研究，17（1），25-33.
Kristof, A. L. (1996). Person-organization fit: An integrative review of its conceptualizations, measurement, and implications. *Personnel Psychology, 49*, 1-49.
Latham, G. P. (2007). *Work motivation: History, theory, research, and practice*. Thousand Oaks, CA: Sage. 金井壽宏（監訳）依田卓巳（訳）（2009）．ワーク・モティベーション　NTT出版
Masuda, T., & Nisbett, R. E. (2001). Attending holistically vs. analytically: Comparing the context sensitivity of Japanese and Americans. *Journal of Personality and Social Psychology, 81*, 922-934.
Matsui, T., Kakuyama, T., Onglatco, M. L., & Ogutu, M. (1995). Women's perceptions of social-sexual behavior: A cross-cultural replication. *Journal of Vocational Behavior, 46*, 203-215.
中村和彦（2007）．組織開発（OD）とは何か？　南山大学人間関係研究センター紀要，6, 1-29.
中村和彦（2011）．組織開発　経営行動科学学会（編）経営行動科学ハンドブック　中央経済社 pp.184-190.
日経連ダイバーシティ・ワーク・ルール研究会（2002）．原点回帰―ダイバーシティ・マネジメントの方向性― 日経連ダイバーシティ・ワーク・ルール研究会報告書
Nisbett, R. E. (2003). *The geography of thought*. New York: The Free Press. 村本由紀子（訳）（2004）．木を見る西洋人 森を見る東洋人　ダイヤモンド社
O'Reilly, C. A., Chatman, J., & Caldwell, D. F. (1991). People and organizational culture: A profile comparison approach to assessing person-organization fit. *Academy of Management Journal, 34*, 489-516.
Quick, J. C., & McFadyen, M. A. (2017). Sexual harassment: Have we made any progress? *Journal of Occupational Health Psychology, 22*, 286-298.

■ 第3部リード
Münsterberg, H. (1913). *Psychology and industrial efficiency*. Boston: Houghton Mifflin.

■第 10 章

中央労働災害防止協会安全衛生情報センター（2006）．労働安全衛生マネジメントシステムに関する指針
　　http://www.jaish.gr.jp/anzen/hor/hombun/hor1-2/hor1-2-58-1-0.htm（2018 年 8 月 18 日参照）
芳賀　繁（2000）．失敗のメカニズム　日本出版サービス
芳賀　繁（2012）．事故がなくならない理由―安全対策の落とし穴―　PHP 研究所
芳賀　繁（監）（2018a）．ヒューマンエラーの理論と対策　エヌ・ティー・エス　pp.3-5．
芳賀　繁（2018b）．エラーマネジメント　芳賀　繁（監修）ヒューマンエラーの理論と対策　エヌ・ティー・エス　pp.97-109．
Heinrich, H. W., Peterson, D., & Roos, N. (1980). *Industrial accident prevention: A safety management approach* (5th ed.). New York: McGraw-Hill. 総合安全工学研究所（訳）（1982）．産業災害防止論　海文堂
International Atomic Enegy Agency (1991). *Safety culture: A report by international nuclear safety advisory group*. Safety Series No.75 IAEA-INSAG-4.
厚生労働省（2018a）．平成 29 年における労働災害発生状況について
　　https://www.mhlw.go.jp/bunya/roudoukijun/anzeneisei11/rousai-hassei/dl/17-kakutei.pdf（2018 年 8 月 18 日参照）
厚生労働省（2018b）．「平成 29 年度過労死等の労災補償状況」
　　https://www.mhlw.go.jp/stf/newpage_00039.html（2018 年 8 月 18 日参照）
向殿政男（2017）．よくわかるリスクアセスメント　中央労働災害防止協会
Norman, D. A. (1981). Categorization of action slips. *Psychological Review, 88*, 1-15.
Rasmussen, J. (1986). *Information processing and human-machine interaction: An approach to cognitive engineering*. New York: ElsevierScience Inc. 海保博之 他（訳）（1990）．インタフェースの認知工学―人と機械の知的かかわりの科学―　啓学出版
Reason, J. (1990). *Human error*. Cambridge, England: Cambridge University Press. 十亀　洋（訳）（2014）．ヒューマンエラー　海文堂出版
Reason, J. (1997). *Managing the risks of organizational accidents*. Fahnham: Ashgate Publishing. 塩見　弘（監訳）高野研一・佐相邦英（訳）（1999）．組織事故―起こるべくして起こる事故からの脱出―　日科技連出版社
Sanders, M. S., & McCormick, E. J. (1987). *Human factors in engineering and designf* (6th ed.). New York: McGraw-Hill.

■ COLUMN ⑧

芳賀　繁・赤塚　肇・白戸宏明（1996）．「指差呼称」のエラー防止効果の室内実験による検証　産業・組織心理学研究，9，107-114．

■第 11 章

AERA（2016）．過酷電通に奪われた命，女性新入社員が過労自殺するまで　2016 年 10 月 18 日
　　https://dot.asahi.com/aera/2016101800075.html?page=1（2018 年 8 月 22 日参照）
朝日新聞（2018）．杏林大病院に是正勧告　医師の 2％「過労死ライン」超え　2018 年 1 月 20 日
　　https://www.asahi.com/articles/ASL1M4J96L1MUTIL026.html（2018 年 8 月 22 日参照）

245

文　献

Cooper, C. L., & Marshall, J. (1976). Occupational sources of stress: A review of the relating to coronary heart disease and mental ill health. *Journal of Occupational Psychology, 49*, 11-28.
金井篤子（2007）．職場のストレスとメンタルヘルス　山口裕幸・金井篤子（編）よくわかる産業・組織心理学　ミネルヴァ書房　pp.172-192.
国土交通省航空局（2017）．「安全管理システムの構築に係る一般指針」及び「運航規定審査要領細則」の改訂について　国土交通省航空局安全部運航安全課
厚生労働省（2004）．労働者の疲労蓄積度チェックリスト
　　https://www.mhlw.go.jp/topics/2004/06/tp0630-1.html（2018年8月21日参照）
厚生労働省（2010）．知ることからはじめよう，みんなのメンタルヘルス
　　https://www.mhlw.go.jp/kokoro/index.html（2018年9月15日参照）
厚生労働省 (2017)．2017年世界保健デーのテーマは「うつ病」です
　　https://www.mhlw.go.jp/stf/seisakunitsuite/bunya/0000158223.html（2018年9月15日参照）
厚生労働省（2018a）．平成29年度「労働安全衛生調査（実態調査）」の概況
　　https://www.mhlw.go.jp/toukei/list/h29-46-50_gaikyo.pdf（2018年9月15日参照）
厚生労働省（2018b）．「過労死等の防止のための対策に関する大綱」の変更が本日，閣議決定されました―勤務間インターバル制度の周知や導入に関する数値目標を政府として初めて設定―
　　https://www.mhlw.go.jp/stf/houdou/0000101654_00003.html（2018年9月15日参照）
厚生労働省（2018c）．労働安全衛生規則の一部を改正する省令を交付・施行しました
　　https://www.mhlw.go.jp/stf/newpage_00760.html（2018年9月15日参照）
厚生労働省・警察庁（2018）．平成29年中における自殺の状況
　　https://www.npa.go.jp/safetylife/seianki/jisatsu/H29/H29_jisatsunojoukyou_01.pdf（2018年9月15日参照）
Lazarus, R. S., & Folkman, S. (1984). *Stress, appraisal, and coping.* New York: Springer. 本明　寛 他（監訳）ストレスの心理学　実務教育出版
日本産業衛生学会産業疲労研究会 疲労自覚症状調査表検討小委員会（1970）．産業疲労の「自覚症状しらべ」についての報告　労働の科学，25（6），12-33.
斉藤良夫（1995）．産業疲労とは何か　日本産業衛生学会・産業疲労研究会編集委員会（編）〈新装〉産業疲労ハンドブック　労働基準調査会　pp.13-22.
酒井一博(2002)．日本産業衛生学会産業疲労研究会撰「自覚症しらべ」の改訂作業2002　労働の科学，57, 295-298.
Selye, H. (1973). The evolution of stress. *American Scientist, 61* (6), 692-699.
高橋　健（2018）．航空業界における疲労リスク管理　人間工学，52, Supplement, S10-2.

■ COLUMN ⑨
Holms, T. H., & Ruhe, R. H. (1967). The social readjustment rating scale. *Journal of Psychosomatic Research, 11*, 213-218.
金井篤子（2007）．職場のストレスとメンタルヘルス　山口裕幸・金井篤子（編）よくわかる産業・組織心理学　ミネルヴァ書房　pp.172-192.

■ 第12章
Barnes, R. M. (1949). *Motion and time study* (6th ed.). New York: John Wiley & Sons.

文 献

Chapanis, A. (1949). *Applied experimental psychology: Human factors in engineering design*. Washington D.C.: APA Books.
Gilbreth, F. B., & Gilbreth, L. M. (1918). *Applied motion study: A collection of ppapers on the efficient method to industrial preparedness*. New York: Sturgis & Walton Co. 都筑　栄（訳）（1965）．応用動作研究―産業的準備のための効果的方法論文集―　風間書房
芳賀　繁（2001）．メンタルワークロードの理論と測定　日本出版サービス
芳賀　繁（2011）．注意・安全とメンタルワークロード　原田悦子・篠原一光（編）現代の認知心理学 4　注意と安全　北大路書房　pp.166-185.
芳賀　繁・水上直樹（1996）．日本語版 NASA-TLX によるワークロード測定―各種作業に対する指標の感度―　人間工学，32，71-79.
Hart, S., & Staveland, L. E. (1988). Development of NASA-TLX (Task Load Index): Results of empirical and theoretical research. In P. A. Hancock & N. Meshkati (Eds.), *Human mental workload*. Amsterdam: North Holland. pp.139-183.
Hawkins, F. H. (1987). *Human factors in flight*. Gower Publishing. 黒田　勲（監修）石川好美（監訳）（1992）．ヒューマンファクター―航空分野を中心として―　成山堂書店
Kahneman, D. (1973). *Attention and effort*. Englewood Cliffs, N.J.: Prentice-Hall.
海保博之・原田悦子（1993）．プロトコル分析入門―発話データから何を読むか―　新曜社
Norman, D. A. (1988). *The psychology of everyday things*. Basic Books. 野島久雄（訳）（1990）．誰のためのデザイン？―認知科学者のデザイン原論―　新曜社
Taylor, F. W. (1911). *Principles of scientific management*. Harper & Row. 上野陽一（訳）（1957）．科学的管理法　技報堂
横溝克己・小松原明哲（2013）．エンジニアのための人間工学〈改訂〉　日本出版サービス

■ COLUMN ⑩
NEC マネジメントパートナー（2014）．ユーザーエクスペリエンスデザイン
　　https://www.necmp.co.jp/service/design/uxdesign.html（2018 年 9 月 24 日参照）
Norman, D. A. (2004). *Emotional design: Why we love (or hate) everyday things*. Basic Books. 岡本　明　他（訳）（2004）．エモーショナル・デザイン―微笑を誘うモノたちのために―　新曜社
Roto, V., Law, E., Vermeeren, A., & Hoonhour, J. (2011). User Experience White Paper :Bringing clarity to the concept of user experience.
　　http://www.allaboutux.org/files/UX-WhitePaper.pdf（2019 年 4 月 12 日参照）

■ 第 13 章
Bellizzi, J. A., Crowley, A. E., & Hasty, R. W. (1983). The effects of color in store design. *Journal of Retailing*, 21-45.
Harrell, G. D., Hutt, M. D., & Anderson, J. C. (1980). Path analysis of buyer behavior under conditions of cowding. *Journal of Marketing Research, 17*, 45-51.
Kahneman, D., & Tversky, A. (1979). Prospect theory: An analysis of decision under risk.*Econometrica, 47*, 263-291.
国生理枝子（2001）．ライフスタイルと広告・プロモーションへの態度によるコンシューマ・インサイト―首都圏の消費者調査オリコム SCR2000 より―　日経広告研究所報，195, 25-31.

247

文　献

Lewin, K. (1935). *A dynamic theory of personality*. New York: McGraw-Hill.
Milgram, S. (1974). *Obedience to authority:An experimental*. New York: View.Harper & Row, Publishers. 岸田　秀（訳）（1980）．服従の心理―アイヒマン実験―　河出書房新社
Milliman, R. E. (1982). Using background music to affect the behavior of supermarket shoppers. *Journal of Makeing, 46*, 86-91.
村上　始・川杉桂太・柏　万菜・竹村和久（2018）．4.消費者の眼球運動分析　シリーズ「消費者の心理と行動を理解する―マーケティングへの応用を目指して―」　繊維製品消費科学, 59（8），605-612.
大槻　博（1991）．店頭マーケティングの実際　日本経済新聞社
Thaler, R. H., & C. R. Sunstein. (2008). *Nudge: Improving decisions about health, wealth, and happiness* (1st ed.). Yale University Press. 遠藤真美（訳）（2009）．実践行動学　日経BP社

■ COLUMN ⑪
青木幸弘（1989）．店頭研究の展開方向と店舗内購買行動分析　田島義博・青木幸弘（編著）店頭研究と消費者行動分析　誠文堂新光社　pp.49-80.

■ 第14章
Adams, S. (1965). Inequity in social exchange. In L.Berkowits (Ed.), *Advances in experimental social psychology, Vol.2*. Academic Press. pp.267-299.
Assael, H. (2004). *Consumer behavior:A strategic approach*. Houghton Mifflin.
Bettman, J. (1979). *An information processing theory of consumer choice*. Addison-Wesley.
Blackwell, R. D., Miniard, P. W., & Engel, J. F. (2001). *Consumer behavior* (9th ed.). South-Western.
Ehrlich, D., Guttman, I., Schonbach, P., & Mills, J. (1957). Postdecision exposure to relevant information. *Journal of Abnormal and Social Psychology, 54*, 98-102.
Festinger, L. (1957). *A theory of cognitive dissonance*. Raw,Peterson.
Fishbein, M. (1963). An investigation of the relationships between beliefs about an object and the attitude toward that object. *Human Relations, 16*, 233-240.
Maslow, A. H. (1970). *Motivation and personality* (2nd. ed.). Harper & Row. 小口忠彦（訳）（1971）．人間性の心理学　産能大学出版部
Peter, J. P., & Olsen, J. (2011). *Consumer behavior & marketing strategy*. McGraw-Hill Education.

■ COLUMN ⑫
小嶋外弘（1959）．消費者心理の研究　日本生産性本部
小嶋外弘・赤松　潤・濱　保久（1983）．心理的財布―その理論と実証―　DIAMONDハーバードビジネス，8, 19-28.

■ 第15章
American Marketing Association (2004). Marketing News, Sept.15.
American Marketing Association (2007). About AMA

文 献

http://www.marketingpower.com/AboutAMA/Pages/DefinitionofMarketing.aspx
Brehm, J. W. (1966). *A theory of psychological reactance*. New York: Academic Press.
Burger, J. M.(1986).Increasing compliance by improving the deal: The that's-not-all technique. *Journal of Personality and Social Psychology, 51*, 277-283.
Burger, J. M., & Petty, R. E. (1981). The low-ball technique:Task or person commitment? *Journal of Personality and Social Psychology, 40*, 491-500.
Cialdini, R. B. (2009). *Influence:science and practice* (5th ed.). Arizona State University. 社会行動研究会（訳）(2014). 影響力の武器〈第3版〉—なぜ人は動かされるのか— 誠信書房
Cialdini, R. B., Vincent, J. E., Lewis, S. K., Catalar, J., Wheeler, D., & Darley, B. L. (1975). Reciprocal consessions procedure for inducing compliance: The door-in-the-face techinique. *Journal of Personality and Social Psychology, 31*, 206-215.
Freedman, J. L., & Fraser, S. C. (1966). Compliance without pressure: The foot-ib-the-door technique. *Journal of Personality and Social Psychology, 4*, 195-202.
Heider, F. (1958). *The psychology of interpersonal relations*. New York: John Wiley & Sons.
Hovland, C. I., & Weiss, W. (1951). The influence of source credibility on communication effectiveness. *Public Opinion Quarterly, 15*, 635-650.
Janis, I. L., & Fisnbach, S. (1953). Effects of fear-arousing communications. *Journal of Abnormal and Social Psychology, 48*, 78-92.
菊池　聡（2007）問題商法とクリティカルシンキング　子安増生・西村和雄（編）経済心理学のすすめ　有斐閣
小林太三郎・嶋村和恵（監）(1997). 新版新しい広告　電通
McCarthy, E. J. (1960). *Basic marketing: Managerial approach*. Richard D. Irwin, Inc.
Maslow, A. H. (1970). *Motivation and personality* (2nd. ed.). Harper & Row. 小口忠彦（訳）(1971). 人間性の心理学　産能大学出版部
中谷内一也（1993）. 消費者心理の落し穴―催眠商法の誘導テクニック1― 繊維製品消費科学, 34 (2), 66-70.
Scott, W. D. (1903). *The theory of advertising*. Small, Maynard & Co.

■ COLUMN ⑬

Maslow, A. H. (1970). *Motivation and personality* (2nd. ed.). Harper & Row. 小口忠彦（訳）(1971). 人間性の心理学　産能大学出版部
McCarthy, E. J. (1960). *Basic marketing: Managerial approach*. Richard D. Irwin, Inc.

■ 用語集

安藤瑞夫（訳）(1972). 給与と組織効率　ダイヤモンド社
Bandura, A. (1986). *Social foundations of thought and action: Social cognitive theory*. Englewood Cliffs, NJ: Prentice-Hall.
Blauner, R. (1964). *Alienation and freedom: The factory worker and his industry*. Oxford: Chicago U. Press. 佐藤慶幸・吉川栄一・村井忠政・辻　勝次（訳）(1971). 労働における疎外と自由　新泉社
Fiedler, F. E. (1978). The contingency model and the dynamics of the leadership process. In L. Berkowitz

(Ed.), *Advances in experimental social psychology*, Vol. II . NY: Academic Press. pp. 60-112.

Hackman, J. R., & Oldham, G. R. (1975). Development of the job diagnostic survey. *Journal of Applied Psychology, 60*, 159-170.

芳賀　繁（2000）．失敗のメカニズム　日本出版サービス

Holland, J. L. (1997). *Making vocational choices: A theory of vocational personalities and work environments* (3rd ed.). Odessa, FL, US: Psychological Assessment Resources. 渡辺三枝子・松本純平・道谷里英（訳）（2013）．ホランドの職業選択理論―パーソナリティと働く環境―　雇用問題研究会

Hollnagel E., Woods, D., & Leveson, N. (2006). *Resilience engineering: Concepts and precepts.* Ashgate. 北村正晴（監訳）（2012）．レジリエンス・エンジニアリング―概念と指針―　日科技連出版社

角山　剛・松井賚夫・都築幸恵（2003）．セクシュアル・ハラスメントを生む風土―統合過程モデルの検証―　産業・組織心理学研究，17（1），25-33.

Katz, D., & Kahn, R. L. (1966). *The social psychology of organizations*. New York: Wiley.

Latham, G. P., & Locke, E. A. (2007). New developments in and directions for goal-setting research. *European Psychologist, 12* (4), 290-300.

Lawler, E. E. (1971). *Pay and organizational effectiveness*. McGraw-Hill. 安藤瑞夫（訳）（1972）．給与と組織効率　ダイヤモンド社

Locke, E. A., & Latham, G. P. (1984). *Goal setting: A motivational technique that works!* Englewood Cliffs, NJ: Prentice-Hall. 松井賚夫・角山　剛（訳）（1984）．目標が人を動かす―効果的な意欲づけの技法―　ダイヤモンド社

Mitchell, T. R., & Daniels, D. (2003). Motivation. In W. C. Borman, D. R. Ilgen, & R. J. Klimoski (Eds.), *Comprehensive handbook of psychology: Industrial organizational Psychology.vol.12*. New York: Wiley & Sons. pp.225-254.

Organ, D. W., Podsakoff, P. M., & MacKenzie, S. B. (2006). *Organizational citizenship behavior: Its nature, antecedents, and consequences*. Thousand Oaks, C. L.: Sage Publication. 上田　泰（訳）（2007）．組織市民行動　白桃書房

高橋　潔（2006）．採用と面接　山口裕幸・高橋　潔・芳賀　繁・竹村和久（著）産業・組織心理学　有斐閣　pp.1-17.

田中堅一郎（2012）．日本の職場にとっての組織市民行動　日本労働研究雑誌，627, 14-21.

Vroom, V. H. (1964). *Work and motivation*. John Wiley & Sons, Inc. 坂下昭宣・榊原清則・小松陽一・城戸康彰（訳）（1982）．仕事とモティベーション　千倉書房

索　引

人　名

▶あ行
アージリス（Argyris, C.）　8
ヴルーム（Vroom, V. H.）　100

▶か行
カーン（Kahn, R. L.）　7, 77
カッツ（Katz, D.）　7, 77
キプニス（Kipnis, D.）　77
ギルブレス（Gilbreth, L.）　154
クーパー（Cooper, C. L.）　150
グリーンリーフ（Greenleaf, R. K.）　91
グレイン（Graen, G. B.）　89

▶さ行
シャイン（Shein, E. H.）　56, 80
ジャニス（Janis, I. L.）　76
スーパー（Super, D. E.）　34
スコット（Scott, W. D.）　4, 203
ストッディル（Stogdill, R. M.）　84
セリエ（Selye, H.）　148
セリグマン（Seligman, M. E. P.）　108

▶た行
チクセントミハイ（Csikszentmihalyi, M.）　107
チャパーニス（Chapanis, A.）　159
チャルディーニ（Cialdini, R. B.）　78

テイラー（Taylor, F. W.）　5
デシ（Deci, E. L.）　105

▶な行
ノーマン（Norman, D. A.）　129, 162

▶は行
バーナード（Barnard, C. I.）　68
ハインリッヒ（Heinrich, H. W.）　134
ハウス（House, J. S.）　48
パットナム（Putnam, R. D.）　46
ピンダー（Pinder C. C.）　97
フィードラー（Fiedler, F. E.）　87
ブラックウエル（Blackwell, R. D.）　187
ブレーク（Blake, R. R.）　85
フレンチ（French, J. R. P. Jr.）　91
ホーキンズ（Hawkins, F. H.）　159
ホランダー（Hollander, E. P.）　89

▶ま行
マーシャル（Marshall, J.）　150
マクレガー（McGregor, D.）　8
マズロー（Maslow, A. H.）　7, 99, 187
三隅二不二　86
ミュンスターベルク（Münsterberg, H.）　4, 124
ムートン（Mouton, J. S.）　85
メーヨー（Mayo, E.）　5

251

索　引

▶ら行

ラザルス（Lazarus, R. S.）　148
ラスムッセン（Rasmussen, J.）　130
リーズン（Reason, J.）　129, 131, 137, 138
レイサム（Latham G. P.）　97,103
レイヴン（Raven, B.）　91
レヴィン（Lewin, K.）　95, 174
レスリスバーガー（Roethlisberger, F. J.）　5
ロック（Locke, E. A.）　103

事　項

▶あ

アクション・トリガー・スキーマ（ATS）システム　129
悪徳商法　208
アフォーダンス　162
安全衛生活動　138, 219
安全文化　138, 219
安全マネジメント　137, 219
アンダーマイニング現象　105, 219

▶い

異文化間コミュニケーション　115

▶う

うつ病　150

▶お

オープン・システム・アプローチ　7, 219

▶か

科学的管理法　5, 219
葛藤（コンフリクト）の3類型　95, 219
過程理論　100, 230
過労　146, 219
過労死　146
過労死等防止対策推進法　147, 219
環境型セクハラ　120, 219
感情労働（者）　149, 220

▶き

企業活動　199, 220
企業不祥事　82
キャリア　32

索　引

キャリアカウンセリング　220
キャリア支援　220
キャリア発達　34, 220

▶く

クチコミ　187, 207, 220
クリティカル・シンキング（批判的思考）　212
グループ・ダイナミックス（集団力学）　220

▶け

経済的人間観　7
限定合理性　221

▶こ

広告　201, 221
　〜の機能　221
広告効果　182, 204, 221
公式集団（formal group）　71, 221
公認心理師　13
購買意思決定過程　186, 224
広報　221
交流型リーダーシップ（transactional leadership）　90, 233
コーシャス・シフト（cautious shift）　74
コーチング　110, 221
個人情報　12, 221
コミットメント　74, 78, 90, 92, 111, 221
コミュニケーション　77
雇用の多様化　22
コンピテンシー　21, 221
コンプライアンス　222

▶さ

サーバント・リーダーシップ　91, 222
採用　20, 233
作業研究　154, 222

作業効率　166, 222
作業設計　154
作業能率　222
作業負担　155, 222
サッカー（sucker）　75
産業安全専門官　222
産業医　150, 151, 222
産業カウンセリング　222
産業・組織心理学の社会的意義 9, 222
産業・組織心理学の対象　1, 222
産業・組織心理学の方法　10, 222
産業・組織心理学の目的　1, 222
産業・組織心理学の歴史　4, 222
産業・組織分野での活動の倫理　222
360度評価　29

▶し

自己啓発　38, 223
仕事の意味づけ　90, 223
仕事へのモチベーション（work motivation）　94
指差呼称　140
市場細分化（マーケット・セグメンテーション）　179, 223
社会的手抜き（social loafing）　75, 223
社会的人間観　7
従業員援助プログラム（EAP）　151
集合　71
集団　70
　〜の生産性　223
集団意思決定　73, 223
集団規範（group norm）　73, 223
集団凝集性（group cohesiveness）　72, 223
集団極化現象（group polarization）　74
集団浅慮（group think）　75, 223
集団目標の達成　224
就労支援　224
守秘義務　12, 221
消費者行動　181, 224

253

索　引

　　～の規定要因（個人差要因）　179, 224
　　～の規定要因（状況要因）　181, 224
　　～の規定要因（消費者間相互作用）　207, 224
　　～の規定要因（マスメディアの影響）　201, 224
消費者保護　208, 224
消費者問題　208, 224
情報モニタリング法　176, 224
職業性ストレス　148, 224
職業選択理論　224
職業適性　20, 225
　　～のアセスメント　225
職場適応　20, 225
職場の快適性　225
職場のストレス予防　225
職場における葛藤　96, 225
職務　19
職務再設計　63
職務診断論　62, 226
職務ストレス　149
職務設計　60
職務分析　19, 226
職務満足（感）　42, 44, 46, 48, 64, 111, 114, 226
人事管理　16
人事考課　25
人事のアセスメント　226
人事評価・処遇　25, 226
人事・労務管理　16
人的資源管理　2, 226
心理的財布理論　198

▶す

スイスチーズモデル　137
ストレス　148
ストレスチェック　152, 227
ストレスマネジメント　150, 225

▶せ

セクシュアル・ハラスメント（の定義）　117, 227, 228
説得　78
選択ヒューリスティックス　191

▶そ

ソーシャル・キャピタル　46
ソーシャル・サポート　48, 228
ソーシャル・マーケティング（social marketing）　200
組織　68
組織開発（OD）　109, 227
組織観の変遷　6, 227
組織行動　68
組織市民行動　112, 227
組織内・組織間のコミュニケーション　227
組織風土（organizational climate）　79, 228
組織文化（organizational culture）　79, 228
組織変革（organization change）　109, 228

▶た

対価型セクハラ　120, 219
ダイバーシティ（diversity）　114, 229
達成目標理論　102
多面評価　29
男女雇用機会均等法　117, 229

▶ち

チームワーク　229

▶て

ディーセント・ワーク　63
定着意識　229
適性　20

254

索 引

▶と
道具性期待理論　100, 229
動作経済の原則　155
トータル・ヘル・プロモーション・プラン（THP）　150
特異性クレジット（idiosyncrasy credit）　89, 230
度数率と強度率　230

▶な
内発的モチベーション（intrinsic motivation）　105, 230
内容理論　98, 230

▶に
二重課題法　157
人間関係管理　16, 42
人間工学　158, 159, 230
人間性疎外　60, 61, 230

▶の
能力開発　36-39, 230
能力とパフォーマンス（業績）　230

▶は
バーンアウト　3, 231
パーソナリティと適性　230
ハイ・コンテクスト　117, 231
ハインリッヒの法則　134, 231
働く人の多様性　114, 231
発話ブロッキング　74
ハラスメント　50, 51, 117, 231

▶ひ
非公式集団（informal group）　71, 221

人とコンピュータのインターフェイス（HCI）　161
人と組織の適合関係（P-O 適合）　111
ヒヤリハット分析　135
ヒューマンエラー　128, 231
ヒューマンファクターズ　158, 231
ヒューマン・マシ・インターフェイス（HMI）　161
評価　25
　〜の公平性・納得性　231
評価基準　27, 231
評価懸念　74
評価バイアス　28, 232
疲労　141, 232

▶ふ
不安全行動（不安全行為）　134, 232
フィードバック　104, 232
フィードラーのオクタント　87, 232
フィッシュバイン・モデル　189
フールプルーフ　232
フェイルセイフ　232
フォロワーシップ　232
復職支援　224
福利厚生　57-59, 232
ブラック企業　30, 61
ブランドの機能　233
フリーライダー（free-rider）　75
フロー体験　106, 233
プロセス・ロス　74
文化的なコンテクスト　97, 233

▶へ
変革型リーダーシップ（transformational leadership）　90, 233
変革のエージェント（change agent）　110, 233

255

索　引

▶ほ
ホーソン研究　5, 233
包括的エラーモデリングシステム（GEMS）
　　131
募集　18, 233
ポリクロニック　116, 233

▶ま
マーケティング　199, 224
マーケティング・リサーチ　201, 233
マネジリアル・グリッド　85

▶み
未成熟−成熟理論　8

▶め
メンター　40, 41, 233
メンタリング　40
メンタルヘルス　150, 224
メンタルヘルスケア　150
メンタルワークロード（mental workload）
　　156

▶も
目標管理制度（MBO）　27
目標設定理論　103
目標による管理　110, 233
モノクロニック　116, 233

▶ゆ
ユーザ・エクスペリエンス　167
ユーザビリティ　164, 234

▶よ
欲求　95
欲求階層説　7, 42, 97, 99, 187, 199, 234

▶ら
ライフスタイル　180, 181, 234
楽観的思考　108

▶り
リーダーシップ　83
リーダーシップ行動記述論　84, 234
リーダーシップ行動のスタイル　85, 86, 234
リーダーシップ状況適合論　86, 234
リーダーシップ特性論　84, 234
リスキー・シフト（risky shift）　74
リスクアセスメント（risk assessment）
　　136, 234
リスクコミュニケーション　234
リスクテイキング行動　132

▶れ
レジリエンス・エンジニアリング　234

▶ろ
労使関係管理　16
労働安全衛生法　126, 150, 235
労働衛生専門官　222
労働環境のアセスメント　228
労働環境の改善　235
労働基準監督官　235
労働基準法　142, 235
労働契約法　235
労働災害（労災）　126, 235
労働条件管理　16
ロー・コンテクスト　117, 231

▶わ

ワークエンゲイジメント　235
ワークモチベーション　94, 235
ワーク・ライフ・バランス　54, 235

▶欧文

AIDMA（アイドマ）モデル　203
ATS システム　129
B = f（P・E）　174
CDP: Career Development Program　236
EAP（Employee Assistance Program）　151, 236
GEMS　131
HCI（Human-Computer Interface）　161
HMI（Human-Machine Interface）　161
LMX（Leader-Member-Exchange）理論　89
MBO　27
NASA-TLX　157
OD（Organizational Development）　109
Off-JT（Off the Job Training）　37, 236
OJT（On the Job Training）　37, 236
PM 理論　86, 236
P-O 適合（Person-Organization fit）　111, 236
SHEL モデル　159
SRK モデル　130, 131
THP　150
X-Y 理論　8

257

執筆者一覧

＊は編者

金井篤子＊（名古屋大学大学院教育発達科学研究科）
　　　………刊行の言葉，はじめに，第1章，コラム①

小野公一（亜細亜大学経営学部）
　　　………第1部リード，第2章～第5章，コラム②③④

角山　剛（東京未来大学モチベーション行動科学部）
　　　………第2部リード，第6章～第9章，コラム⑤⑥⑦

芳賀　繁（株式会社社会安全研究所）
　　　………第3部リード，第10章～第12章，コラム⑧⑨⑩

永野光朗（京都橘大学健康科学部）
　　　………第4部リード，第13章～第15章，コラム⑪⑫⑬

編者紹介

金井篤子（かない・あつこ）
1981 年：名古屋大学教育学部教育心理学科卒業後，民間会社にて人事教育関係の職務を担当
1994 年：名古屋大学大学院教育学研究科博士課程後期課程発達臨床学専攻中途退学
現　　在：名古屋大学大学院教育発達科学研究科教授　博士（教育心理学）

〈主著・論文〉
キャリア・ストレスに関する研究―組織内キャリア開発の視点からのメンタルヘルスへの接近―　風間書房　2000 年
働く人々のこころとケア―介護職・対人援助職のための心理学―（共著）　遠見書房　2014 年
産業心理臨床実践―個（人）と職場・組織を支援する―（編著）　ナカニシヤ出版　2016 年
産業・組織心理学（編著）　北大路書房　2017 年
公認心理師エッセンシャルズ（共著）　有斐閣　2018 年

―― 産業・組織心理学講座　第 1 巻 ――

産業・組織心理学を学ぶ
心理職のためのエッセンシャルズ

2019 年 8 月 20 日　初版第 1 刷発行　　定価はカバーに表示
2022 年 3 月 20 日　初版第 4 刷発行　　してあります。

企画者	産業・組織心理学会
編　者	金井篤子
発行所	㈱北大路書房

〒603-8303　京都市北区紫野十二坊町 12-8
電　話　(075) 431-0361 ㈹
FAX　(075) 431-9393
振　替　01050-4-2083

編集・製作　本づくり工房　T.M.H.
装　幀　野田和浩
印刷・製本　亜細亜印刷 (株)

ISBN 978-4-7628-3074-7　C3311　Printed in Japan© 2019
検印省略　落丁・乱丁本はお取替えいたします。

・ JCOPY 〈㈳出版者著作権管理機構 委託出版物〉
本書の無断複写は著作権法上での例外を除き禁じられています。
複写される場合は，そのつど事前に，㈳出版者著作権管理機構
（電話 03-5244-5088,FAX 03-5244-5089,e-mail: info@jcopy.or.jp）
の許諾を得てください。

産業・組織心理学会設立 35 周年記念出版
産業・組織心理学講座 [全5巻]

- ■ 企　　画………産業・組織心理学会
- ■ 編集委員長……金井篤子
- ■ 編集委員………細田　聡・岡田昌毅・申　紅仙・小野公一・角山　剛・芳賀　繁・永野光朗

第1巻は，すべての心理職が習得すべき産業・組織心理学の知見をコンパクトに解説した標準テキスト。第2巻から第5巻は，それぞれ「人事部門」「組織行動部門」「作業部門」「消費者行動部門」の研究分野をより深く専門的に扱う。研究者と実務家の双方にとっての必携書。

―― 第1巻 ――
産業・組織心理学を学ぶ
心理職のためのエッセンシャルズ
金井篤子 編

―― 第2巻 ――
人を活かす心理学
仕事・職場の豊かな働き方を探る
小野公一 編

―― 第3巻 ――
組織行動の心理学
組織と人の相互作用を科学する
角山　剛 編

―― 第4巻 ――
よりよい仕事のための心理学
安全で効率的な作業と心身の健康
芳賀　繁 編

―― 第5巻 ――
消費者行動の心理学
消費者と企業のよりよい関係性
永野光朗 編

各巻Ａ5判・約 240 頁～ 280 頁

本体価格：第1巻 2640 円／第2巻～第5巻 3410 円（10％税込み）